어머니의 강, 메콩에서

어머니의 강,
메콩에서

1판 1쇄 | 2013년 12월 20일

지은이 | 김이기
펴낸이 | 김경배
펴낸곳 | 시간여행
디자인 | 디자인 홍시
등　록 | 제313-210-125호 (2010년 4월 28일)
주　소 | 서울시 마포구 서교동 394-66 동우빌딩 3층
전　화 | 070-4032-3664
이메일 | jisubala@hanmail.net

종　이 | 화인페이퍼
인　쇄 | 한영문화사

ISBN 979-11-85346-01-4 03910

값은 뒤표지에 표기했습니다.
잘못된 책은 구입하신 서점에서 바꾸어 드립니다.

이 책의 국립중앙도서관 출판시도서목록(CIP)은 e-CIP 홈페이지(http://www.nl.go.kr/ecip)와
국가자료공동목록시스템(http://www.nl.go.kr/kolisnet)에서 이용하실 수 있습니다.
(CIP 제어번호: CIP2013026656)

어머니의 강, 메콩 에서

우리의 영혼과 삶을 풍요롭게 하는 강

나는 〈EBS 다큐 프라임〉 제작을 위해 메콩 강 유역을 2년 동안 떠돌았다. 인도의 동쪽, 중국의 남쪽 인도차이나반도. 힌두문화와 유교문화가 어우러진 3억 명의 인구를 품고 있는 메콩 강. 그 강에 기대어 사는 사람들의 모습에서 우리가 주목하고 반추해야 할 것은 무엇인지 찾고 싶었기 때문이다.

그 후, 나는 '숲에 깃든 생명들'·'우기를 통과하는 법'을 다큐멘터리로 1부와 2부로 편성해서 〈생명의 땅, 캄보디아〉를 2012년 1월에 방송했다. '삶을 잉태한 강'·'문화를 잉태한 강'·'믿음을 잉태한 강'은 3부로 제작해서 〈어머니의 강, 메콩〉을 2013년 1월에 방송했다.

중국 서북부에서 라오스, 캄보디아와 베트남의 산악지대와 밀림. 강과 호수, 평야와 바다 생물 다양성이 만들어낸 자연의 아름다움과 경이로움, 문화 다양성이 발현된 유무형 문화의 독창성과 조화로움을 보았다. 그 땅과 강에 기대어 살면서 나름의 생활양식과 전통을 고수하는 사람들을 만났다. 그들의 상당수는 아직도 자연의 시간에 맞추어 일상을 꾸리고 있었다. 인위적인 국경의 개념보단 산과 강이 만들어 놓은 지형에서 마치 물과 땅을 자유롭게 오가는 악어처럼 그렇게 경계 짓지 않고 서로가 더불어 사는 다문화 공동체였다. 그리고 소박한 믿음으로 서로 존중하며 수많은 생명을 품고 있었다.

방송이 끝난 후에도 나는 메콩 강의 어부를 한동안 생각했다.

해 질 무렵, 그는 그물을 둘러메고 휘적휘적 강가로 왔었다. 강물에 반사된 햇살과 석양에 눈이 부셨다. 그가 석양을 마주하고 서자 낮게 날던 새와 흐르던 강물이 멈춘 듯했다. 그가 강물에 그물을 던지자 타원으로 퍼진 그물이 황금가루가 뿌려지는 것 같았다. 그물이 가라앉기를 잠시 기다리던 그는 천천히 그물을 당겼다. 서너 번 투망을 던진 그는 몇 마리의 물고기만을 꾸러미에 꿰어 들고 강가를 떠났다.

그의 욕망은 그가 던진 투망의 크기를 넘어서본 적이 없다. 그리고 꽉 차지 않은 꾸러미이기에 다음날 또다시 강을 찾고 강이 내어준 것에 만족하며 돌아간다. 그의 아버지와 할아버지가 그랬듯 지금, 이 순간 필요한 량만큼만 자연에서 얻는다.

메콩 강에 기대어 사는 사람들. 인도차이나에서 만난 화전민, 농민, 어민, 레인저, 소수민족, 문화예술인, 종교인들 또한 그랬다. 그들은 살아있는 모든 생명을 존중하고 보호하며 문화원형을 유지하려 노력하고 있었다. 〈EBS 다큐프라임〉이 끝났음에도, 나는 취재 기간에 작성한 노트를 뒤적일 때마다 인도차이나반도의 풍요로운 자연에서 문화를 누리며 믿음을 키우고 삶을 가꾸는 사람들이 항상 새롭게 보였다.

　　강을 따라 국경을 자유롭게 넘나들고 황톳길과 수로에서 종족의 영역을 경계 짓지 않는 사람들. 언어가 장벽이 아니고, 생김새를 차별하지 않는 사람들. 삶의 방식을 터부 하지 않는 사람들. 삶의 방식을 불편해하지 않으며 자연에 순응하는 사람들. 경건하게 일상을 받아들이며 일상을 기도로 생활하는 사람들. 그들은 수많은 지류를 받아들이며 흐르는 메콩 강을 그대로 빼닮았다.

　　오랜 세월에 걸쳐 적응하면서 형성된 가장 최적화된 요소들이 문화의 다양성과 종족의 다양성으로 나타난다. 메콩 강에서 사는 사람들은 사람 사이의 다름을 개방하고 수용한다. 그리고 문화의 다양성을 인정하고 더불어 즐긴다.

　　십여 년 전부터 우리 사회는 문화적으로 다양한 배경을 가진 개인과 가족이 늘어나고 있다. 문화집단 간의 상호의존성이 증대되면서 다른 문화를 이해하고 존중할 필요성이 그 어느 때보다 강조되고 있다. 과학자들은 동식물 멸종률이 현재처럼 지속한다면 50년 후에는 전체 동식물종의 사 분의 일은 사라질 것이라고 한다. 문화도 마찬가지다. 공존공생을 위해 다름에 대한 세심한 배려가 필요하다. 문화의 다름을 이해하고 다양성을 수용하는데 이 책이 조금이나마 도움이 되었으면 한다. 생물 다양성과 문화 다양성으로 지속가능한 발전을 도모함은 물

론 우리의 내외적 갈등을 치유하고 우리의 영혼과 삶이 더 풍요롭게
되었으면 한다.

　많은 것을 내어주면서 인도차이나반도 사람들의 삶 깊숙이 흐르는
강. 그들은 그 강을 어머니의 강이라 부른다. 탯줄 같이 흐르는 그 강
에 기대어 사는 사람들은 매일 같이 기도한다. 자신만의 평안을 위한
기도가 아니라 세상 모든 사람의 평안을 위한 기도이다.

2013년 12월

김 이 기

인도차이나반도의 젖줄, 메콩 강에 대하여

하늘에서 내린 비가 바다로 흘러가는 경로, 물이 흐르는 길이 바로 강입니다. 강은 대지를 흐르면서 곳곳에 생명체들이 필요로 하는 수분을 공급하고, 흙을 이동시켜 농경을 가능하게 했습니다. 또 강은 중요한 단백질원인 민물고기가 살 수 있는 터를 제공하지요. 오랜 세월 강은 그렇게 인간과 깊은 관계를 맺어 왔습니다. 인류가 지구상에 출현하면서 강은 생명의 근원지였으며 인간의 생활 터전이었지요. 강은 사람을 강 유역으로 모으고, 사람들은 그곳에서 문화와 문명을 일구고 꽃을 피웠습니다.

인도차이나 반도를 관통하는 긴 강줄기가 있습니다. 세계에서 열두 번째로 긴 메콩 강입니다. 아시아에서는 양쯔 강, 황하에 이어 세 번째로 긴 강입니다.

메콩Mekong은 '모든 강의 어머니Mae Nam Khong'라는 태국어에서 유래했습니다. 수많은 생명체를 품에 안고 그 생명들을 키워 낸다는 강의 어머니, 지금 메콩 강 유역에는 3억 명의 사람이 생활하고 있습니다.

    메콩 강은 중국의 서북부와 서남부를 거쳐 미얀마, 라오스, 태국, 캄보디아, 베트남을 통과해 남중국해로 빠집니다. 6개국을 거쳐 흐르는 국제 하천입니다. 실제로 이 메콩 강 수로를 이용해 여러 나라의 사람들이 남북으로 오갑니다.

    메콩 강 총 길이를 4,200km와 4,909km라고 말하는 사람들이 있는데요, 이것은 강의 발원지를 어디로 정하는가에 따라 다르기 때문입니다. 탕구라 산맥(탕라 산마) 북쪽을 기준으로 두면 강 길이는 4,200km입니다.

    탕구라 산맥은 티베트 고원의 북서쪽에서 남동쪽 방향으로 종단하는 산맥 가운데 하나입니다. 티베트어로 '탕'은 대들보이고 '라'는 고개라는 뜻으로 전장이 약 700km, 폭이 150km인 산맥입니다. 탕구라 산맥 차쟈르마뺑난파의 짜취라는 곳이 메콩 강의 발원지입니다. 행정구역상으로는 칭하이성 위수주 짜다현이고요. 동경 94도 41분 북위 33도 42분, 해발 5,224m인 이곳을 기점으로 할 경우 메콩강의 길이는 약 4,200km가 됩니다.

    그러나 중국 칭하이성 위수주 장족 자치주 가다현, 동경 94도 40분 북위 33도 45분에 위치한 해발 5,200m의 길부산을 메콩 강의 발원지로 하면 강의 길이는 4,909km가 됩니다.

    라오스와 태국, 캄보디아, 베트남 정부 대표들로 구성된 메콩 강

위원회의 자료에 따르면 메콩 강은 중국에서 2,359.6km, 미얀마에서 207km, 라오스에서 1,864km, 태국에서 799.8km, 캄보디아에서 453.6km, 베트남에서 231km를 경유합니다. 미얀마와 라오스, 태국은 골든트라이앵글 지역을 중심으로 강을 공유하고 있고, 라오스 북부 내륙을 통과한 메콩 강은 캄보디아로 들어가기 전까지 태국과 국경을 마주하며 흐르지요.

메콩 강 유역의 면적은 한반도 면적의 약 3.6배에 달하는 79만 5천km²입니다. 강이 강물을 모으는 범위, 강으로 흘러들어 오는 크고 작은 지류를 포함한 메콩 강 유역 면적을 각국에서 차지하는 비율을 살펴보면 중국이 20.7%, 미얀마 2.6%, 라오스 26.8%, 태국 23.8%, 캄보디아 19%, 베트남 7.1%를 점유합니다.

메콩 강의 유량(流量)은 약 4,750억t입니다. 한국의 4대강인 한강, 낙동강, 금강, 영산강의 총 유량 415억t의 열두 배에 가깝지요.

국제적으로 공인된 강의 명칭은 메콩 강이지만 국가에 따라 달리 불립니다. 상류에 속하는 중국에서는 메콩 강을 '차고 넘치는 강'이라 하여 란창 강(瀾滄江, 길게 내리뻗은 에뢰 산 중간쯤에 란창이라 도시가 있다.)이라 부르고 미얀마, 라오스, 태국, 캄보디아는 메콩 강이라 부릅니다. 그러나 강의 하류인 베트남에서는 아홉 갈래로 갈라져 흐르는 물길이 마치 아홉 마리의 용이 바다를 향해 물을 뿜어내는 형상이라 하여 꾸을릉 강(九龍江)이라 부릅니다. 실제로 베트남 남부에서는 메콩 델타를 꾸을릉 평야라고 합니다.

Contents

구름과 바람이 머무는 곳. 태초에, 그곳에서 시작은 아래로만 내달리는 서툰 물줄기였습니다. 때로는 거친 계곡을 만나고, 때로는 넉넉한 능선을 만나며 강은 그 품을 넓혀 갑니다. 강은 사람들의 삶을 이어 주고, 또 삶을 고립시킵니다. 그리고 사람들은 문명을 통해 강을 정복하는 법을 배웠습니다. 하지만, 여기 문명조차 넘지 못한 강이 있습니다. 그곳에는, 강에 기대어 사는 사람들과 강이 잉태한 삶의 모습이 있습니다. 강이 품은 다양한 생물과 사람들이 있습니다.

—EBS 다큐멘터리 〈어머니의 강, 메콩〉 내용 중

1부

생명이 깃든
어머니의 강
메콩

1장

강이 품은
다양한 생물들

'강이 품은 다양한 생물들' 의 인터뷰에
응해 주신 분들에게 감사드립니다.

씸빵 지역 관리 매니저, 넷 노른(31) / FFI 캄보디아 악어 보존 프로
젝트 매니저, 아담 스타(43) / 카다뭄 자연보호구역 레인저 팀장, 온
쌈 아앗(40), 팀원 른 문오운(23), 팀원 느은 짠다라(19) / 산림청 공
무원, 세이마 자연보호구역 리서치 팀장, 넷 메이효(38), 팀원 혼 씨
엠 라이(28) / WWF 몬둘끼리 담당자, 까요 쏘페아(32), 레인저 팀장
레안 카(49) / 쎈 모노롬 코끼리보호센터 대표 잭 하이우드(43) / 뿌
롱 마을 푸농족 농부, 차이 차온(58), 푸농족 여인 쁘러이 터우(49),
농부 탄 트라(43) / 따마오 동물구조센터 수의사, 우엉 쩐다(27), 간
호사 얀 유은(24) / 일본인 캄보디아 매콩 강 및 똔레삽 어류 연구가,
토모유끼 사토(38) / 꼬꽁 주 핍 그라솝 맹그로브 숲 주민, 푸위 치인
(44), 딸 치은 느은(8), 씨옹 산(52)과 뚠 사우(29) 부부 / 맹그로브
숲 레인저 팀장, 쩨이 유은(49), 환경청 공무원 야임 낙(35), 경찰공무
원 이음 소리야(24) / 똔레삽 프렉 떠을 마을 할머니, 행 펄(87), 손녀
처은 헤약(21), 김 쭈(19), 악어 농장 주인 처은 소티아(52), 어부 랑
름(57) / 선박 건조 기술자 떱 보러(47).

01 새들의 낙원,
　　　씸빵

　메콩 강은 산악지대인 라오스 국경 부근을 지나, 캄보디아로 들어서면서부터는 평야로 흘러든다. 전 국토의 80%가 산악지대인 라오스에서는 주로 밭농사를 짓는다면, 캄보디아는 메콩 강 주변 평야에서 논농사를 짓는다. 동쪽으로 베트남과 경계를 이루는 라타나끼리Rattanakiri 주와 몬둘끼리Mondulkiri 주, 그리고 남쪽으로 타이 만과 연한 꼬꽁 주는 제법 산세가 있는 산악지대이다.

　톤레콩 강을 끼고 있는 씸빵 지역으로 갔다. 이곳 주민들은 주로 논농사를 짓는다. 들을 가로지르는 길의 좌측 들판에서는, 모내기를 끝낸 마을이 있는가 하면 이제야 논을 갈고 모내기를 하는 곳도 있다. 가족 단위로 서너 명이 모내기를 하는 집이 있는가 하면, 더러는 부락 단위로 모여서 하기도 한다.

　못줄을 대지 않아서 그런지 논에 심은 모가 삐뚤빼뚤하다. 잎 끝을 자른 모가 제대로 살아날까 싶은데도 사람들은 개의치 않는 듯하다. 따뜻한 날씨와 풍부한 물이 모를 튼실하게 키워 낸다는 것을 그들은 알고 있나 보다.

　길의 우측에도 논이 끝없이 펼쳐진다. 지평선 끝, 파란 하늘과 논 사이에 초막이 있고, 몇 그루의 팜나무에 뭉게구름이 걸렸다. 눈앞에 선 따가운 햇살을 받으며 부녀가 물소로 논을 갈고 있다. 논을 갈던 소가 걸음을 멈춘 채 딴청을 피워도 그저 몇 마디 낮은 소리로 달랠 뿐이다. 채찍을 사용하지도, 논을 빨리 갈자고 재촉하지 않는다. 소가 가다 서면 선 대로 있다가, 걸음을 다시 옮길 때까지 기다린다. 두 마리 물소가 쟁기를 끄는 동안 다른 물소 두 마리는 논 옆 웅덩이에 몸을 담그고 더위를 식히고 있다. 가족들이 논가에서 둘러앉아 못단을 묶는다. 사람들만 계속해서 일을 하지 물소는 번갈아 가며 쉰다.

이 지역 농부들에게 소는 특별하다. 소는 힘들고 고된 일을 보완하는 존재가 아니다. 삶을 함께하고, 의지하는 동반자이다. 대지를 일구고 생명을 함께 싹 틔워 온 그들이기에, 소와 농부 사이에는 보이지 않는 깊은 믿음이 있다.

이곳은 20년 전만 해도 포유류가 흔했다. 코끼리를 운송 수단으로 활용할 만큼 야생동물이 많았다. 그러나 주민들이 돈벌이 수단으로 야생동물을 포획하면서 동물의 개체수가 줄었다. 주민들의 불법 벌목으로 서식지가 파괴되고, 내전을 치르면서 군인들의 전투와 총소리에 놀란 동물들이 안전한 숲을 찾아 인접국인 라오스나 베트남으로 떠났다.

건기가 시작되는 10월 중순부터 수많은 야생 조류가 씸빵에 찾아온다. 라오스 국경과 접하고 있는 이곳은 새들의 낙원이다.

우기에는 숲 전체가 물로 그득하고, 곤충이나 동물들이 숲 전체에 퍼져 생활하기 때문에 상대적으로 조류를 관찰하기 어렵다. 반면에 건기가 시작되면 대부분의 숲에 물이 마르고, 군데군데 생긴 작은 웅덩이나 호수의 물을 찾아 조류와 포유류가 모여들기 때문에 관찰하기가 쉽다. 그래서 조류에 관심이 많은 연구진들이 여러 나라에서 찾아온다.

이 지역의 숲은 국제조류보호연맹Bird Life International과 NGO 단체, 그리고 캄보디아 정부가 공동으로 관리한다. 이 지역의 관리 책임자인 넷 노른은 프놈펜 대학에서 환경학과를 졸업하고 국제조류보호연맹의 지역 책임자로 6년째 일하고 있다.

그는 현지인을 교육시켜 숲을 정기적으로 순찰하면서 불법적인 행동을 감시하는 레인저 조직을 운영하는 한편, 리서치 팀을 구성하여 조류의 생태를 연구한다. 조류 생태 변화를 추적하고 기록해서, 인건비와 운영비 그리고 기술과 장비를 제공하는 국제 NGO 단체에 월간 보고서나 연례 보고서를 제출한다.

캄보디아의 국조 큰따오기Giant Ibis 둥지를 보기 위해 리서치 팀이 숲으로 들어간다. 현지 가이드 두 명, 산림청 공무원과 경찰과 군인 각 한 명을 팀장인 넷 노른이 인솔한다.

숲은 시야가 탁 트인 열린 숲open forest이다. 낮은 풀들이 끝없이 펼쳐지고, 그 초지에 나무가 군데군데 서 있다. 마치 아프리카의 사바나를 연상케 한다. 길은 이어지다 끊어지고, 끊어졌다가 다시 이어지기를 반복한다. 풀 밑에는 수시로 늪이 숨어 있다. 자유롭게 이동하는 데는 자동차보다 오토바이가 용이하다.

한 무리의 독수리가 하늘에서 원을 그리며 난다. 날갯짓을 하지 않고 바람에 따라 몸을 맡긴 채, 한 지점을 중심으로 유연하게 돈다. 숲의 어딘가에서 워낭소리가 들린다. 민가에서 방목하는 물소가 숲 어딘가에 있는가 보다.

제일 앞에서 이동하던 넷 노른이 오토바이를 멈춘다.

"저 아래, 숲 어딘가에 동물의 사체가 있는 듯합니다."

넷 노른이 하늘의 독수리를 손으로 가리킨다.

우기에는 숲에 방목한 물소가 질병에 걸려 종종 죽는다고 한다. 팀장은 큰따오기 둥지를 찾아가는 일을 다음 날로 미루고, 독수리가 선회하는 곳으로 목적지를 바꾸었다.

숲을 가로질러 독수리가 선회하는 인근에 도착했다.

숲에 누워 있는 제법 큰 물소 한 마리를 리서치 팀이 찾아냈다. 파리 떼가 물소 사체에 새까맣게 붙어 있다.

"아직 배에 가스가 차지 않았어요."

망원경으로 물소를 살펴보던 팀장이 물소가 죽은 지 얼마 되지 않았다고 말한다.

리서치 팀은 서둘러서 주변 나무와 풀을 베어 관찰막을 만들었다. 자주 해본 듯 솜씨가 능숙하다. 그러나 사람들의 인기척을 눈치 챈 탓일까, 독수리는 하늘만 선회할 뿐 해가 지도록 내려오지 않았다.

씸빵 숲에는 레드헤드 독수리Redhead Vulture와 화이트 럼퍼드 독수리 White-rumped Vulture, 슬렌더빌드 독수리Slender-billed Vulture가 서식한다. 레드헤드 독수리는 가슴이 흰색이고 머리는 붉은색을 띤다. 화이트 럼퍼드 독수리는 몸집이 약간 작고 털이 검은색을 띠고 있다. 슬렌더빌드 독수리는 몸집이 크고 갈색을 띠는데, 이들은 모두 심각한 멸종위기 종이다. 농경지 개발과 화학약품의 사용으로 개체수가 급격히 줄었으나, 이 숲에서만은 무리 지어 생활하고 있다.

하위 개체부터 상위 개체까지 먹이사슬의 고리가 어느 한 부분이라도 끊어진다면 그 숲은 이미 건강성을 잃어버렸거나 잃어버리고 있다는 증거일 것이다. 독수리가 이 숲을 떠나지 않고 무리를 이루며 사는 것은 이 숲이 그만큼 다양한 생명체를 품고 있는 건강한 숲이기에 가능한 일이다.

새벽에 다시 숲을 찾았다. 다행히 하늘에도, 숲에도 독수리는 아직 보이지 않았다. 독수리의 활동을 촬영하기 위해 숲에다 카메라를 설치하고, 죽은 물소 근처 바닥과 나무 위에도 보조 카메라를 설치했다. 그리고 비좁은 관찰막에 잠복하면서 독수리가 나타나기를 기다렸다.

독수리의 시력은 뛰어나다. 300m 이상의 상공에서도 땅에서 뛰어가는 산토끼나 물속에서 헤엄치는 물고기를 식별할 정도이다. 리서치 팀은 관찰막 안에서 독수리를 기다리며 최대한 움직임을 자제했다. 독수리가 사람을 먼저 발견하면 오늘도 그들은 경계심을 갖고 내려오지 않을 것이다. 해가 뜨자 비좁은 관찰막에 열기가 후끈거렸다. 모기와 파리가 날아들고 이름 모를 벌레까지 기어들어 왔다.

정오 무렵, 언제 나타났는지 독수리가 높은 하늘에서 선회하고 있다. 한두 마리인가 싶었는데, 순식간에 수가 늘어났다. 한 시간 정도 하늘을 선회하던 독수리들 중 몇 마리가 죽은 물소 근처 나무에 내려앉았다. 그러나 나뭇가지 위에 앉은 독수리는 깃털만 고를 뿐 물소에게 다가서지 않았다. 독수리는 먹이를 앞에 두고서도 위험을 탐지하기 위해 시간을 두고 살핀다.

한 시간 정도 지났을까, 독수리 한 마리가 죽은 물소가 누워 있는 작은 나무로 날아들었다. 뒤이어 몇 마리의 독수리가 더 날아와서 다시 물소 주변을 살핀다. 이상이 없다고 판단했는지 독수리 한 마리가 먹이를 향해 날아들었다. 뒤이어 나무숲에 무리 지어 있던 독수리들이 갑자기 저공비행을 하면서 죽은 물소에게 날아들었다. 2m에 가까운 날개를 곧게 편 채, 일직선으로 내려앉는다. 먹기 전의 소심함과는 달리,

물소의 육질을 뜯으면서 독수리는 경계하지 않는다.
질긴 물소 가죽을 예리한 부리로 찢는 소리가 요란하다.

물소의 육질을 뜯으면서는 경계를 하지 않는다. 카메라를 들고 30m 앞까지 다가가도 독수리는 전혀 개의치 않고 물소 고기를 뜯는다.

조용하던 숲에서 독수리들이 서로 자리다툼을 한다. 질긴 물소 가죽을 예리한 부리로 찢는 소리가 요란하게 퍼진다. 서열이 높은 독수리가 먼저 나서고, 서열이 낮은 독수리들은 물소 주변을 서성이며 순서를 기다린다. 독수리뿐만 아니라 무리 생활을 하는 어떤 동물일지라도 서열은 이처럼 늘 존재하는가 보다.

한 마리 독수리가 보통 1~1.5kg의 먹이를 먹는다. 한동안 잔치를 벌인 독수리가 숲으로 하나둘 날아간다. 그리곤 저 멀리 큰 나뭇가지에 앉아 휴식을 취한다. 방해받지 않은 채, 충분히 식사를 마친 자의 포만감과 여유로움으로 깃털을 고른다.

먹고 먹히는 먹이사슬 속에서 물소는 제 한 몸을 희생해 저토록 많은 생명을 살찌웠다. 먹는 쪽도 먹히는 쪽도 모두 숲에 깃들어 있던 생명이다. 거대한 어머니 숲이 모든 생명을 품고 있는 것이다.

독수리는 무분별한 농경지 개발과 화학약품 사용으로 90년대 이후 개체수가 급격히 감소되었다. 그래서 이젠 미얀마나 이곳 캄보디아 씸빵 지역에서만 만나 볼 수 있는 심각한 멸종위기 종이다.

독수리의 먹이 활동을 촬영한 리서치 팀은 원래 관찰하려고 했던 큰따오기의 둥지를 찾아 나섰다. 무릎까지 자란 풀과 늪 때문에 일행은 결국 오토바이를 버리고 걷기로 했다. 특별한 랜드

마크가 없는데도 리서치 팀은 길을 잃지 않는다. 낯선 이방인에게는 보이지 않는 그들만의 감각이 있는가 보다. 한참 숲을 헤치며 나가는데 어디선가 기계톱으로 나무를 베는 소리가 들려왔다. 남루한 차림의 남녀가 나무를 베고 있다.

총을 든 군경이 나타나자 그들은 잔뜩 겁먹은 표정으로 하던 일을 멈춘다. 나무 뒤에 반쯤 몸을 숨긴 부인이 조사받는 남편을 불안하게 지켜본다. 근처를 수색하던 경찰이 벌목한 나무가 몇 그루인지 확인한다. 경고를 주고 전기톱을 압수한다. 아마도 많은 양을 벌목한 것은 아닌가 보다. 옷가지를 주섬주섬 챙겨 숲으로 사라지는 부부의 어깨가 축 처져 있다. 숯을 구워 팔아서 생계를 꾸리는 부부에게 전기톱은 중요한 생계 도구였을 것이다. 숲을 지키기 위해 취한 조치지만, 어렵게 장만한 도구를 빼앗긴 그들의 삶은 앞으로 한참은 나아질 여지가 없을 것이다.

얼핏 보면 평화로워 보이는 숲이지만, 이처럼 팽팽한 긴장이 늘 잠복되어 있다. 당장의 생계를 해결하려고 숲에 숨어든 사람들과 그들로부터 숲을 지키려는 사람들 사이에 흐르는 갈등은 앞으로도 이 숲 여기저기에서 오랫동안 계속될지도 모를 일이다.

회색들소Kouprev와 거대한 물고기 메콩 바브Giant Mekong Barb는 이제 이 숲에서 볼 수 없다. 이들이 살던 숲과 강은 예나 지금이나 그 모습을 유지하고 있으나 이곳에 기대어 살던 수많은 생명체가 사라지고 있다. 황새목 저어새과로 분류되는 따오기도 마찬가지다. 한국에서는 1974년에 한 마리가 관찰된 이후, 드물게 월동을 위해 찾아드는 경우가 있었다. 그러나 이마저도 1980년 이후 완전히 자취를 감추었다. 현재는 종 복원 사업을 통해 중국과 일본에 일부 서식하고, 동남아시아 숲에서만 간혹 발견되는 세계적인 멸종위기 종이다.

몇 달 전, 캄보디아를 대표하는 상징 조류인 큰따오기의 둥지를 찾은 것은 리서치 팀에겐 큰 수확이었다. 캄보디아 사람들은 캄보디아의 국조인 큰따오기가 우는 소리를 사랑의 노래라고 여기며 무척 좋아한다. 국제조류보호연맹은 그동안 지역 주민들에게 조류를 보호하자는 교육을 시켰다. 특히 큰따오기는 둥지를 발견해서 신고하면 포상하겠다는 정책을 펼쳤다. 그 결과 지금의 둥지를 어렵게 발견한 것이다.

큰따오기가 워낙 높은 나뭇가지 위에 둥지를 튼 탓에 리서치 팀은 몇 개의 알이 있는지 확인할 엄두를 내지 못했다. 예민한 따오기가 둥지를 버리고 날아가거나 알의 부화를 포기할까 봐 두려웠기 때문이다. 새끼가 부화할 때까지 리서치 팀은 기다렸다. 200m 밖에 카메라를 설치하고 망원경으로 그들의 둥지를 살폈다.

두 마리의 큰따오기가 부화했다.

큰따오기는 주로 7월에서 11월에 짝짓기를 하고 알은 1~3개 정도 낳는다. 알에서 부화하고 4개월 정도 지나면 어미의 품을 떠나 독립된 둥지를 튼다. 그때까지 암수가 교대로 둥지를 지키며 가늘고 긴 부리를 이용해 먹이를 잡아서 새끼에게 먹인다. 땅에 기어 다니는 지렁이와 골뱅이, 물에서 헤엄치는 개구리와 작은 물고기를 잡는다. 그리고 간혹은 귀뚜라미와 같은 곤충도 잡는다.

지금은 대략 40여 마리가 씸빵 지역에 서식한다. 동북부의 라타나끼리나 프레비히어 지역의 숲에도 서식할 가능성이 높아 조사를 진행

중이지만 아직 발견하지는 못했다.

큰따오기가 카메라와 리서치 팀을 발견한 모양이다. 새끼가 둥지 밖을 내다보지 못하도록 둥지 안으로 밀어 넣는다. 큰따오기를 씸빵 숲에서 만난 것은 분명 행운이지만, 한국에서 볼 수 없다는 안타까움에 한참을 지켜보았다.

며칠 후, 스콜을 맞으며 또 다른 따오기인 흰따오기White Shoulders Ibis의 서식지를 찾아 나섰다.

5월에서 10월까지 이어지는 우기에는, 하루 한 번 이상 스콜이 쏟아진다. 잠시 쏟아지는 비이지만 세상을 다 적실 만큼 거센 소나기이다. 하지만 이 스콜로 인해 우기의 숲은, 이곳에 머무는 새들에게 더할 데 없이 좋은 낙원이 된다. 숲으로 향하는 사람들의 발길이 끊어지고, 우기의 숲에는 새들이 좋아하는 지렁이를 비롯한 각종 벌레들로 가득하다.

개활지로 펼쳐진 숲 건너편 나무에 한 무리의 흰따오기가 깃을 고르며 도도한 자태로 앉아 있다. 날개를 활짝 펴면 하얀 어깨가 드러난다. 이곳 씸빵을 비롯해 끄라티에, 꿀렌 뜨롱뻬이, 룸팟 지역에 대략 420마리가 서식한다.

저녁이면 흰따오기는 숲에서 근처 넓은 초지로 이동해서 30~40분 먹이를 먹고 다시 나뭇가지로 돌아온다. 이들은 오래된 큰 나무의 죽은 나뭇가지에서 잠을 잔다. 죽은 나뭇가지는 나뭇잎이 없어 시야 확보가 용이하다. 위험 요소로부터 자신들의 안전을 확보하기가 쉽다. 가지에 앉은 흰따오기들끼리 간혹 자리다툼을 하는 경우도 있지만, 대개는 학처럼 우아한 자태로 나뭇가지에 앉아 있다. 먹을 것이 풍부한 우기의 숲에선 그리 서두를 일이 없는가 보다.

큰따오기는 독립적인 생활 습관 탓에 깊은 숲에서 둥지를 틀고 흩어져 서식한다. 그러나 흰따오기는 논이 많은 집 근처에서 무리 지어 생활한다. 이 숲에는 큰따오기나 흰따오기처럼 멸종위기 종이거나 곧 멸종위기에 이르게 될 것으로 보이는 귀한 새들이 14종이나 서식하고 있다.

육지의 대부분을 덮고 있는 건 나무다. 지구의 표면에서 숲이 차지하는 면적은 25%이고 사람에 의해 피해를 입지 않고 보존되는 원시림은 36%이다. 지구에서 발견된 살아 움직이는 종들 중에서 3분의 2가 숲에서 살고 있다. 숲 1ha는 1년에 탄소를 5~120t 흡수하고, 산소는 10~20t을 배출한다. 이 숲에 도로가 생기고 사람들이 모여들면 따오기를 비롯한 조류들은 더 깊숙한 숲을 찾아 떠날 것이다.

땅거미가 내려앉은 숲에 풀벌레 소리가 요란하다. 하얀 들꽃이 아름답다. 따오기가 있는 장소에서 리서치 팀은 오늘도 따오기를 만날 수 있었다. 넷 노른을 비롯한 팀원들은 동물의 개체수와 습성을 관찰하고 기록한 후, 사무실로 돌아간다. 그들의 발걸음이 무척 가볍다.

02 프놈 따마오,
   멸종위기 종 사이미스 악어

악어는 동남아시아와 아프리카, 남아메리카 등 열대·아열대 지역에 서식하는 파충류이다. 악어의 몸체는 골판으로 보강된 비늘판으로 덮여 있다. 찢어진 듯한 눈은 보는 이를 긴장하게 한다. 특수한 색소가 망막에 반사되는 눈은 밤에 붉은빛을 띤다. 구강부가 두 개의 판으로 닫혀 있으므로 악어는 물속에서도 숨을 쉰다.

물이 많고 습지가 넓게 분포된 캄보디아에서 악어는 특별한 존재이다. 오랜 기간 숭배의 대상으로 혹은 두려움의 대상으로 인간과 많은 상징 관계를 맺어 왔다. 사람들은 야생 악어를 잡거나 해치면 숲의 정령 혹은 악어 정령에게 화를 입는다고 믿는다. 그래서 전문적인 악어 사냥꾼을 제외하면 대부분의 주민들은 악어를 잡지 않는다.

앙코르와트 사원과 똔레삽Tonle Sap 호수에는 많은 악어가 살았다. 그러나 지금은 강에 서식하는 악어를 찾아보기 힘든 상태다. 특히 동남아시아에 주로 서식하는 사이미스 악어는 개체수가 급격히 줄어들어 국제자연보호연맹The International Union for Conservation of Nature이 세계 멸종위기 종으로 지정해서 보호하고 있다.

사이미스 악어는 주로 캄보디아 남서부 카다뭄 산악지역의 강에서 서식한다. 강 주변 습지와 수로를 오가며 활동했는데, 개체마다 독립된 생활을 하고 행동반경이 좁다. 이 때문에 산악지대의 강 여기저기 흩어져 살았던 악어는 짝짓기가 용이하지 않았다. 그리고 사이미스 악어의 가죽 품질이 뛰어나다고 소문이 나 악어 전문 사냥꾼들이 마구잡이로 포획하면서 개체수가 급격하게 줄었다. 또한 사이미스 악어의 주서식지인 카다뭄 산악지역에 댐을 건설하면서 유량이 줄고 주변 생태를 훼손시켰다. 숲의 개간과 벌목으로 인한 서식지 파괴도 사이미스 악어 개체수를 줄이는 요인이 되었다.

캄보디아 정부나 학계에서 사이미스 악어가 멸종된 것으로 추정한 가운데, 지난 2000년 국제동식물보호단체(FFI Fauna and Flora International)는 대대적인 서식지 조사를 벌였다. 그리고 사이미스 악어가 자연에서 살아 있다는 증거와 서식지를 발견했다. 이를 계기로 FFI는 사이미스 악어 종 보존 및 증식 프로젝트를 추진하고 있다.

2004년 4월, 카다뭄 산맥의 강과 습지를 조사하는 과정에서 악어가 알을 부화시키기 위해 둥지를 만들어 놓은 장소를 발견했다. 이들은 둥지에서 열다섯 개의 알을 꺼내 부화시켰는데 열 개만 성공했다. 그리고 그 후 10년 가까이 캄보디아에서 사이미스 악어 서식지 및 서식 환경 실태 조사를 벌이면서 이들은 서식지 군락 20여 곳을 더 찾아냈다. 사이미스 악어는 현재 캄보디아를 포함해 라오스, 미얀마, 인도네시아에 250마리 정도가 분포하고 있다. 캄보디아에 가장 많은데 오싸움 지역에 약 55마리, 아랭 지역에 30~40마리, 꼬꽁 지역에 20~30마리의 사이미스 악어가 서식하는 것으로 파악된다.

FFI는 사이미스 악어 보호 프로그램에 현지인을 참여시켜 사이미스 악어 서식지에 대한 주기적인 관찰과 종 보존에 대한 기술을 이전하고 있다. 또한 악어 농장에서 악어 유전자를 갖고 있는 악어를 찾아내는 사업을 한다. 자연 상태의 사이미스 악어와 똔레삽 호수 일대에서 양식하는 악어를 육안으로는 식별하기 어렵기 때문이다.

크고 힘이 센 악어의 DNA를 채취하려면 여러 사람이 달려들어야 한다. 그리고 순종 여부를 가리기 위해 태국에 있는 대학에 DNA 검사를 의뢰한다. 일반 농장에서 기르는 악어를 하이브리드 악어라고 부르는데, 이 악어의 DNA가 사이미스 악어로 판명되면 하이브리드 악어 세 마리를 보상해 주고 인수해서 보호한다.

매년 4만 종의 생명 종이 멸종하고 있다는 연구보고서와 유엔환경계획UNEP의 '향후 30년 이내에 지구 생물종의 4분의 1 이상이 사라질 것'이라는 보고 내용을 생각하면, 산과 강과 호수를 누비며 사이미스 악어 종을 되살리려 하는 이들의 노력은 눈물겹기만 하다.

이 사이미스 악어처럼 네손가락거북이Batagur Baska도 멸종위기 종이다. 카다뭄 산맥 일대의 강에 주로 서식하는 이 거북이는 2005년부터 캄보디아는 국가 파충류로 지정해서 보호하고 있다. 알이 맛있어서 오직 왕족들만 그 알을 먹을 수 있다 하여, 사람들은 이 거북이를 왕족 거북이라 부르기도 한다.

캄보디아는 네손가락거북이가 멸종되었다고 여겼었다. 그런데 1995년 스라이 엄벌 지역의 강에서 그 존재를 발견했고, 2002년에는 꼬꽁 지역에서도 발견했다. 이를 계기로 캄보디아 어업청은 WCS와 함께 종 보존과 증식 사업을 벌이고 있다.

수도 프놈펜에서 차로 약 40여 분 떨어진 프놈 따마오로 가는 포장된 도로는 거의 벗겨지고 패어서 차가 지나갈 때마다 황토 먼지가 일어난다. 길가의 초막집과 마당에 들어선 팜나무에 흙먼지가 고스란히 쌓인다. 집집마다 마당 한편에 두세 개의 큰 항아리가 놓여 있다. 빗물을 받아 식수나 생활용수로 사용하는 물 저장고이다.

1년의 절반이 비가 내리는 우기이고, 어딜 가나 물이 넘쳐나지만 정작 주민들이 사용할 물은 항상 부족하다. 강이 지척에 있어도 정작 주민들은 생활에 필요한 생활용수는 하늘이 내려 준 물이 가장 깨끗하다고 믿는다. 연못에서 물을 길어 사용하는데 늘 설사나 장티푸스, 콜레라 같은 각종 수인성 질병에 시달린다. 10년 전부터 각국의 NGO에서 지하수를 끌어올려 시용할 수 있도록 지원 사업을 펼치고 있으나, 아직 맑은 물을 마실 수 있는 사람이 많지 않다.

사이미스 악어 연구와 번식을 위해 마련된 사업장은 국제적인 기구에서 수행하는 과제인 만큼 상당히 현대화된 시설일 것이라 예상했다. 그러나 방문한 곳은 숲속에 시멘트로 만든 커다란 수조 두 개가 전부이다. 수조에는 크기별로 악어를 나누어 관리하고 있었는데, 한낮의 태양열을 조금이라도 줄이려고 수조를 커다란 천으로 가려 놓았다.

수조 안에는 수초들이 빽빽하다. 그 수초 사이로 사이미스 악어가 코를 내밀고 있다. 위협적인 생김새와는 달리 사이미스 악어는 비교적 온순한 편이고, 파충류 중에서는 머리가 제일 좋다고 한다.

이곳에는 스물 여덟 마리의 사이미스 악어가 있다. 악어는 인공 부화된 것도 있고 DNA 조사로 악어 농장에서 사들여 온 것도 있다. 수조마다 한쪽에 5평 정도 되는 크기의 낮은 둔덕과 작은 숲을 만들어서 악어들이 물에서 나와 쉴 수 있도록 해놓았다. 둔덕 한 귀퉁이에 풀과 모래가 쌓여 있다. 악어가 주변의 모래와 풀을 이용해 둥지를 만들어 알을 낳고, 부화를 기다리는 중이다. 자연에서 서식하는 악어는 보통 스무 개 안팎의 알을 낳는데, 지금 둥지를 지키고 있는 이 악어는 아홉 개의 알을 낳았다.

악어는 수중 교미를 하고, 약 2개월이 지나면 암컷은 석회질의 단단한 껍데기로 싸여 있는 알을 낳는다. 산란이 끝나면 알 위에 흙이나 나뭇잎 등의 식물을 조심스럽게 덮고 세심하게 보호한다. 70일 정도 시간이 지나면 알이 부화하는데, 그 기간 내내 어미는 새끼가 무사히 껍질을 깨고 나올 때까지 둥지를 지킨다.

다시 방문했을 때, 둥지가 완전히 치워진 상태였다. FFI 캄보디아 악어 보존 프로그램 현지 책임자인, 캐나다인 아담 스타에게 부화 결과를 물었다. 6일 전에 부화했는데 두 마리만 부화에 성공하고 나머지 일곱 개의 알은 부화하지 못했다고 한다.

갓 태어난 사이미스 악어는 손가락 두 마디 정도의 굵기에 길이는 손바닥보다 작다. 새나 다른 짐승들의 공격으로부터 보호하기 위해 고무 수조에 철망을 씌워 놓았다. 두 마리의 사이미스 악어 새끼는 잔뜩 긴장한 채 미동도 하지 않는다.

야생에서의 산란과는 비교도 되지 않을 만큼 적은 수가 부화에 성공한 사이미스 악어들. 두 마리의 새끼 사이미스가 보호되고 있는 환경은 너무나 열악하다. 새끼 악어는 이곳에서 2년 정도 보살핌을 받은 후, 야생 적응 훈련 과정을 거쳐 습지로 방생한다.

03 카다뭄 산악 밀림의
밀렵꾼과 레인저

캄보디아는 국토의 90%가 평야지대이다. 북동부의 몬둘끼리와 남쪽의 카다뭄은 나무가 울창한 산악 밀림이다. 이 중 카다뭄 산맥에는 60종이 넘는 포유류와 450여 종의 조류가 서식한다. 다양한 생명체들이 살아 숨 쉬는 동물의 보고이다. 멸종위기에 처한 네손가락거북이가 서식하고 있고, 사이미스 악어도 서식한다. 또한 캄보디아를 대표하는 어종인, 새끼를 자신의 입속에 넣어 보호하는 드래곤 피시가 집단으로 서식하는 지역이기도 하다.

프놈 아우랄은 해발 1,813m로 카다뭄에서 가장 높은 산이다. 사람의 접근을 쉽게 허용하지 않는 험난한 지형으로 크메르루즈 반군이 마지막까지 항전했던 곳이다. 그러나 도로가 뚫리고 사람의 왕래가 빈번해지면서 이곳에 서식하던 아시아 코끼리, 인도차이나 호랑이, 말레이 곰 등이 위기에 처해 있다.

수많은 강과 숲이 어우러진 카다뭄 산맥은 프놈펜에서 남쪽으로 약 여섯 시간 정도 차량으로 이동해야 한다. 해변 관광지로 유명한 꼬꽁으로 가는 길 오른편에 있다. 제대로 된 길이 없는데다가 며칠 전 내린 비로 길은 온통 개흙이었다. 덜컹거리는 오토바이 뒤에 앉아 이동하면서 몇 번이나 진흙에 빠진 오토바이를 밀고 나서야 겨우 관리사무소에 도착할 수 있었다.

관리소 직원이 밀렵꾼에게 압수한 올가미와 덫 그리고 전기톱과 총기류를 보관하는 창고를 보여준다. 엄청난 양이다. 캄보디아 내전 때, 사용하던 총기를 완전히 회수하지 않은 채 밀렵꾼이 동물 살상용 도구로 이용하고 있다. 야생동물이 워낙 고가이다 보니 정부의 지속적인 단속에도 밀렵꾼이 줄지 않는다고 한다. 관리사무소에 상주하는 서른 명의 대원은 숲을 무단으로 훼손하는 벌목꾼과 불법으로 야생동물을 잡는 밀렵꾼을 적발하고 단속한다. 동물의 개체수를 정기적으로 파악하고 새로운 종을 찾아낸다.

이들은 경찰, 군인, 산림청, 환경청에 소속된 공무원이고 실제로 숲에서 활동하는 사람은 지역 주민이다. 주민을 선발해서 일정한 교육을 수료하게 하고 레인저로 참여시킨다. 주민을 참여시켜 넓은 숲에서 이루어지는 불법행위를 효용적으로 단속하자는 취지도 있지만, 레인저 활동을 통해 숲을 보존해야 하는 의미를 주민들에게 알게 하고 그 같은 의식을 지역 주민들에게 확산시키자는 의도도 있다.

레인저는 한 번 숲에 들어가면 5일에서 길게는 일주일 비박을 하면서 정찰 활동을 한다. 통상 일곱 명 안팎으로 구성된 정찰 팀에는, 무기를 소지한 밀렵꾼 때문에 반드시 군인과 경찰이 동행한다.

숲에서 필요한 나침반과 위성 GPS 등 몇 가지 장비를 사무소에서 지급받고, 대원은 해먹(그물로 짠 그네 같은 침낭)과 비가림막 그리고 숲에서 지내는 기간 사용할 식량을 준비한다. 팀장 주재로 정찰 코스에 대한 회의를 하고 난 후 정찰에 나선다.

팀장은 벌목회사에서 상품성 있는 나무를 선별하는 일을 했었다. 숲을 훼손하는 일을 하다가 숲을 지키는 일을 하게 된 건, 세계 자연보호 민간기구의 하나인 국제야생생물보호협회WCS에서 진행한 교육을 받고 난 후였다. 당시 WCS에서는 숲을 잘 아는 사람이 필요했고, 교육을 통해 숲의 가치를 새롭게 이해한 온 쌈 아앗이 필요했다.

숲은 한낮임에도 불구하고 어둡다. 앞에 선 대원이 수풀과 나무를 밀림도로 치며 느리게 이동한다. 대나무 숲을 지나갈 즈음 앞서 나가던 대원이 뒤를 돌아보며 손을 든다. 약속이나 한 듯 대원들이 걸음을 멈추고 뒤따르던 팀장이 앞으로 나간다. 올무 덫trap이다. 대나무 숲으로 난 오솔길에 덫을 놓고 나뭇잎으로 덮어 놓았다. 이런 불법 트랩은 건기보다는 주로 우기에 많이 발견된다. 팀장은 현재의 위치와 발견 시간, 덫의 크기를 기록하고 제거하라고 지시한다.

올무 덫은 동물이 지나가는 길목에 둥근 원형의 철사 줄을 놓고 튼튼한 대나무를 휘어서 묶어 두었다. 동물이 올무를 밟으면 대나무가 튕겨져 올라가며 발목이 묶인 동물은 꼼짝없이 거꾸로 매달리게 된다.

"하루에 6~10개 정도의 덫을 발견하고 해체하거나 수거합니다. 밀렵꾼은 동물들의 이동 경로를 잘 알고 있습니다. 우리도 잘 압니다. 그래서 그런 곳을 집중해서 예찰하지요."

대나무 숲에서 일곱 개의 덫을 발견했다. 다행스런 것은 레인저 팀이 오기 전 이곳을 지나간 동물이 없다는 사실이다. 밀림에는 동물들이 이동하는 경로가 다양하다. 야생동물을 포획하려는 밀렵꾼과 숲과 야생동물들을 지키려는 레인저들의 소리 없는 숨바꼭질이 수시로 카다뭄 숲 곳곳에서 벌어진다.

덫을 제거한 팀원들이 잠시 나뭇등걸에 앉아서 땀을 닦는다. 사람의 체온을 감지한 산거머리가 어디에서 나타났는지 수십 마리 모여든다. 레인저들은 웃으면서 옷 안으로 파고든 산거머리를 떼어낸다. 산거머리가 빨았던 피부에서는 금방 피가 솟는다. 목 부위나 얼굴에 붙은 산거머리는 쉽게 발견할 수 있어 떼어내기가 쉽다. 그러나 옷소매나 바지 사이로 기어든 산거머리는 발견하기가 쉽지 않다. 그래서 이들은 옷소매와 바지 끝단을 늘 고무줄로 단단히 묶는다. 그래도 산거머리는 사람의 옷을 파고들어 피를 빨아먹곤 한다.

레인저 팀은 한 달에 두세 번 숲을 정찰한다. 하루에 10~14km를 이동하면서 비박 포스트post에서 잠을 잔다. 숲의 지리는 모든 대원이 잘 알고 있어서 이동하는 데 어려움은 없다. 그러나 우기에 갑자기 강물이 불어나면 물살이 세어지고 수심이 바뀌면, 강을 건너는 일은 위험하다. 대원들은 젖은 옷을 입고 종일 움직여야 한다.

숲은 해가 일찍 떨어진다. 레인저 팀은 오후 5시가 되면 일과를 마무리한다. 비박 포스트는 가장 가까운 냇가 근처에서 밥을 짓거나 낮에 흘린 땀을 씻기 편한 장소로 정한다. 대원들은 포스트에 도착하면 나무의 잔가지를 정글도로 치고, 각자 가져온 해먹을 나무와 나무 사이에 묶는다. 갑자기 내리는 비나 새벽이슬을 막기 위해 해먹 위를 비닐로 가린다. 그리고 대원 중 막내는 대원들의 저녁 식사를 위해 음식을 만든다.

"우기에는 불을 피우기가 가장 힘듭니다. 마른 나무를 구하기가 어렵거든요. 그래도 내가 만든 음식을 맛있게 먹는 대원들이 있어서 좋습니다."

요리를 하지 않는 대원들은 팬티만 입은 채, 냇가로 뛰어든다. 조용하던 숲은 대원들의 멱 감는 소리로 시끌벅적하다. 음식이 장만되자 대원들이 한 자리에 둘러앉아 이야기를 나누며 식사한다. 이내 숲은 어두워지고 피워 놓은 모닥불의 불빛이 땅에서 어른거린다. 내일의 여정을 위해 대원들은 피곤한 몸을 해먹에 누인다. 자신들의 활동으로 한 동물, 한 생명체가 숲을 자유롭게 다닐 수 있다면 그것으로 만족하는 그들이다. 카다뭄 숲에는 물 흘러가는 소리와 풀벌레 우는 소리, 나뭇잎이 바람에 부딪치는 소리만 가득하다.

04 세이마 자연보호구역의
조사원

메콩 강을 뒤로 하고 세이마 자연보호구역을 향해 북동쪽으로 올라간다. 끄라체에서 방향을 바꾸어 7번 국도를 따라 남동 방향으로 한 시간 반 정도 차를 더 달려 스눌을 지나자, 도로 좌우로 끝없이 보이던 평지가 언덕으로 바뀐다.

도로 가에는 아름드리나무가 쌓여 있고, 군데군데 거대한 나무뿌리가 나뒹군다. 불도저가 산을 허물고 땅을 평평하게 고르느라 연신 검은 연기를 내뿜는다. 끝없이 이어진 언덕에는 고무나무가 줄을 맞춰 조림되어 있다.

원래 있었던 숲은, 고무 농장 끝 아득한 곳에서 희미하게 경계를 긋고 있다. 그 경계도 언젠가 더 멀리 밀려날 것이다. 숲이 밀려나는 만큼 그 숲에 살던 동물과 원주민은 또다시 보금자리를 잃을 것이다. 고무나무 아래에는 풀을 죽이기 위해 제초제를 뿌려서 어떤 식물도 자라지 못한다.

천연고무는 주로 태국, 인도네시아, 말레이시아, 베트남, 라오스, 캄보디아 등 동남아시아에서 생산한다. 캄보디아의 몬둘끼리와 라타나끼리, 깜퐁톰, 끄라체 주에서 생산하는 천연고무는 캄보디아 총 생산량의 50% 이상이다. 캄보디아 상무국에 따르면 중국, 베트남, 말레이시아로 수출한 물량이 2010년 26,460t, 2011년에는 40,583t이었다고 한다.

고무 농장 다음으로 많이 늘어나는 것이 카사바 농장이다. 잎에서 부터 뿌리까지 버릴 것 없는 카사바의 뿌리는 고구마 맛이 나고, 칼슘과 비타민이 풍부하다. 뿌리의 타피오카 녹말 성분은 알코올 원료로 사용한다. 사람들은 돈을 벌기 위해 몬둘끼리의 숲을 밀어붙이고 카사바를 심는다.

카사바는 땅의 기운을 많이 빼앗는 식물이어서 휴경을 해야 한다. 경작을 계속하려고, 병충해를 막으려고 많은 양의 비료와 농약을 사용하다 보니 땅은 급속하게 황폐해지고 있다. 이런 곳에서는 벌레가 살아남지 못한다. 벌레가 없는 숲에서 새들이 떠나고 있다.

50년 전까지만 해도 캄보디아의 숲은 아프리카 사바나에 견줄 정도로 많은 동물들이 서식했다. 그러나 무분별한 벌목과 개발로 숲은 사라지고 훼손되었다. 고무 농장과 카사바 밭이 자연 생태계를 위협하고 있다는 사실을 순박한 농부가 알 리 없다. 설혹 안다고 하더라도 당장의 수확에 만족하는 이들이다.

스눌에서 76번 도로로 30여 분 달리자 베트남 36km라는 이정표가 나타난다. 곧 베트남 국경이다. 세이마 자연보호구역 관리사무소를 가는 길에 몇 번이나 앞이 보이지 않을 정도로 세찬 스콜이 쏟아졌다.

세이마 자연보호구역에서는 30만ha의 숲을 관리한다.

캄보디아의 숲은 울창한 숲dense forest, 열린 숲open forest, 대나무 숲bamboo forest으로 구분하는데 이곳은 울창한 숲이다. 숲이 우거지다 보니 한낮에도 밀림 속은 항상 어둡다. 나무들이 크다 보니 불법적인 벌목이 성행한다. 입구에 들어서자 바리케이드 옆 공터에서 불법행위를 하다가 도주하는 차량에 치여 사망한 경찰의 물건과 침구류를 태우고 있었다.

관리사무실 마당에는 불법으로 벌목한 나무를 운반하다 압수된 차량들이 줄지어 서 있고, 그 한편에 나무를 높게 쌓아 놓았다. 베트남 사람들이 선호하는 트농, 니응누운, 메이와 같은 가구용 목재이다. 불법 거래를 하다 적발되면 나무 하나에 30~50불의 벌금을 물리고 거래자에게는 3년 이하의 징역형을 선고한다. 그리고 적발된 나무는 모두 압수한다.

관리사무소에는 몇 개의 동이 있는데, 관리사무실을 중심으로 위쪽으로는 WCS를 비롯해 숲을 연구하고 관리하기 위한 사람들이 상주하는 공간이다. 각 기관이나 단체에서 조사나 연구 활동을 위해 찾는 사람들이 머무는 숙소이다.

캄보디아는 자연보호 관련 국제기구인 야생동물연합(WA Wildlife Alliance), 국제보존협회(CI Conservation International), 국제동식물보호단체(FFI Fauna and Flora International), 세계자연보호기금(WWF World Wide Fund for Nature)에서 장비와 예산을 지원받고 있다. 물론 재정 지원을 받는 것에 그치지 않고 그들이 자력으로 숲을 지키고 관리할 수 있는 기술 전수 교육도 함께 받고 있다.

관리사무소에서는 불법 단속을 위한 레인저 순찰 활동만큼 중요한 활동이 조사 활동이다. 리서치 팀이 지프에 장비를 싣는다. 메이효 씨가 이끄는 리서치 팀이 조사를 위해 57구역으로 출발한다. 숲에 길을 내며 가야 할 만큼 사람의 발길이 드물었던 숲이다.

메이효 씨는 WCS에서 리서치 기술을 익히고 이곳에서 7년째 동물의 생태와 개체수를 연구하고 있다. 그는 산림청 공무원으로, 이곳 자연보호구역의 담당자로 근무하고 있다. 흔 씨엠 라이 씨는 프놈펜 대학에서 환경과를 전공한 이후, 4년째 메이효 씨의 조수로 일하고 있다. 이들은 주기적으로 보호구역을 찾아다니며 무인 카메라를 설치하고, 그 결과를 종합해 캄보디아 산림청과 WCS에 보고한다.

동물이 지나다닐 만한 장소를 찾아서 촬영이 용이하도록 나무의 잔가지를 베어 내고, 예상한 동물의 눈높이에 맞추어 무인 카메라를 설치한다. 카메라의 기울기가 포착된 동물의 등보다 너무 높아도 낮아도 안 된다. 흔 씨엠 라이 씨는 동물이 지나가는 것처럼 무릎걸음으로 카메라 앞을 지나가며 촬영된 영상을 확인하고 카메라의 각도를 조정한다. 카메라 설치가 끝나자 주변 나무에 돌아다니며 페인트를 칠한다. 일정한 구역 내에 관찰되거나 서식할 것으로 예상되는 동물의 개체수를 확인하기 위해서다.

소금이 함유된 지역의 흙에서는 동물들이 소금을 핥은 흔적과 이동하면서 남긴 발자국을 쉽게 발견할 수 있다. 이런 곳에는 동물들이 염분 섭취를 위해 많이 모여들기 때문에 카메라를 꼭 설치해야 할 지역이다. 건기에는 목이 마른 동물들이 물을 찾아 작은 연못에 모여들기 때문에 작은 연못 근처에도 카메라를 설치한다.

카메라 필름은 보통 2주일마다 교체한다. 그런데 요즘 카메라는 파일방식이어서 3개월 동안 촬영하고 녹화하는 것이 가능하다.

카메라 설치를 끝낸 두 사람이 큰 나무 밑에서 잠시 휴식을 취한다. 가족을 프놈펜에 둔 채 혼자 이곳 보호구역에서 생활하는 이들이다. 며칠씩 숲에서 비박을 하고 산거머리에게 피를 빨리면서도 그들은 행복하다. 자신들의 노력으로 숲이 건강성을 유지하고 그 건강한 숲에 깃든 생명들을 볼 수 있기 때문이다.

"불법 밀렵이 사라졌으면 좋겠습니다. 더 많은 동물들이 자유롭게 생활하고, 사람이 다니는 길을 동물들도 다니는 모습을 보고 싶어요."

메이쿄 팀장은 다음 달, 중국에서 열리는 야생동물 보호 세미나에 참가하는 일로 한껏 기분이 좋다. 같은 일을 하는 선후배들에게 더 많은 정보와 새로운 기술을 배울 수 있을 것이란 기대 때문이다.

이곳 세이마 자연보호구역에는 모두 42종의 멸종위기 동물이 서식한다. 우리 일행은 이 동물들 중, 들소인 가우어와 사슴인 레드 만작, 그리고 흰꼬리원숭이를 촬영할 계획이었다. 그들이 우리를 발견하기 전에 우리가 그들을 먼저 발견해야 한다. 그러나 며칠이 지나도 그들은 나타나지 않았다.

비가 내리는 어느 날, 야생 들개 무리가 먹이를 찾아 움직이는 모습을 포착했으나 그들은 금방 우리의 존재를 알아챘다. 숲에서 경계심을 갖고 우리를 노려보던 들개는 10여 분 후 숲으로 사라졌다.

숲 저편에서 나뭇가지가 일렁거린다. 원숭이가 나뭇가지에 걸터앉아서 나뭇잎을 따 먹는다. 어떤 녀석은 한가롭게 상대의 몸에서 벌레를 잡아 준다. 꼬리원숭이의 일종인 검은 정강이 두크 원숭이로, 국제 자연보호연맹에서 지정한 멸종위기 동물이다.

이들은 이른 아침에 한 곳에 모였다가, 각자 나뭇가지를 옮겨 다니며 먹거리를 찾는다. 나무에서 거의 내려오지 않는다. 유난히 길고 흰 꼬리를 지니고 있는 이 원숭이들은 네 마리에서 열다섯 마리까지 무리

지어 서식한다. 흰꼬리원숭이는 이곳 캄보디아 외에도 인근 라오스나 베트남의 숲에 다수 서식한다. 하지만 베트남 전쟁 당시 살포된 고엽제가 숲을 거의 파괴해 버렸기 때문에 이젠 거의 멸종된 상태이다. 식사를 마친 원숭이가 한 마리씩 나뭇가지를 타고 이동한다. 어떤 원숭이는 7~8m씩 떨어진 나무로 단숨에 도약해서 이동한다.

주로 땅에서 생활하는 원숭이들은 위계질서가 분명하다. 그러나 나무 위에서 생활하는 원숭이들은 상대적으로 자유롭다. 숲에서 풍부한 먹이를 얻을 수 있어서 서로 다툴 일이 없는가 보다.

원숭이는 한 배에 새끼를 한두 마리 낳아서, 짧게는 4~5개월에서 2년까지 어미젖을 먹여 기른다. 어미 원숭이가 사람들의 인기척을 눈치챘는지 어느새 새끼를 품어 안는다. 그리고 나무 뒤로 숨는다.

숲의 주인인 그들에게 사람은 낯선 존재이며 위험한 침입자일 뿐이다. 원숭이들은 낯선 불청객을 흘깃 바라보면서 나뭇가지 사이로 한 마리씩 이동하더니 어느새 숲에서 사라졌다. 더 깊은 숲, 더 무성한 나무가 있는 곳을 찾아 떠났는가 보다. 원숭이가 사라지자 어디에서 나타났는지 청솔모 한 마리가 나뭇가지를 오르내리며 먹이를 찾는다.

05 아시아의 세렝게티,
   몬둘끼리 숲

크메르어인 '끼리'는 숲이나 밀림을 뜻한다. 라타나끼리 주와, 만다라의 산이라는 몬둘끼리는 캄보디아에서 가장 외진 지역이다. 취재팀은 사람의 발길이 드물어 자연 상태의 숲으로 잘 보존되어 있는 몬둘끼리를 취재하기로 했다.

오전 8시, 쎈 모노롬에서 WWF 몬둘끼리 담당자 까요 쏘페아와 회의를 했다. 전화상으로 이동과 취재 포인트에 대한 사항을 협의했지만 숲으로 들어가기 전 다시 한 번 최종 점검을 하기 위해서였다. 아무리 점검을 해도 막상 다큐멘터리 촬영을 하다 보면 예기치 못한 돌발 변수가 발생한다. 촬영 장비가 많고, 짧은 기간에 취재를 마쳐야 하는 경우에는 현지인의 도움과 소통이 절대적으로 필요하다.

숙식은 현지 관리사무소의 게스트하우스로 정했다. 육지에서는 차로 이동하고 강에서는 배를 이용하되 장비는 두 마리의 코끼리에 실어 운송하기로 했다. 야생 코끼리나 들소Banteng 같은 야생동물 촬영은, 필요할 경우 코끼리를 계속 이용하기로 했다. 왜냐하면 숲에서는 사람의 키보다 더 높게 자라는 풀 때문에 코끼리 없이는 이동 자체가 불가능하기 때문이다. 또 사람 냄새가 동물들의 후각을 자극해서 경계하기 전에 우리가 먼저 동물들을 발견할 수 있는 이점도 있다.

점심 식사를 하고 오후 1시에 출발했다. 세 시간이면 90km는 충분히 이동할 수 있다는 가이드의 말을 믿었다. 그러나 초지로 이어진 숲이 끝나고 사람의 키보다 더 높게 자란 풀들이 나타났다. 오픈 포리스트의 전형적인 풍광이다. 4륜구동 지프는 달리는 것이 아니라 풀을 넘어뜨리며 새로운 길을 내며 가야 했다. 차가 수시로 진흙에 빠졌다. 근처 나무 기둥에 쇠줄을 묶은 다음 렌치를 이용해 어렵게 빠져나오기를 반복하고 나니 벌써 오후 3시가 넘었다. 이제야 절반 정도 온 것이다. 오픈 포리스트가 끝나면서 길이 좀 편해지나 싶더니 이번에는 밀림 한가운데로 난 길에 바윗돌이 솟아 있고 굴곡이 심하다. 20km를 가며 지프는 덜컹거리고 나는 차 천장에 머리를 부딪치고 몸이 좌우로 뒤틀리는 고통을 견뎌야 했다.

오후 6시가 다 되어서야 어렵게 오로웨이라는 강가에 도착했다. 마중 나온 사무소 직원들이 뱃전에 앉아 우리를 기다리고 있었다. 왜 이렇게 늦었느냐고 묻지도 않는다. 우리가 지나온 길이 유일한 교통로다. 그들도 이곳을 이용하면서 어디 한두 번 겪은 일일까? 차에 실린 짐을 배로 옮기려 하자 오늘은 너무 늦어서 배로 강을 거슬러 갈 수 없다고 한다. 밤에는 시야 확보가 되지 않아 떠내려 오는 통나무에 가끔 배가 부딪혀 전복되기 때문에 위험하다고 한다.

비박을 해야 한다. 운전수와 사무소 대원들은 해먹을 꺼내 잠자리를 간단히 마련한다. 비박을 계획했던 일이 아니어서 순간 당황했다. 그러나 다른 방법이 없다. 자동차 화물칸 덮개용 비닐천막을 바닥에 깔고, 혹시 비가 내릴까봐 주변에 수로를 판 다음 그 위에 장비를 쌓았다. 그리고 비닐 천막으로 위를 덮었다. 스텝들은 동물 촬영 시 동물들 눈에 띄지 않기 위해 위장용으로 갖고 다니던 텐트 두 개를 폈다. 하나는 일인용이고 하나는 이인용이어서 새우잠을 자면서 밤새 교대로 텐트 안을 들락거려야 했다. 다행히 초저녁에만 잠시 비가 내렸을 뿐 밤 사이에는 비가 오지 않았다.

마르이츠 사무소는 강에서 그리 멀지 않은 곳에 있었다. 다음날 아침, 짐과 장비는 코끼리 두 마리의 등에 나누어 실어 강을 건너 숲을 가로질러 가도록하고 촬영팀은 두 대의 배에 나누어 탔다. 스라이폭 강은 좁아졌다가 넓어지기를 수없이 반복하며 휘돈다. 강을 거슬러 한 시간 40분 정도 가자 목적지가 나타났다. 두 시간이 지나자 장비를 실은 코끼리도 숲을 헤치고 무사히 사무소에 도착했다.

이 숲은 동남아시아에서 몇 군데 남지 않은 건조림 가운데 하나이다. 1950년대까지는 아시아의 세렝게티라고 묘사될 정도로 풍요로운 야생 환경을 자랑했다. 그러나 베트남 전쟁 당시 미국이 이곳을 베트콩 은거지역으로 규정하고 폭탄을 퍼부었다. 그 후 '킬링필드'로 상징되는 크메르루주 정권에서는 밀렵꾼들이 성행했다. 축출된 크메르루주군은 이곳에 근거지를 두고, 20여 년 동안 활동하면서 밀렵에서 얻은 동물의 가죽과 뿔을 밀거래하며 재정을 충당했다. 지금은 캄보디아 정부와 세계자연보호기금이 몬둘끼리의 숲을 보호 관리한다. 지난 몇 년간 동물의 종과 수가 늘어나고 있는데 지금은 호랑이, 표범 같은 맹수들의 개체수가 꾸준하게 증가하고 있다. 지역 관리사무소에 따르면 야생 호랑이가 열다섯 마리 정도 서식한다고 한다.

"90년대까지 저도 호랑이 열 마리를 포함해 야생동물 수천 마리를 잡았습니다."

다부진 체격의 레안 카 레인저 팀장은 그 시절에는 대다수의 사람들이 호랑이를 총으로 쏘면서도 왜 동물을 보호해야 하는지 몰랐다고 한다.

이튿날, 레인저 팀과 함께 우리는 야생동물을 찾아 나섰다. 시야가 탁 트인 숲이지만, 풀이 사람의 어깨만큼 자라 있다. 도보로 숲을 헤쳐 나아가기는 쉽지 않았다. 일행은 코끼리 등에 나누어 타고 동물의 흔적을 찾았다. 한 마리의 야생동물도 만나지 못한 채 숲에서 몇 시간을 헤매었을까, 앞서 가던 레인저 대원이 동물이 지나간 흔적을 발견했다고 손짓한다. 야생 코끼리의 발자국이다. 빗물이 고여 있는 것으로 보아 이곳을 지나간 지 그리 오래되지는 않은 모양이다.

"이게 앞발자국이고, 이게 뒷발자국이다. 코끼리는 베트남에서 와서 여기를 거쳐 야생동물 구역인 프러잇 산으로 간다. 이곳은 많은 풀과 연못과 호수와 강이 있기 때문에 이 시기에 50~60마리의 코끼리가 지나간다."

레안 카는 한나절이 지난 다음에야 겨우 코끼리의 발자국을 발견한 것이 미안한 듯 열심히 설명을 한다. 우리가 야생동물을 만나지 못했다고 해서 숲에 야생동물이 없다는 것은 아니다. 단지 우리가 촬영하고자 했던 종을 만날 수 있는 운이 따라 주지 않았을 뿐이다.

휴식을 취하고 있는데, 난데없이 숲속에서 개가 짖는다. 순간 레인저들이 개가 짖는 숲을 바라보며 숨을 죽인다. 조금 전의 평온함은 사라지고 긴장한 표정이 역력하다. 우리에게 손짓으로 가만히 있을 것을 지시하곤 총을 들고 쏜살같이 내달린다. 잠시 후, 몇 발의 총성이 울렸다. 다시 주위가 조용해지고 대원들이 돌아왔다. 물에 젖은 바지와 숨 차하는 모습을 보니 아마도 맹렬한 추격전을 벌인 모양이다. 그들의 손에는 한 짝의 신발이 들려 있다.

"놓쳤다. 밀렵꾼들이 도망가면서 벗겨진 신발을 주워 왔다. 그들이 어디에서 왔는지 모르겠다."

레인저 팀이 순찰 도는 구역에는 밀렵꾼이 잘 들어오지 않지만 순찰 구역이 아닌 숲에는 밀렵꾼이 자주 출몰한다.

몬둘끼리에는 일명 코끼리 갱생원이라고도 불리는, 코끼리들의 낙원이 있다. 이곳에서는 귀가 잘렸거나 상아가 부러진 열 마리의 코끼리가 보살핌을 받고 있다. 이 코끼리들은 더 이상 무거운 짐을 나르지 않는다. 채찍을 맞으며 곡예를 하지도 않는다. 곡예단이나 벌목에 혹 사당하다가 병들고 나이 들어 더 이상 자신이 맡았던 역할을 하지 못하는 코끼리들이 수용되어 있다.

코끼리 보호 프로젝트는 지난 2007년부터 진행되었다. 태국에서 3년간 코끼리 보호 활동을 하던 영국인 잭 하이우드는 몬둘끼리 지역의 사람들이 아직도 코끼리를 가족처럼 아낀다는 소문을 듣고 찾아와서 이 일을 시작했다. 지금은 잼마 씨가 잭 하이우드를 도와 다치거나 병든 코끼리들을 관리하고 치료한다.

파란 하늘에 하얀 뭉게구름이 한가롭게 흘러간다. 두세 마리씩 무리를 지어 코끼리들이 숲을 거닌다. 코끼리들은 어떤 간섭도 받지 않고 하루 종일 숲을 이리저리 다니면서 풀을 뜯고, 더운 한낮에는 계곡을 찾아 물에 몸을 담근다.

코끼리는 물에서 더위를 식히기도 하지만 몸에 붙은 기생충을 떼어 내기도 한다. 관리인은 코끼리가 물에 들어가면 코끼리 몸에 물을 끼얹어 준다. 몸에 털이 많지 않은 코끼리가 목욕을 마치면 온몸에 진흙

을 발라 준다. 수분 증발을 방지하고 기생충이 달라붙는 것을 막기 위해서다. 관리자는 코끼리가 가는 곳을 따라다니면서 코끼리의 상태를 지켜보고, 상처 난 곳이 있으면 약을 발라 주는 일을 한다.

"몸만 병든 것이 아니라 마음에 병을 얻은 코끼리도 있어요. 코끼리를 따라가고 있는 저 녀석이 마음병 환자입니다. 제대로 먹지도 못하고, 아무런 의욕도 보이지 않았던 놈입니다. 그런데 몇 달 전, 이곳에 들어온 저 코끼리가 마음에 들었는지 계속 쫓아다닙니다."

잭 하이우드 씨는 숲속의 야생 코끼리가 점차 줄어들고 있는 지금, 이곳이 어쩌면 머지않아 최후의 코끼리 동산이 되고 말지도 모르겠다고 말한다. 늙고 병들어서야 비로소 당도한 평화의 땅. 그러나 이곳의 코끼리들이 진정으로 원하는 것은 아마도 푸른 숲, 그들이 처음 떠나왔던 몬둘끼리 숲일 것이다.

06 밀림에서 자급자족하는
푸농족

세이마 자연보호구역에서 쎈 모노롬으로 가는 길은, 우기에는 온통 진흙탕으로 바뀌어서 다니기가 무척 불편한 길이었다. 그러나 지금은 아스팔트로 말끔하게 포장해서 다니기가 편안하다. 기온은, 강한 햇볕임에도 해발이 높아서 그런지 서늘하다. 이 지역 특산품인 몬둘끼리 커피 원두를 생산하는 커피 농장이 가는 길 곳곳에 있다.

마을에는 황토색 길을 따라 흰 벽에 주황색 지붕을 올린 집이 모여 있다. 파란 하늘은 투명하고 색이 선명한 숲과 나무는 보는 이의 마음을 시원하게 한다. 머리에 수건을 두르고, 빈 광주리를 등에 멘 여인들이 맨발로 황톳길을 걸어간다. 시장에 물건을 팔고 집으로 돌아가는 소수부족 여인들이다. 이들을 따라가자 초가를 짓고 사는 마을이 나온다. 공터에선 닭들이 종종걸음 치고, 소들은 한가롭게 풀을 뜯는다.

밀림에서 조상 대대로 자급자족하며 생활하는 푸농족 마을이다. 이들은 사냥과 농사가 주업이다. 언어는 있지만 문자가 없어서 크메르 문자를 사용한다. 캄보디아 국민 다수를 이루고 있는 크메르족과는 외모와 복장이 확연하게 다르다. 인근 숲에서 사슴이나 물왕도마뱀을 잡아서 먹었으나 이제 사냥은 할 수 없다. 밭농사 대신 카사바를 주로 가꾼다. 현대식 목조 건물도 몇 채 서 있지만, 대부분 할아버지의 할아버지가 지은 가옥 형태 그대로 살고 있다. 단출한 살림살이에 부엌은 따로 두지 않고 솥을 얹을 수 있는 화덕으로 부엌을 대신한다. 집안 가운

데 불을 피우고 양편에 평상을 두었다.

쎈 모노롬에는 250여 마리의 코끼리가 산다. 대나무 숲이 많고 계곡의 물이 풍부해서 코끼리가 서식하기에는 천혜의 자연 조건이다. 예전에는 어린 코끼리를 잡아서 길들인 다음 나무나 농작물을 운반하는 일을 시켰다. 그러나 지금은 법으로 규제하고 있어 길들이지 못한다. 그렇다 보니 마을에서 농사일을 거드는 코끼리는 나이가 많다. 그럼에도 마을 주민들은 야생의 코끼리를 사납고 무서운 동물로 여긴다.

"코끼리 때문에 사람이 죽었어요."

달리던 자동차가 갑자기 나타난 코끼리를 피하지 못해서 운전자가 죽었다고 한다. 차이 차온 씨는 숲에서 일하다가 야생 코끼리를 만나면 등골이 오싹해진다고 한다.

마을 어귀에서 끄르마를 머리에 두른 아낙들이 크라잉 뿌어 나뭇잎을 말아서 태우며 이야기를 나눈다. 3월에서 6월 사이에 주민들은 숲에서 버섯을 따고, 우기에는 죽순을 딴다. 숲에서 언제 만날지 모르는 코끼리와 멧돼지와 곰이 두려워 함께 들어갈 동료를 기다리는 중이다.

동료가 다 모이자 아주머니들이 숲으로 들어간다. 하늘이 보이지 않을 정도로 우거진 대나무 숲이다. 칼로 죽순의 밑동을 쳐서 등에 멘 광주리에 담는다. 광주리를 가득 채운 아낙들이 한 곳에 모여 껍질을 벗기고 다듬는다. 죽순을 다듬으며 쁘러이 터우 씨가 노래를 부른다.

지나가는 나그네여,

피곤할 텐데 우리 집에 와서 잠시 쉬어 가구려.

그런데 우리 집에는 당신에게 대접할 쌀도 없고 물도 없다오.

그래도 나그네여,

우리 집에서 잠시 쉬었다 가시구려.

아낙이 노래를 마치자 또 다른 아낙이 노래를 이어 받는다. 삶의 고단함을 담은 노랫소리가 대나무 숲에 퍼진다.

쁘러이 터우 씨가 어제 수확한 죽순과 집에서 기른 몇 가지 채소로 새벽시장에서 좌판을 벌여 놓았다. 다른 마을에서 온 푸농족 여인들도 좌판을 벌여 놓고 있다. 남의 가게 앞에서 물건을 팔다 보니 가게 주인의 눈치를 살핀다. 얼마 전부터 자릿세를 요구하는 바람에 이들은 시장을 따로 마련해 줄 것을 요구하고 있지만, 그도 여의치 않다. 아침에 팔지 못하면 마을을 돌아다니며 팔아야 한다.

정부에서는 숲에 흩어져 사는 소수민족을 집단 이주시키려고 한다. 숲에서 모든 것을 얻어 온 이들에게 숲을 떠나라는 말은 커다란 두려움이다. 사냥이 금지된 후, 여자들은 해야 할 일이 남자들보다 훨씬 더 많아졌다.

사냥을 하던 용맹스런 푸농족 남자들의 모습은 이젠 찾아보기 힘들다. 포엥(푸농의 전통 복장)을 입는 사람이 점점 사라지고 있다. 코끼리 대신 오토바이를 타는 사람들만 늘어난다.

탄 트라 씨가 작은 대나무를 손칼로 정교하게 매만진다. 쪼개지고, 깎이고, 잘라지고, 꺾이던 대나무가 잘 익어 고개를 숙인 벼의 형상으로 바뀐다.

"무엇을 하는 건가요?"

"벼가 무릎 정도 자라면 이렇게 대나무를 깎아서 제사를 지냅니다. 조상 대대로 내려온 전통이지요."

대나무에 조각한 나락을 들어올린다. 나락이 흔들린다.

"그렇게 하면 농사가 잘되나요?"

"잘될 때도 있고, 그렇지 않을 때도 있어요. 그러나 우리는 이렇게 합니다. 그러지 않으면 신이 노해서 집에 액운이 끼거나 마을에 좋지 않은 일이 생기거든요."

"집집마다 하나요?"

"네."

"다른 집은 안 보이던데요?"

"며칠 전부터 준비했기 때문에 다른 집은 아마도 다 만들었을 겁니다. 제가 좀 늦은 편이지요."

"제사는 언제 지내요?"

"오늘 저녁에 해가 지면 지냅니다. 마을 어른들이 집에 오면 시작하는데, 우리 집이 끝나면 다른 집으로 옮겨 지냅니다."

탄 트라 씨는 대나무로 만든 갖가지 상징물을 집의 입구 옆과 집 안의 천장에 꽂는다. 그리고 대나무 장식 몇 개를 들고 마을의 공동 우물 터로 휘적휘적 걸어간다.

조상 대대로 마을 주민이 먹고 사용한 생명의 물이다. 우물가에는 벌써 다른 집에서 갖다 놓은 대나무 장식물들이 여러 개 줄지어 서 있다. 탄 트라 씨도 우물가에 대나무 장식물을 나란히 꽂는다. 그리고 우물을 퍼서 목욕을 한다. 오늘 밤 제를 올리기 위해 몸과 마음을 정갈하게 하는 것이다.

해가 지자 초가집 여기저기에서 촛불을 켠다. 저녁밥 짓는 연기가 초가 안에 가득하다. 시장한지 아이들이 김을 뿜는 밥솥 옆에 옹기종기 둘러앉아 저녁밥을 재촉한다. 어둠이 내려앉자 마을 어른들이 탄 트라 씨의 집에 하나둘 모여든다. 평상에 단출한 제수 음식을 준비하고, 밥이 담긴 그릇에 촛불을 꽂아 놓았다. 집주인인 제주가 집안의 평화와 안녕을 빌며 집안 구석구석과 천정에 술을 뿌린다. 그리고 제사에 참석한 마을 남자들이 원을 만들 듯 평상에 둘러앉는다.

캄보디아의 전통술인 쓰라 써는 물을 섞지 않고 쌀과 누룩만으로 발효시킨 술이다. 항아리에 긴 대롱을 꽂아서 빨아올린 후, 술잔에 담아 나른다. 그리고 술잔을 받은 주민들은 돌아가면서 저마다의 마음을 담은 축원을 한다. 한 사람의 축원이 끝나면 다 함께 음복을 하고, 또 다른 사람이 축원을 한다.

“올해도 풍년 들게 해주세요.”

“우리 가족 건강하게 해주세요.”

“우리 모두 행복하게 해주세요.”

푸농의 언어로 행복과 풍요를 기원하는 바람이 쎈 모노롬 깊은 산 속에 조용히 퍼진다. 그들의 축원과 덕담을 나누는 소리가 동이 틀 때 까지 이 집 저 집 옮겨 다니며 계속 이어진다.

07 의족을 찬
코끼리, 쭈크

프놈펜에서 남쪽으로 약 45 km 떨어진 곳에 캄보디아 유일의 야생 동물 구조치료센터가 있다. 이곳은 야생동물과 숲 보존을 위해 활동하는 비영리 국제 단체인 야생동물연합 등 국제 NGO 단체의 후원을 받아 운영한다. 야생에서 다친 동물이나, 사람들이 불법으로 포획하거나 거래하던 중에 다친 동물을 치료한다. 그리고 치료를 마친 동물은 야생 적응 프로그램을 통해 숲으로 되돌려 보낸다.

그러나 영원히 숲으로 돌아가지 못하는 동물도 있다. 몬둘끼리 숲에서 덫에 걸려 몸부림치다가 이곳으로 긴급 후송된 아기 코끼리 쭈크는 왼쪽 앞다리를 13 cm 잘랐다. 의료진은 걷지 못하는 쭈크를 위해 의족을 만들었다. 몸이 부쩍부쩍 자라서 네 번이나 의족을 다시 만들었다. 그러나 쭈크는 다시 숲으로 돌아갈 수는 없는 신세가 되었다.

4월에 이곳을 처음 찾았을 때는 날개가 부러진 펠리컨을 비롯해 다친 조류가 30여 마리 있었다. 그러나 8월에 다시 방문했을 때, 조류 바이러스에 감염된 탓인지 모두 폐사된 상태였다. 그들은 끝내 숲으로 돌아가지 못했다. 대신 우리 안에서는 다친 긴팔원숭이^{Gibbon}들이 어지럽게 오가고 있었다.

수의사가 긴팔원숭이를 마취시키고 피를 뽑는다. 몸을 세밀하게 살핀다. 원숭이를 엑스레이실로 옮겨 촬영을 한다. 검사 결과가 좋은지, 정기검진을 담당했던 수의사와 간호사의 표정이 밝다.

우엉 쩐다 씨는 대학에서 수의학을 전공하고, 동물이나 숲을 너무 좋아해서 야생동물연합에 지원했다. 그 후 NGO의 지원으로 프랑스에서 동물의 특성이나 치료 기술과 구조 기술을 배우고 이곳에서 5년째 일하고 있다.

그는 어느 날 아침, 치료하던 긴팔원숭이가 죽어 있는 것을 보았다. 부검을 한 결과 간에 이상이 있었다. 그 일을 계기로 외형 관찰을 통한 상처만 아니라 주기적인 검진을 통해 외형으로 발견할 수 없는 질환까지 조기에 발견하려고 노력하게 되었다.

"동물구조센터는 이곳뿐입니다. 외국 기관의 원조 덕택에 의료시설을 갖추었지만 수의사가 좀 더 많았으면 좋겠어요. 가끔 긴급한 연락을 받고 몇 시간씩 차로 달려 가면 구조를 받아야 할 동물들이 죽어 있기도 합니다. 동물구조센터가 몇 군데 더 있다면 신속하게 구조할 수 있겠지요. 아직 캄보디아에는 야생동물들이 많이 있습니다. 그러나 불법적인 포획이 아직도 숲 여러 곳에서 일어나고 있습니다. 다친 동물들을 신속하게 발견하고 치료해야 하는데 인력이 부족해서 안타까워요."

그는 다친 동물이 건강을 되찾을 때와 건강한 숲을 보는 것을 좋아한다. 반면에 자신의 경험과 기술이 미흡하여 병든 동물을 치료하지 못하는 것을 속상해 한다.

수의사의 설명을 듣고 있는데 사슴 한 마리가 들것에 실려 왔다. 밀렵꾼이 놓은 올무에 다리를 다쳐 이곳에서 치료받던 녀석이다. 덫에 걸린 충격에서 채 벗어나지 않은 녀석에게 좁은 철망은 또 다른 공포였을 것이다. 녀석에겐 마음껏 뛰어 다닐 수 있는 숲이 절실했던가 보다. 숲으로 돌아가려고 우리의 철망을 거세게 들이받아 얼굴이 상처투성이다.

간호사 얀 유은 씨가 상처 난 얼굴을 소독하고 다친 다리에 다시 정성스럽게 붕대를 감는다.

"주사를 맞는 것도 처음에는 격하게 거부하지만 자꾸 맞다 보면 자신을 돌본다는 것을 아는지 순순히 맞습니다. 건강을 회복하고 야생 적응 훈련을 거쳐 숲으로 돌려보낼 때 뿌듯하면서도, 정이 들어서 그런지 아쉬운 생각이 듭니다. 제가 해야 할 일이 이곳에 들어온 다친 동물을 치료하는 것이지만 이곳 구조센터에 동물이 한 마리도 들어오지 않았으면 좋겠어요."

우리를 돌면서 회복 상태를 점검하는 이들에게 관리소 직원이 달려와 긴급 사항을 알린다. 카다뭄 숲에서 헤매고 있는 새끼 곰을 주민이 발견해서 산림청 공무원과 경찰이 후송하는 중이라고 한다. 아마도 사람들이 설치한 트랩에 어미를 빼앗기고 숲에 홀로 남겨진 새끼 곰일 것이다. 그곳에서 이곳까지 이동하는데 차로 여섯 시간 정도 걸리지만 실제로 구조된 동물을 이송하는 경우에는 서행 운전을 하므로 훨씬 더 많은 시간이 걸린다. 구조센터 사람들은 놀란 새끼 곰이 조금이나마 안정될 수 있도록 우리 안에 대나무를 잔뜩 집어넣는다. 그리고 곰이 좋아하는 과일을 준비한다.

늦은 밤에 후송차량이 도착했다. 자동차 전조등이 어둠을 헤치고 다가왔다. 구조센터 사람들이 달려들어 후송되어 온 새끼 곰을 우리 안으로 옮긴다. 우엉 쩐다 씨가 불안에 떠는 곰을 이리저리 살핀다. 날이 밝으면 정밀검사를 하겠지만 외형상으로는 큰 문제가 없어 보인다. 한 살쯤 되어 보이는 곰은 우리 안을 계속 서성이며 불안해한다. 먹이를 주지만 거들떠보지도 않는다. 관리인이 꿀까지 발라 뭐든 먹여 보려 하지만, 새끼 곰은 먹이를 돌아볼 여유가 없다.

이처럼 예고 없이 상황이 발생하기 때문에 동물구조센터 사람들은 늘 긴장 속에 지낸다. 몸과 마음에 상처를 입고 숲을 떠나올 수밖에 없었던 어린 동물들이 다시 숲으로 돌아갈 수 있도록 그들은 성심을 다한다. 한쪽 다리를 잃고 평생 숲으로 돌아갈 여지가 없는 의족 코끼리 쭈크에 비하면 오늘 들어온 새끼 곰은 그래도 숲으로 돌아갈 가능성이 높다.

08 메콩 강의
　　어류 연구가 토모유끼 사토

　　토모유끼 사토 씨는 메콩 강의 어류를 연구하기 위해 12년 전 캄보디아에 왔다. 그는 일본의 대형 아쿠아리움에서 어류 교배 작업과 물고기 연구를 했었다. 주로 캄보디아 어류 수족관을 관리했는데, 문득 수족관에 있는 어류들이 실제로 메콩 강에 서식하고 있는지 궁금해서 캄보디아를 찾았다고 한다.

　　처음에는 1년에 한 번 방문을 하다가 캄보디아의 자연과 사람들에게 호감을 갖게 되었다. 그리고 어부의 집에서 숙식하며 자연 상태의 다양한 어종의 물고기를 연구하기 시작했다.

　　그는 어부가 잡은 물고기의 종류를 파악하고, 자신이 직접 강이나 호수 그리고 습지에 나가 그물이나 낚시로 물고기를 잡아서 어류 정보를 체계적으로 정리한다. 보고서마다 약간의 차이가 있으나 메콩 강에 서식하는 어류는 대략 500종에서 600종이다. 이러한 차이가 나는 이유는 바다에서 거슬러 온 물고기까지 민물고기로 포함시켰느냐, 포함시키지 않았느냐에 따라 학자들이 다르게 기록하기 때문이다. 그가 새로 발견한 어종은 세 가지다. 2005년 캄보디아 남단 꼬꽁의 맹그로브 숲 근처에서 잡은 것과, 반테이 스레이 유적 근처 작은 강에서 잡은 것, 그리고 똔레삽 호수에서 잡은 물고기다. 그는 이들을 어류 학회에 보고서로 제출했다.

　　사토 씨가 강에서 물고기를 잡는다. 낯선 외국인이 나타나자 물놀이를 즐기던 마을 아이들이 사토 씨 곁에 모여든다. 강에서 물고기를 잡는 모습만 보아 왔던 아이들에겐 물고기를 잡았다가 다시 강에 놓아 주는 사토 씨가 신기한 모양이다.

"오늘은 몇 종이나 확인했나요?"

"건기라고는 하지만 그래도 열한 종류의 물고기를 잡았습니다."

그는 물고기를 잡으면 항상 조사를 한다. 그리고 연구실에 가져가서 물고기의 사진을 찍고 기록한다. 오늘은 캄보디아에서 수가 감소하고 있는 물고기 몇 마리를 잡은 탓인지 투망질 결과에 만족한 모양이다. 잡은 물고기 중 필요한 몇 마리를 제외하고는 아이들에게 나누어 준다. 갑작스런 횡재에 아이는 고맙다고 수줍게 말하면서 조심스럽게 물고기를 받는다.

그는 물고기의 서식 정보를 얻기 위해 어부들에게 도움을 요청해 놓고 지낸다. 살면서 보지 못했던 물고기를 잡으면 연락을 달라고 부탁해 놓았다. 한 번은 연락이 와서 찾아갔더니 물고기 살은 다 발라 먹고 머리 부분만 보여 주어서 당황했었다고 한다. 그래도 어부들로부터 연락이 올 때가 제일 기다려지고, 연락이 오면 매번 거리와 상관없이 꼭 찾아간다.

지금은 고기 잡는 기술과 어구의 질이 좋아졌다. 그로 인해 개개인이 잡는 물고기의 양도 많아졌다. 그러나 메콩 강에 서식하는 어종과 어획량은 줄어들고 있다.

"이곳에 사는 사람들은 대부분 강과 호수에서 물고기를 잡는데요, 사람들은 샴푸로 머리를 감고 플라스틱이나 비닐을 똔레삽 호수와 메콩 강에 버립니다. 쓰레기가 물고기 산란을 막고 있다는 사실을 모르고 있지요."

사토 씨는 메콩 강이나 똔레삽 호수의 어류 서식지 환경에 대해 사람들에게 알리려고 노력한다.

메콩 강은 여섯 개 나라를 거쳐 흐르는 강이다. 이들 국가는 경제개발로 국민소득이 점차 개선되고 있다. 도시화가 급속히 진행되면서 생활 오폐수와 공업 폐수를 아무런 생각 없이 강으로 흘려보낸다. 강 유역에서는 농장을 개간한다고 산과 숲의 나무를 무분별하게 벌목한다. 토사 유출이 심해지면서 메콩 강의 생태계는 이제 다양한 환경 문제로 심각하게 위협받고 있다. 이것이 오늘날의 메콩 강이다.

또 환경을 황폐화시키는 주범은 메콩 강 유역에 건설하는 댐이다. 메콩 강 위원회(MRC^{Mekong River Commission})의 자료에 따르면 2030년까지 메콩 강에는 71개의 댐이 들어설 예정이다. 중국의 수력발전량이 최대 10만MW 이상, 미얀마는 4만MW, 라오스는 2만 5천MW에 이를 것으로 전망한다. 이들 국가는 댐을 건설해서 지역 주민의 빈곤을 퇴치하고, 경제발전을 도모하려고 한다. 산업화에 박차를 가할 수 있는 강력한 에너지원을 확보하려고 한다. 특히 중국과 라오스는 높은 산악지형 특성으로 전기 생산량이 매우 높을 것으로 전망하고 있다. 화석연료로 생산하는 에너지보다 적은 비용으로 에너지를 생산할 수 있으므로 많은 댐을 건설할 계획이다.

중국은 1987년에 확정한 여덟 개의 댐 건설 계획 중, 2013년 현재까지 메콩 강에 총 다섯 개의 댐을 완성했다. 향후 스무 개의 댐을 추가로 건설할 예정이다. 라오스는 2012년 11월, 메콩 강 하류의 사야부리

에 전력 1,285MW를 생산할 초대형 댐 건설 공사를 시작했다. 사야부리 댐은 메콩 강 주요 수로에 건설될 열한 개 댐 중 첫 사업으로, 여기서 생산된 수익을 경제개발에 투입하겠다는 방안이다. 그간 상류에 중국의 댐이 있기는 했지만, 하류에 이 같은 대형 댐이 들어서는 건 처음이다.

자국의 사회·경제 발전, 빈곤 퇴치, 외화 획득을 위해서는 지리적 이점과 풍부한 메콩 강의 유량을 이용한 수력발전이 필수적이라고 주장하는 이들에 대해, 강을 공유하는 하류의 다른 국가들은 반발이 심하다.

세계자연보호기금은 '사야부리 댐은 메콩 강 생태계에 돌이킬 수 없는 변화를 초래할 것'이라며 '메콩 강 주변에서 어업에 종사하고 있는 6천만 명의 주민이 댐 건설로 피해를 입을 것'이라고 경고했다. 특히 라오스가 현재 메콩 강 하류에 건설 중인 사야부리 댐이 2019년 말 완공되면 2030년까지 어획량은 적어도 25% 감소할 것으로 예상했다. 환경 전문가들 역시 상류에서 댐으로 강을 막을 경우 어류의 산란 활동이 심각한 지장을 받을 것으로 보고 있다.

강의 수위는 건기에 낮아지고 우기에 높아지지만 댐으로 수량을 조절하면 건기 수위가 평소보다 높아지고 우기 수위가 낮아진다. 이런 인위적 조절이 산란기에 상류로 거슬러 올라가는 회유 어종의 이동을 방해한다는 것이다. 메콩 강에 사는 어류는 800여 종으로 아마존에 이어 세계에서 두 번째로 많다.

베트남과 캄보디아, 태국 등은 사야부리 댐이 건설되면 어류 이동이 어려워지고 수량 변화로 인한 민물고기 어획량 감소, 열대 어종의 서식지가 파괴되는 등 환경파괴 현상이 일어날 가능성이 높은 만큼 충분한 환경조사가 이뤄질 때까지 댐 건설을 연기해야 한다고 주장한다.

　최하류 지역에 위치한 베트남은 특히 메콩 델타 지역의 수량 감소로 인한 농산물 생산량 감소를 가장 우려하고 있다. 메콩 델타 지역은 베트남의 총 쌀 생산의 50%를 차지하고 기타 농작물 생산의 40% 이상을 담당하는 중요한 곡창지대이다. 베트남은 1990년대 초반에 중국이 댐 건설을 시작한 이후 수량 변화와 관련 수문학Hydrology● 조사를 면밀히 실시하면서 가장 강력하게 항의하고 있는 중이다.

　베트남과 더불어 최하류에 위치한 캄보디아 역시 상류의 댐 건설로 인한 피해가 매우 클 것으로 예상되는 지역이다. 특히 캄보디아에서 가장 중요한 담수호인 똔레삽 호수는 메콩 강의 홍수 주기와 유량 변화에 매우 민감하다. 캄보디아 GDP의 50% 이상이 1차 산업인 농업, 어업, 산림업에서 발생하는데 똔레삽 호수는 이를 뒷받침하는 핵심 지역이다. 또한 캄보디아 국민들은 주로 똔레삽에서 수확하는 물고기로 총 단백질 필요량의 50%를 섭취하고 있다. 만약 똔레삽 호수가 대형 댐 건설로 인해 영향을 받는다면 캄보디아의 사회·경제에 치명적인 영향을 미칠 것이다.

　이렇듯 메콩 강의 수력발전은 사회·경제 발전을 뒷받침하는 주요 엔진으로 기대받고 있지만, 지형적 이점을 활용할 수 있는 메콩 강 상류 지역 국가의 이익에 부합할 뿐, 국제 하천인 메콩 강의 하류 국가들에서 어획량 감소와 메콩 델타 지역의 벼농사 수확량 감소는 분명한 일이 될 것이다.

　메콩 강은 다른 지역보다도 빠른 사회·경제 발전, 풍부한 민물어장, 종 다양성, 세계적인 쌀 곡창지대 등 여러 측면에서 주목을 받고

● 하천·호소·지하수·빙설 등의 형태인 육수의 기원·분포·순환·특성 등을 연구 대상으로 하는 학문.

있다. 그러나 더 깊숙히 들여다보면 환경파괴가 돌이킬 수 없는 재앙을 가져올 것이라는 환경 보호론자들과, 환경에 부정적인 영향을 완화할 수 있는 대응조치를 취하면 된다는 개발론자들의 입장이 어느 곳보다도 팽팽히 맞서고 있는 현장이 바로 오늘날의 메콩 강이다.

09 꼬꽁의 해안 마을과
　　바다에 떠 있는 맹그로브 숲

　　캄보디아 남서부 꼬꽁 주 핌크라솝. 이 마을의 집은 바다에 나무기둥을 박아서 물 위에 지어 놓았다. 배가 지날 때 들어 올릴 수 있는 도계교가 마을과 마을을 잇는다. 아이에서 할아버지까지, 주민들은 누구나 다 한 가족처럼 이 다리로 왕래한다. 바닷물과 바람에 시달리는 나무집의 수명은 그리 길지 않아서 자주 수리를 해야 한다. 그래서 마을 남자는 누구나 집수리에 능란하다.

　　주민들은 웬만해선 땅을 밟지 않고 물 위에서 생활한다. 고기잡이와 양식업을 하며 바다에서 일한다. 우기에는 비가 많이 와서 배를 띄우지 않는다. 그래도 물고기가 많아지므로 이곳 사람들은 우기를 좋아한다. 느은이의 아빠는 집 앞 나무 평상에 앉아 갯벌에서 잡아 온 소라게를 손질하고 있다.

　　"뭐하는 거예요?"

　　느은이가 아빠 옆에 앉으며 묻는다.

　　"미끼 만드는 중이다."

　　이 게는 양식장 물고기들에게 먹일 작은 고기를 잡는 데 쓰인다. 아이들에겐 소라게는 그저 재미있는 장난감일 뿐이다. 소라게를 좋아하는 건넛집 사내아이가 어느새 다가와서 소라게를 손으로 톡톡 치며 논다. 제 집 드나들 듯 매일 건너와서 온종일 놀다가 때가 되면 당연하다는 듯 밥을 먹는다.

밥이 익는 동안 아이들은 또 다른 놀이를 찾았다. 집 앞 난간에 나란히 걸터앉아서 작은 새우로 미끼를 만들어 낚시를 한다. 낚싯줄을 담그더니 금방 물고기 한 마리를 잡아 올린다. 어려서부터 물과 친숙하게 살며 어른들이 하는 양을 본 탓인지, 낚시가 제법 익숙하다. 그래도 아이들이 제일 좋아하는 건 역시 물놀이다.

맹그로브 나무로 둘러싸인 이 마을은 아이들이 발을 딛고 뛰어놀 수 있는 땅이 없다. 그래도 아이들에겐 집만 나서면 사방이 놀이터다. 밀물로 불어난 물이 아이들에겐 더 큰 자유를 준다. 물에 잠수하거나 헤엄치며 물속에 있는가 싶으면 어느새 올라와 집과 나무와 배를 오가며 연신 자맥질을 한다. 하루에도 몇 번씩인 물놀이에 엄마가 해야 할 빨랫감은 늘어난다.

우기가 끝나면 느은이는 육지에 있는 할아버지 댁에서 학교를 다닐 예정이다. 그렇지 못한 아이들은 학부모가 순번을 정해 매일같이 뭍에 있는 학교로 학생을 배에 실어 나른다. 몇 해 전까지만 해도 선생님이 마을을 돌며 아이들을 가르쳤다. 그러나 그리 멀지 않은 방가야 마을에 학교가 생긴 후로 아이들은 방가야에 있는 학교로 등교한다. 곧 느은이가 할아버지 댁으로 떠나면 아이들의 자맥질하는 소리와 웃음소리를 듣지 못할 것이다. 맹그로브 숲은 또다시 나무들의 이야기와 바닷물 소리에 고요해질 것이다.

총 1만 ha에 달하는, 캄보디아 최대의 맹그로브 숲인 꼬꽁의 해안. 열 개의 크고 작은 마을에서 사람들이 숲과 바다를 의지해 산다. 언제나 거대한 맹그로브 숲이 꼬꽁의 수상마을 사람들을 보호한다.

바다와 강, 바다와 육지가 만나는 곳에서 자라는 맹그로브. 맹그로브는 물속에 뿌리를 두고 자라는 신비한 나무이다. 물 아래 땅 깊숙이 10m 이상 단단하게 뿌리를 내린다. 이 뿌리가 토양의 유실을 막아 주고, 물고기의 산란 장소를 제공한다. 새우와 게, 각종 물고기들의 은신처가 되고, 먹이를 제공한다. 이곳에 서식하는 어류 대부분은 물속 맹그로브 뿌리 사이에 산란을 한다. 맹그로브 숲은 새로 태어날 물고기들의 안전한 보금자리 역할을 한다. 뿐만 아니라 맹그로브는 해안을 병풍처럼 둘러싸고 태풍으로부터 마을을 보호한다. 뿌리가 단단히 얽혀 있는 맹그로브 나무가 천연 방파제 역할을 하는 것이다.

맹그로브의 무성한 숲은 인간의 접근을 쉽게 허락하지 않는다. 배

를 타고 지나가기도 어렵고, 무성한 숲속으로 걸어가기는 더더욱 힘들다. 숲속 깊숙한 지역엔 맹그로브 외에 다양한 나무가 서식하고, 그 숲엔 여러 생명체들이 깃들어 있다.

그 생명체들 가운데 하나가 박쥐다. 왕박쥐 Large Flying Fox라는 이름이 무색하지 않게 커다란 몸집을 자랑하는 박쥐가 이곳 맹그로브 숲에 무리 지어 서식한다. 벌목과 개간 등으로 개체수가 급격히 감소한 것으로 알려진 이 왕박쥐는 동남아시아와 호주의 열대·아열대 지역에 서식하는데, 국제자연보호연맹에서 지정한 멸종위기 근접종이다.

과일과 꽃을 먹는다고 해서 일명 과일박쥐라고도 불리는 녀석들은, 보통의 박쥐들이 초음파로 적을 감지하는 것과 달리 시각과 후각으로 사물을 감지한다. 겉모습과는 달리 섬세

한 녀석들에게 이곳 맹그로브 숲은 인간의 접근이 차단된 천연의 요새이다.

갯벌에 비가 내린다. 개흙 속에서 먹이를 찾고 개흙을 은신처로 삼는 물뱀과 게가 갯벌을 기어간다. 물과 뭍을 자유롭게 넘나드는 망둥이가 펄떡 뛰어 물가로 가더니 헤엄을 치며 물살을 가른다.

손과 발이 진흙투성이인 원숭이 한 마리가 쓰러진 나무를 타고 맹그로브 숲에서 나와 물 빠진 갯벌을 어슬렁거린다. 동남아시아 해안의 숲이나 늪지대에 주로 서식하는 이 녀석은 긴꼬리원숭이과에 속하는 게잡이원숭이다. 나뭇잎을 먹지만 곤충이나 게도 먹는 잡식성으로, 이 갯벌에서 참 많은 것을 얻고 있다. 호기심이 많은 습성을 버리지 못해서 인근 마을의 집까지 들어가 음식을 훔쳐 먹는다. 이 녀석 역시 최근 개체수가 감소하고 있는 관심필요 종이다. 다행히 이곳은 갯벌이 있고 또 맹그로브 숲이 있어, 녀석에겐 가장 좋은 서식지이다.

마을 주민들이 배를 타고 맹그로브 숲으로 간다. 숲의 초입에서 한 사람이 하선하더니 맹그로브 나무뿌리에서 골뱅이를 채취한다. 한 그루에 두세 개밖에 없는 골뱅이를 온종일 찾으며 나무뿌리를 옮겨 다니다가 저녁 5시경에 그는 돌아가는 배에 다시 승선할 예정이다.

배는 다시 달리고, 한동안 이야기를 주고받던 사람들이 일제히 양말을 올려 신고, 신발 끈을 조인다. 끈으로 신발과 발을 동여맨다. 몸을 감싸고, 옷을 묶거나 조이며 작업할 채비를 단단히 한다. 두 명씩 한 조가 된 사람들이 배에서 내려 각자의 목적지로 간다. 바닷물에 몸을 담그고, 질척한 개흙을 밟으며 맹그로브 숲으로 들어간다.

숲에 도착한 아주머니들은 가장 낮은 자세로 구멍에 손을 깊이 더 깊이 밀어 넣어 게를 잡는다. 진흙이 흥건한 게를 웅덩이에 고인 물에 흔들어 씻고 끈으로 게의 다리를 묶는다. 때론 게 구멍을 잘못 짚어 헛손질을 한다. 한쪽에선 젊은 여자들이 무릎걸음으로 갯벌을 이동하며 조개를 잡는다.

습기를 잔뜩 머금은 더위가 작업을 방해한다. 수시로 옷을 뚫고 들어오는 모기를 쫓기 위해 연신 손을 휘젓는다. 국거리용 작은 조개를 바구니 가득 채우려면 성가시지만 모기를 쫓으며 더위와 한참 더 싸워야 할 것이다.

이곳 맹그로브 숲은 잘 보존되고 있는 셈이다. 태국은 연안에 자생하는 맹그로브 숲 군락지를 베어 버리고 보다 높은 소득을 올릴 수 있는 새우 양식장을 만들었다. 200만ha였던 맹그로브 숲이 20년 만에 절반가량이 유실되었다. 문제는 거기서 그치는 것이 아니다. 좁은 늪지에서 많은 새우를 기르기 위해서는 사료와 항생물질을 대량으로 뿌려야 한다. 수질오염으로 양식장은 오래가지 않는다. 다시 새로운 맹그로브 숲을 베고 양식장을 만드는 일이 반복되었다. 그래서 점점 더 많은 맹그로브 숲이 사라졌다. 맹그로브 숲에서 오랜 세월 먹을 것을 얻어 온 사람들은 사라진 맹그로브 숲의 크기 이상으로 삶의 터전을 잃어야 했다.

꼬꽁의 맹그로브 숲도 한때 숯을 만들기 위해 벌목을 하면서 많이 훼손되었다. 1971년 이후, 캄보디아 정부는 꾸준하게 습지 보호 사업을 해왔고, 2001년부터 지금까지 약 260만 그루의 맹그로브 나무를 심었다. 그러나 심는 것보다 가꾸고 지키는 일이 더 중요했다. 홍보 활

동을 꾸준하게 하면서 주민들의 협조를 구하는 한편, 97년 이후 맹그로브 벌목을 전면 금지했다. 그리고 레인저들이 한 달에 네 차례 맹그로브 숲 구석구석을 돌면서 불법 벌목을 단속했다.

이 지역은 모두 수상가옥이기 때문에 맹그로브 나무는 사람들에게 절대적으로 필요하다. 그래서 예외적으로 집을 짓거나 수리할 때, 당국의 허가를 받아야 15년 이상 된 나무 중에서 벌목을 할 수 있다. 새집을 지을 땐 100그루, 집을 수리하는 경우에는 50그루까지 벌목을 허용한다. 그러나 허가받은 사람은 허가받은 용도에 따라 나무를 이용해야지 나무를 팔아서 이익을 얻지는 못하도록 철저하게 단속한다.

불법 벌목은 배도 닿지 않고 걸어가기도 힘든 숲속에서 이루어지므로 단속하기가 어렵다. 레인저들이 어두운 숲 사이로 난 좁은 수로로 배를 몰아 한참을 들어가자 도끼로 나무를 찍는 소리가 들린다. 나무를 헤치고 들어가자 한 부부가 쓰러진 나뭇가지를 쳐내고 있다. 레인저들이 다가가서 묻는다.

"허가증 있나요?"

"예."

나무를 자르던 남자가 지역 환경사무소에서 받은 허가증을 주머니에서 꺼낸다.

"얼마나 자를 것인가요?"

허가증을 살펴본 레인저가 질문한다.

"50그루요."

"집에 쓸 것인가요?"

"예."

"여기서 조금 자르고, 다른 곳에서 조금 잘랐으면 좋겠습니다. 한 군데에서만 모두 베면 안 됩니다."

검문을 받는 일이 그리 유쾌하지는 않겠지만, 남자도 숲이 보존되어야 한다는 데는 이의가 없는 모양이다. 15년 이상 자란 나무가 잘려 나가는 데 단 몇 분도 걸리지 않았다.

늦은 오후가 되자 수로에 배를 대고 곧바로 집으로 들어설 정도로 물이 차오른다.

핌 그라솝 마을에는 아직 전기가 들어오지 않는다. 그래서 마을 주민들은 해가 지기 전에 서둘러 저녁을 마친다. 사람들이 마을을 잇는 다리 부근의 상점 앞으로 모여든다. 마을에서 생필품을 파는 유일한 가게는 비교적 넓은 공간을 주민들에게 내어 주고 있다. 날이 어두워지면서 어른 아이 할 것 없이 더 많은 사람이 모여든다. 밤이면 발전기를 돌려 전깃불을 밝히고, 모두들 이곳으로 마실을 나오는 듯하다. 텔레비전이 나오는 유일한 집이기 때문일까. 낮에 물에서 자맥질하던 아이들도 상점 앞 텔레비전 앞에 모여 있다. 아주머니와 아이가 방에 눕거나 벽에 기대어 앉아 텔레비전을 본다. 사방이 조용한 탓인지 발전기를 돌리는 모터 소리가 유난히 크게 들린다.

10 메콩 강 수위를
조절하는 호수, 똔레삽

검은 구름이 몰려들더니 나뭇가지가 흔들린다. 비가 쏟아진다. 숲에도, 바위에도, 수면 위에도 비가 쏟아진다. 비는 계속 내리고 계곡물이 삽시간에 불어나, 강물은 거센 폭포를 이룬다.

프놈펜 인근의 논과 밭, 집들이 물에 잠겼다. 강의 이편과 저편을 이어 주던 다리만, 물에 잠기기 전에 길이 어떻게 이어졌을지 헤아리게 한다. 강물이 불어나는 속도가, 강물이 바다로 흘러나가는 속도보다 더 빠르다. 넘쳐난 물에 논과 밭이 잠기고, 길이 끊기고, 집도 물에 잠긴다.

우기에 늘 있는 일이다. 1년의 절반이 우기인 캄보디아. 세찬 빗속에서도 이곳에서 사는 사람들의 일상은 동일하다. 나름의 방식으로 하루하루를 보낸다.

물가에 위치한 마을에서 도로는 가옥보다 더 높은 곳에 내 놓았다. 물이 들어도 사람들이 오갈 수 있도록 길을 높여 놓은 것이다. 비가 내리면 사람들은 이 길 위로 재산목록 1호인 소를 옮겨 놓는다. 물가에 사는 사람들은 우기가 시작될 무렵이면 아예 집과 평상을 떼어서 수량에 따라 물이 덜 차는 곳으로 몇 번이고 이사를 한다. 물이 아주 많이 차면 길에다 임시 천막을 치고 지내다가 물이 빠지면 다시 살던 곳으로 돌아간다.

물에 잠긴 집은 외딴 섬이 된다.

사람이 걸어 다니던 길을 따라 사람들은 작은 쪽배로 이동한다. 논과 밭이 물에 찼다고 시름하지 않는다. 문만 열면 온통 물이니, 문턱에 걸터앉아 낚시로 무료함을 달랜다. 수초가 많은 얕은 물에 들어가서 키로 물을 떠서 고기를 잡는다. 물길 따라 밀려들어 온 작은 물고기들. 보잘 것 없는 크기지만 저녁 찬거리로 안성맞춤이다.

포구에도 우기가 절정에 달할 때는 수로 양옆 둑이 넘칠 정도로 물이 불어난다. 건기 끝 무렵이면 둑 아래 물은 어른 허리 정도까지 줄어든다. 우기와 건기 사이에 물이 차고 빠지는 정도 차가 심하다 보니 호수 주변에서는 물에 뜨는 구조의 가옥을 만든다. 물이 불어나거나 빠져도 쉽게 옮길 수 있는 가옥들이다.

11월부터 4월까지 호수의 수면이 내려가면 집을 배로 끌고 물 가까이 있는 곳으로 몇 차례씩 옮겨 다닌다. 그렇지 않은 집들은 물이 차오르는 수위를 감안하여 높은 기둥 위에 집을 짓는다. 그도 여의치 않으면 아예 집을 송두리째 뜯어 물이 차지 않는 둔치 위로 옮겨 놓는다.

가옥의 벽면은 널빤지나 팜나무 잎을 엮어 만들어서 이동하기 간편하다. 건기에는 수로 가까이에서 생활하다가 우기가 시작되는 5월경부터는 언덕 위로 집을 옮긴다. 많은 집이 우기와 건기 때마다 물가와 언덕을 오가다 보니, 동네 사람들은 품앗이로 함께 집을 들어 옮긴다. 살림살이 단출해서 한두 시간이면 옮길 수 있다.

배를 타고 똔레삽 호수로 나갔다.

수로 양옆으로는 수상가옥이 늘어서 있다. 총 크니에는 600명이 생활하는 수상마을이다. 캄보디아 국기가 걸린 비교적 큰 규모의 수상가옥 건물은 학교와 관공서이다. 강당에서 오전과 오후반으로 나누어 수업한다. 수상학교에는 운동장이 없다. 아이들은 교실 앞, 마루에서 뛰어논다. 여학생들은 고무줄놀이를 하면서 시간을 보낸다. 학생들은 이곳에서 4학년까지 수업을 받고, 5학년부터는 뭍으로 유학을 떠난다.

수상가옥은 대체로 방이 한 칸씩이다. 어떤 집은 아예 작은 보트 위에 얹혀 있다. 수상가옥 옆으로 옥잠화가 무성하다. 학교를 파하고 나면 딱히 놀 만한 공간이 없는 아이들에게 똔레샵 호수는 놀이의 대상이자 즐거움을 주는 유일한 공간이다. 한낮의 더위를 식히려는 듯 아이들이 연신 물속으로 뛰어든다. 건기 때 1m 정도이던 수심이 우기 때면 최대 9m까지 깊어진다. 사람들은 매일 호수에 의지하고, 호수에 기대어 삶을 이어 간다. 수로 연안에 줄지어 있는 배의 크기가 이곳 주민들의 경제적인 삶의 규모이다.

똔레샵 호수에는 200만 명이 살고 있다. 캄보디아 전체 인구의 7분의 1이 이곳 호수에 기대어 산다. 이 중 30% 정도는 베트남 난민이다. 거대하면서도 조용한 똔레샵 담수호가 현대사의 아픔까지 끌어안고 있다. 70년대 중반에 있었던 베트남 전쟁 때, 전란을 피해 캄보디아로 건너왔다가 많은 사람들이 돌아가지 못하고 이곳에 정착했다. 조국과 고향을 등지고 떠난 이들에게 똔레샵은 아무런 조건 없이 삶의 터전을 내어 주었다. 물 위에서 사는 그들을 아무도 제지하거나 위협하지 않았다. 조국을 떠나 고단한 삶을 살아야 했던 이들을 호수는 어머니처럼 모든 것을 품어 주었다. 이곳에 머무는 사람들에게 생계의 수단이 되었으며, 삶의 터전이 되었다.

수상가옥에서 호수에 머리를 숙인 채 머리를 감는 사람들, 그릇을 닦는 사람들, 강물로 양치질을 하는 사람들, 그렇게 저마다 아침을 맞고 있다. 수상가옥 난간에 해먹을 치고 늦잠을 즐기는 사람이 있는가 하면 부지런한 아이들은 큰 고무통을 타거나 작은 쪽배를 저어 우리에게 다가온다.

햇볕에 그을린 검은 피부에 남루한 옷을 걸친 아이들이다. 아이들이 내민 손에는 팔찌, 지갑, 부채, 열쇠고리 등 수공예품이 들려 있다. 원 달러, 원 달러를 외치며 따라온다. 관광객의 눈에 좀 더 쉽게 띄려는 속셈인 듯, 커다란 구렁이를 목에 감고 물건을 파는 아이도 있다.

배가 수로를 벗어나자 우기의 호수는 하늘과 맞닿으며 경계가 사라지고, 하얀 구름 몇 조각을 머금었다.

6천 년 전, 캄보디아의 지층이 가라앉으며 똔레삽 호수는 형성되었다. 동남아시아에서 제일 큰 호수다. 메콩 강과 똔레삽 호수는 똔레삽 강이 연결한다. 건기에는 호수의 물이 똔레삽 강을 통해 메콩 강으로 흘러가고, 우기에는 불어난 메콩 강의 강물이 흘러가던 방향을 바꿔 똔레삽 호수로 들어온다.

해마다 우기에는 똔레삽 호수의 물은 불어난다. 메콩 강 상류의 수많은 지류에서 흘러온 강물이 똔레삽 호수로 흘러든다. 호수 주변의 숲과 농지에 물이 차면서 건기보다 호수 면적이 네 배나 늘어난다. 빗줄기가 약해지면 다시 강은 호수의 물을 메콩 강으로 배출한다. 똔레삽 호수는 메콩 강의 수위를 조절하면서 건기 때는 베트남 메콩 델타로 역류하는 바닷물을 막아 준다.

그러나 메콩 강 상류에 수력발전용 댐을 건설하면서 메콩 강에서 유입되는 수량이 줄어들었다. 물이 차지 않는 강과 호수에서는 환경이 파괴되고 생태계가 유실되고 있다. 메콩 강 끝자락에 있는 메콩 델타 지역에서는 바닷물이 역류해서 논농사를 포기하는 농가가 늘고 있다. 강을 끼고 있는 국가 간에 환경 보전과 수자원 개발이라는 첨예한 갈등이 대립하고 있다.

맑던 하늘이 어느새 검은 구름으로 가득하다. 금방이라도 비가 쏟아질 모양새다. 배를 달려 호수를 가로지르자 1,200가구가 상주하는 마을이 나온다. 프렉 떠을 수상마을이다.

마을 입구로 들어서자 양옆으로 집들이 나란히 서 있고, 집마다 크고 작은 배 몇 척씩을 묶어 두었다. 이들의 주된 생업은 이 호수에서 고기를 잡는 일이다. 마을 안쪽으로 들어갈수록 마을을 오가는 배가 많아진다. 혼자 힘겹게 노를 저어 가는 사람도 있지만 한 가족이 노를 저어 가기도 한다.

마을이 조용한 탓인지 시간의 흐름이 매우 더디게 느껴진다. 며칠 숙박을 하면서 수상마을 사람들의 사는 모습을 취재하기 위해 머무르기로 한 집에 배를 정박했다. 행 펄 할머니가 반갑게 우리를 맞아 준다.

배에서 내리는 장비와 짐을 보고 주민들이 놀란 눈치다. 신기한 듯 아이들이 모여든다. 그도 그럴 것이 ENG 카메라와 6mm 카메라, 5D 카메라를 중심으로 촬영에 필요한 각종 부대 장비와 개인 짐들이 집 앞을 가득 채웠다. 소박한 가재도구로 생활해 온 이들에게는 신기한 물건일 수밖에 없다. 더군다나 촬영하는 모습 자체를 본 적이 없는 그들이기에 시간이 지날수록 구경 오는 주민이 늘어난다.

우리가 머물 집 옆으로 선박을 수리하는 집과 악어 농장을 운영하는 집, 비교적 큰 규모의 가게 그리고 배터리를 충전하는 집이 나란히

붙어 있다. 수상마을에서 꼭 필요한 가게들이다. 특히 배터리 가게는 전기가 제한적으로 들어오는 이 마을에서 TV 시청이나 휴대용 전화기를 충전하는 데 없어서는 안 될 곳이다. 보통 한 가정에서 일주일이면 두 개 정도의 배터리를 사용하는데, 그렇다 보니 가게 안은 늘 수십 개의 배터리가 충전을 기다리고 있다.

이 네 곳의 가게 주인은 모두 형제지간이다. 캄보디아는 모계 중심 사회의 전통을 유지하고 있다. 남자 형제는 결혼을 하면서 여자가 사

는 다른 지방으로 떠나고, 여자 형제들이 사는 이곳으로 남자들이 장가 와서 가정을 꾸리고 있다.

한낮의 태양열을 함석지붕이 고스란히 받아서 지붕 아래를 뜨겁게 한다. 호수 물에 반사된 햇살이 실내에 들어오면서 그 열기를 더욱 뿜어낸다. 숨이 턱턱 막힌다. 더군다나 제한 송전으로 조금 전까지 돌아가던 선풍기마저 멈추었다. 저녁이면 시원하다는 할머니의 위로에 빨리 밤이 되기를 기다릴 수밖에 다른 도리가 없다.

몇 번 천둥이 치더니, 금세 비가 쏟아진다. 언제 그랬냐는 듯 더위가 사라진다. 양철지붕에 굵은 빗줄기가 쏟아지는 소리가 경쾌하다. 비 내리는 호수에서 쪽배를 탄 모녀가 느릿느릿 노를 저어 다가온다. 가게에 물건을 사러 오는가 보다.

6평 정도의 가게에는, 바닥에서 천장까지 생필품을 가득 진열해 놓았다. 주민들이 필요한 생필품을 조달하는 마트 역할을 하는 모양이다. 쪽배에서 내린 소녀가 가게 안으로 들어가더니 과자 한 봉지를 들고 배로 돌아간다. 온 몸으로 비를 맞으면서도 허리를 굽혀 과자 봉지를 감싸 안는다.

모녀는 다시 천천히 노를 저어 돌아간다. 비는 그칠 줄 모르고 내린다. 비를 맞으며 배 한 척이 또 가게로 다가온다. 흰 비닐로 배를 덮어 놓았다. 그러나 노를 젓는 사람은 내리는 비를 그대로 맞는다. 가게 앞에 배가 도착하자 선주가 비닐을 걷는다. 호박, 양배추, 오이, 당근 등 싱싱한 야채들이 배에 가득하다. 야채를 싣고 온 이들은 나이 차이가 꽤 있어 보이는 남매다. 오빠는 배를 몰고, 여동생은 채소를 판다. 사람들이 채소를 사려고 뱃전으로 모여들어 여동생 혼자 상대하기 버거운데도 오빠는 배 후미에 앉아 물끄러미 바라볼 뿐 거들어 주지 않는다.

어둠이 내려앉자 불을 밝힌 집들은 저녁 준비를 한다. 코코넛 열매를 부수어 만든 껍질에 불을 붙여 숯에 넣자 숯불은 금세 빨갛게 달아오른다. 화덕 위 프라이팬에서 야채 볶는 소리와 고소한 기름 냄새가 프렉 떠을에 번진다. 마룻바닥에 음식을 차려 놓고 가족들이 둘러앉아 식사를 한다. 이들은 자신이 먹을 만큼 음식을 덜어서 먹는다. 대부분 음식을 남기지 않는다. 가족들은 큰 욕심 없이 하루를 시작하고, 해가 저문 이 시간에도 행복한 웃음을 잃지 않는다. 냉장고가 없는 이곳에서는 생선이며 야채는 당일 구해서 당일 소비한다.

처은 헤악 양은 태어나서 한 번도 이 마을을 떠나 본 적이 없다. 도시로 나가 살고 싶지 않냐는 질문에 수줍게 대답한다.

"도시에서, 제게 주어진 일을 할 자신이 없어요."

낯선 환경 속으로 들어간다는 것은 누구나 용기를 필요로 하는 일인가 보다. 이들처럼 모든 것이 느리게 움직이는 것에 익숙한 사람들이 환경의 변화를 자기 주도적으로 만들기란 결코 쉬운 일은 아닐 것이다. 이들에게 똔레삽 호수는 오랜 관습으로 살아온 삶의 터전이기에 쉽게 바꿀 용기를 낼 수 없는가 보다.

모두가 하루를 마감할 시간, 처은 헤악 양의 동생 김 쭈 양은 내일 장사 할 준비로 바쁘다. 수상마을 이곳저곳을 다녀야 할 둥근 지붕을 씌운 작은 배에 실어 놓은 생활용품을 확인하고 부족한 물품을 보충한다. 호수는 수상가옥에서 새어 나오는 희미한 불빛이 일렁일 뿐 조용하다.

아침이면 수상마을도 여느 마을처럼 활기가 생긴다. 집집마다 작은 가축을 키우는 탓인지 지붕에서는 닭이 울고, 집 난간에서는 고양이가 있다. 그리고 난간 주위에는 개들이 어슬렁거린다. 돼지우리에 있는 서너 마리의 돼지가 움직이는지 수상가옥 전체가 흔들거린다. 고기잡이가 주업인 마을 주민들에게 이 동물들은 중요한 부수입원이다.

이 마을에서는 80여 가구가 악어를 기른다. 집 뒤에 커다란 나무통을 설치하고 그 안에 악어를 키운다. 적게는 몇 십 마리에서 많게는 백 마리까지 기른다. 악어 우리에 죽은 뱀을 한 바구니 던지자 악어가 머리를 치켜들며 입을 벌린다. 악어가 뱀을 물을 때마다 이빨이 탁 하고 부딪친다. 몇 년 전까지는 호수에서 그물로 물뱀을 잡아 악어 먹이로 이용했는데, 지금은 불법이어서 닭을 식용으로 준다. 그러나 워낙 닭이 비싸다 보니 불법인 줄 알면서도 뱀을 몰래 잡아 오는 사람에게 산다.

이곳의 악어는 모두 새끼를 얻기 위해 사육하는 악어다. 악어가죽을 생산하면 돈이 더 되지만 주변의 강물이 흙탕물이다 보니 질병에 걸릴 확률이 높고, 가죽의 질도 좋지 않다. 그래서 새끼를 키워서 마리당 20불 정도를 받고 상인들에게 판다. 새끼 악어를 사 가는 사람들은 맑은 물에 악어를 길러서 고품질의 가죽을 얻는다.

악어는 7년 정도 키우면 새끼를 낳는다. 한 마리의 어미 악어는 보통 열 개에서 많게는 서른다섯 개의 알을 낳는다. 알의 부화는 70% 정도 성공한다. 처은 소티아 씨는 백 마리의 악어에서 1년에 백오십 마리 정도의 새끼악어를 얻는다.

김 쭈 양이 장사 나설 채비를 한다. 간밤에 준비가 덜 끝났는지 어머니 가게에서 몇 가지 물건을 더 배에다 싣는다. 아직 아침 햇살이 강하지 않은데도 모자를 챙겨 쓴 것을 보니 꽤 오랜 시간 마을을 돌 생각인가 보다. 배를 몰고 나가자 한 남자가 나무 막대기로 배를 당겨 집 앞으로 바싹 붙인다. 말을 몇 마디 주고받더니 김 쭈 양이 배 안에서 칫솔을 찾아 건넨다. 옆집에서 부르는 소리에 고개를 돌린다. 열 살 정도 된 사내아이다. 뱃전을 그 집으로 돌려 다가가자 이번에는 아이가 긴 나무 막대기에 돈을 매달아서 건넨다. 돈을 받아 든 김 쭈 양은 비닐봉투에 물건을 담아 다시 막대기에 매달아 보낸다.

똔레삽 호수 곳곳에서 건져 올린 생선을 실은 배가 포구에 모인다. 포구 앞 강폭은 사람이 걸어서 건널 정도로 좁고 수심이 낮다. 비좁은 선착장은 생선을 팔려는 배와 생선을 옮기는 배, 그리고 뒤늦게 그 사이를 비집고 들어오려는 배로 뒤엉겨 있다. 선착장 언덕은 생선을 사려는 사람들로 발 디딜 틈이 없고, 흥정하기에 바쁘다. 손가락만 한 작은 생선에서부터 팔뚝만 한 크기의 생선에 이르기까지 크기와 종류도 다양하다. 배를 기다리던 사람들은 배가 들어올 때마다 바구니를 들고 배로 달려가 생선 값을 흥정하고, 사 모은다. 물론 생선을 직접 사러 오는 사람도 있지만, 대부분은 배가 들어올 때마다 조금씩 사서 모으고 생선 종류와 크기에 따라 구분해서 아침 시장에 내다 팔려는 상인이다.

똔레삽 호수에는 1억t이 넘는 민물고기들이 살고 있다. 이곳에서 잡아 올리는 어획량은 연간 100만t이다. 단위 면적으로는 세계 최대의 민물고기 어장이다. 사람들의 주요 단백질 공급원이요 식량 생산지인 셈이다. 19세기 캄보디아를 탐사하고 앙코르와트를 유럽에 처음 소개한 프랑스 탐험가 앙리 무오는 그의 여행기에서 "이곳 사람들이 매년 올리는 어획량은 가히 기적적이다. 캄보디아 부의 원천은 똔레삽이다."라고 했었다.

이곳에서 태어나 평생 그물로 고기를 잡았다는 랑 름 씨는 어제저녁에 쳐놓은 그물을 새벽에 건져서 물고기를 팔러 왔다.

"언제 왔어요?"

"아침 6시경 왔어요."

“고기는 많이 잡았나요?”

“매년 고기가 줄고 있어요.”

“고기를 잡을 때 무엇을 이용하나요?”

“그물을 설치해서 잡는데, 두 명이 함께 잡습니다.”

“두 명은 친구인가요?”

“아니요, 아들입니다.”

“오늘 갖고 온 고기를 다 팔면 얼마나 받나요?”

“다 팔면 20불 정도 받을 거예요.”

자식 세 명을 공부시키기엔 빠듯한 수입이다. 그럼에도 그는 호수에서 매일 고기를 잡을 수 있다는 사실에 감사해한다.

전기톱으로 나무를 자르는 소리와 망치질 소리가 요란하다. 삶에 희망을 주고, 살아가야 할 동기를 부여하는 소리다. 한국의 한 종교 단체에서 수년 전부터 사회공헌사업의 일환으로 배를 만드는 사업을 진행하고 있다. 이들은 주민들에게 배를 무료로 만들어 주기도 하지만, 배 만드는 기술을 가르쳐 주는 것에 더 큰 목적을 두고 있다.

호수와 강을 삶의 터전으로 삼은 이들에게 배는 없어서는 안 될 소중한 도구다. 떱 보러 씨는 이곳에서 배를 만들고, 젊은이들에게 배 만드는 기술을 가르친다.

“배가 중요한 이유가 무엇인가요?”

“관광객을 실어 나르거나 고기를 잡고, 장작이나 채소를 옮길 수도 있기 때문에 이곳 사람들에게 배는 없어서는 안 될 가장 중요한 생활 도구입니다.”

“만약 배가 없다면 어떤 어려움을 겪게 되나요?”

“배를 빌려야 하는데 비싼 게 문제죠. 만약 배를 아주 저렴하게 빌려 주는 기관이 있다면 그들은 여유를 갖고 자식을 학교에 보낼 수 있을 겁니다.”

2장

강이 품은
다양한 사람들

'강이 품은 다양한 사람들'의 인터뷰에
응해 주신 분들에게 감사드립니다.

난누오 산 아이니족 할머니, 리 핑(76). 딸 왕 녕(42). 손녀 양 쉥(18)
/ 고수촌 수의사, 쓰나 짜투이(43). 고수촌 처녀, 얼무(21). 농민 츠옹
초마(50)와 아뿌 츠리니브(52세) / 메콩 강변 반 빡 쩨엣 마을 소녀,
운캄 야따(11). 농부 송짠 소찌닷(48) / 메콩 강변 반상하이 마을 라오
라오 술을 빚는 부부 통 싸으 라타니껀(48)과 운캄 라타니껀(57). 남
매, 카우 사이(17)와 캄펭 라타니껀(15) / 숯 만드는 라오 몽족 주민,
썸 락따꾼(26) / 몽족 마을 농부, 푸신(48) / 아카족 농민, 쿠로 고끼
(56). 께우 빠셧(39) / 염부 니콘 나봉(45). 소금 농사를 짓는 부부, 분
땜 라케통(58)과 크아 라케통(52) / 참파삭주 시판돈 메콩 강 어부, 로
이 싸이(40). 리를 이용하는 어부, 모이 봉 나칫(39). 콘 파펭 폭포 투
망질하는 삼촌 쌩톤 실라 펫(40)과 조카 야우 께우(31) / 왓뽀 마을 첫
갈 마을 반장, 싸욤 뽀(53). 생선소스 만드는 할머니, 억 멍리(62) /
까이랑 수상시장 밥 파는 할머니, 쩐 티 찌엡(65). 까이랑 수상시장의
상인 가족, 태 림(53). 사위 반 롱(36). 딸 응웬 티 타우(30) / 빠죽 마
을 농민 뽀 반 엠(43)과 딸 뽀 띠 빅 뚜엔(19).

01 편리함보다는 평온함을 선택한
　　난누오 산의 아이니족

　　물길 따라 마을을 오가고, 학교를 오가는 사람들에게 강은 길이다. 그 강을 따라 이동해서 생필품을 교환하는 사람들에게 강은 시장이다. 문화에 따라 강은 제각각의 의미를 지닌다. 삶과 죽음의 경계인가 하면, 같음과 다름의 경계였다. 어떤 사람들은 강에서 목욕하는 것을 축복으로 여겼다. 죽은 다음 자신의 육신이 재로 태워져 강에 뿌려지기를 소망했다. 생명이 있는 성스러운 강과 함께할 수 있기를 원했다. 그리고 흐르는 강에서 사람들은 고통을 망각하고자 했다.

　　그럼에도 강의 본질은 그대로이다. 강은 결코 산을 넘지 않는다. 높은 곳에서 낮은 곳으로 산이 내어 준 길을 따라 흐른다. 산허리를 돌면서 군데군데 사람들에게 삶의 공간을 내어준다. 때론 격한 모습을 드러내기도 하지만, 흘러가면서 수많은 생명을 잉태한다.　지구상에서 살아 움직이는 모든 생명체에게 삶의 터를 제공한다. 그 언저리에 사는 수많은 사람의 이야기를 풀어내며 강은 흐른다.

　　산을 끼고 흘러온 란창 강이 징홍시를 가로지른다. 멀리 보이는 해발 2,000m인 난누오(남나) 산에 걸린 구름이 움직이지 않고 있다. 소수부족인 아이니족은 구름이 있는 난누오 산의 6부와 8부 능선사이에서 산다. 지금은 도로가 산허리를 뚫고 지나가며 사람의 왕래가 수월해졌지만, 얼마 전까지만 해도 그들은 외부와 왕래도 하지 않은 채, 깊은 산에서 그들만의 방식으로 생활했다.

　부락 어귀에는 큰 나무기둥을 세워 놓았다. 창과 칼을 든 남녀와 사납게 생긴 개를 실제 크기로 깎아 놓고, 그물과 쇠사슬 등을 이지럽게 걸쳐 놓았다. 외부인이 선뜻 마을에 발을 들여놓지 못하도록 위협하려는 장치들이다. 맹수나 외부인의 침입으로부터 이러한 장치가 자신들을 지켜 줄 것이라 믿었던 모양이다.

　이들은 자신들의 언어를 사용하고, 전통 가옥에서 생활한다. 1년의 반이 우기인 탓인지 빗물이 잘 흘러내리도록, 널빤지를 잇대어 붙인 지붕은 경사가 심하다. 가옥의 외벽은 대나무를 둘렀다. 실내는 다락 형식의 복층이다. 아래층에서는 가축을 키우거나 각종 농기구를 보관한다. 사람은 나무 계단으로 연결된 2층에서 생활한다. 2층은 창문을 내지 않아서 대낮임에도 캄캄하다. 살림살이는 간단하다. 나무에 불을 지펴 취사를 하기 때문에 주전자나 냄비는 연기에 그을려 새카맣다. 취사장 위를 가로지르는 나무에는 고기를 걸어 놓았다. 밥 짓는 연기에 고기는 자연스럽게, 오랫동안 두고 먹을 수 있는 훈제가 된다. 부엌 천장을 통해 연기가 집안으로 퍼지지 않고 바로 빠지도록 설계되어 있는데, 그 통로에 검은 그을음이 마치 동굴의 종유석마냥 길게 늘어져 있다.

　난누오 산은 나무가 우거진 숲이다. 워낙 급경사이다 보니 아이니 족은 사냥을 하거나 비탈을 일구어 옥수수를 재배한다. 그리고 자연이 준 특별한 선물인 차나무 군락에서 찻잎을 채취해 차를 만든다. 차나무는 열매가 싹을 틔워 몇 십 년, 몇 백 년 자생한다. 이곳 사람들은 이 나무를 가리켜 고차수라 부른다. 고차수는 해발 1,300~1,800m 사이에서 자란다. 이곳 난누오 산을 비롯해 20여 곳에 고차수가 군락을 이루고 있다.

고산은 일반적으로 안개가 많고 습도가 높다. 차나무는 이런 환경 조건에서 생장할 때 새순이 잘 자란다. 잎이 연하여 아미노산류의 물질 합성과 축적이 용이하다. 고차수는 자연에서 스스로 자란다. 그렇다 보니 벌레 먹은 잎이 많다. 몇 백 년 된 나무에 이끼가 가득하다. 나뭇가지마다 겨우살이와 풀이끼가 공생한다.

촉나라의 제갈공명이 남만 정벌을 위해 운남성 아래로 내려왔을 때, 병사들 사이에 큰 눈병이 돌았다고 한다. 병사들에게 나뭇잎을 따서 눈에 바르고 우려 마시게 하여 눈병이 나았다는 전설이 있다. 이곳 주민들은 그 나뭇잎이 고차수 잎이라 믿는다.

차 문화와 인간의 정신세계를 접목시켜 올바른 인간상을 구현하고자 했던 당나라 육우는 《다경》에서 가장 오래된 차나무가 파달에 있다고 했다. 오래된 차나무에서 연한 연둣빛으로 새싹이 자란다. 찻잎 사이로 흰색의 꽃이 피었다. 곱다, 정갈하다. 꽃은 열매로 영글고, 그 열매가 땅에 떨어져 새로운 차나무가 자란다. 수백 년 동안 차나무는 군락을 이룬다. 파달은 지금의 운남성 맹해현 빠달 산이고, 지금도 빠달 산에는 1,700년 된 고차수가 있다.

해발 900~1,300m 사이에서 사람들이 재배하는 차나무는 생육을 돕기 위해 거름을 주고, 찻잎을 갉아먹는 해충을 죽이기 위해 수시로 농약을 뿌린다. 사람이 잎을 따기 쉽게 허리 높이 정도에서 더 이상 나무가 자라지 않도록 가지치기를 한다. 반면에 고차수는 자연에서 스스로 자라다 보니 찻잎을 따려면 사람이 나뭇가지 위로 올라가야 한다. 때문에 고차수는 비가 오는 우기에는 미끄러워서 수확을 하지 않는다.

주로 이른 봄과 가을에만 차를 딴다.

　비가 내린다. 우기인 요즘, 난누오 산에도 비가 내린다. 모녀가 도란도란 이야기를 나누며 수를 놓는다. 두 사람이 나란히 앉아 짜고 있는 것은 천으로 된 주머니다. 패터다. 귀고리를 비롯해 화려하게 몸치장하는 것을 좋아하는 아이니족 여인들은 외출할 때, 늘 색색의 실로 짠 예쁜 패터를 지니고 다닌다. 모녀는 오늘처럼 날이 궂어서 차밭 일을 못 하는 날이나, 짬이 날 때마다 패터를 만든다. 맹해나 징홍의 시장에 내다 팔기 위한 부업이다.

　색색의 실로 한 땀, 한 땀 수를 놓는다. 색색의 문양이 예쁘게 드러난다. 할머니는 이제 눈이 침침하다. 바늘 코에 실을 꿰는 것은 딸이나 손녀의 도움 없이는 어렵다. 할머니의 손놀림은 이제 예전 같지 않아 딸과 같이 시작해도 늘 작업 속도는 느리다. 그래도 지금껏 수백 개를 수놓았던 느낌으로 수를 놓는다. 수를 놓다가 중간 중간 딸에게 수가 바로 놓였는지 묻는다. 딸은 어머니가 수놓은 가방을 들여다보면서 바느질이 잘못되었다고 한다. 할머니가 웃는다. 동네에서 바느질 솜씨 좋기로 이름났던 할머니였는데 지나간 세월이 안타깝다.

　자식은 부모의 보살핌과 가르침으로 세상을 이해하고 살아가는 법을 배운다. 그러나 이처럼 나이가 들면 지금껏 알아 왔던 것들이 점점 몸과 마음에서 멀어진다. 그래서 지금처럼 자신이 보듬었던 자녀의 품에 안기는 역순의 삶을 살게 된다. 이들 모녀는 그것을 자연스럽게 받아들인다.

　차밭이 멀다 보니 매일 힘든 고갯길을 넘고, 경사진 차밭을 오르내려야 한다. 이른 아침 집을 나서면 노모 혼자 집에 남겨 두고, 딸은 땅거미가 질 무렵에야 돌아온다. 그러다 보니 노모의 말벗이 되어 주기 위해서 일부러 시간을 만들어야 한다. 그럴 때면 오늘처럼 이런저런 이야기를 나누며 패터를 만든다.

양 쉥네 가족이 고차수에서 찻잎을 딴다. 양 쉥은 할머니의 손녀다. 이들 모두는 몇 대째 이곳 난누오 산에서 살아온 아이니(아카)족이다.

티베트에서 전쟁을 피해 남쪽으로 이주해 온 큰 무리가 하니족과 아이니족이다. 그들 대부분은 에뢰 산 동편 홍하 지역에 터를 잡았고, 일부는 그보다 더 멀리 내려와 란창 강을 넘어 난누오 산 깊은 오지에 자리 잡았다. 평지는 당장 살기에 좋은 땅이다. 그러나 그들은 이주의 역사를 겪으면서 평지는 늘 다른 부족들과 부딪쳐야 하고 재앙을 부르는 위험한 곳으로 여겼다. 하니족처럼 아이니족도 평원을 버리고 깊은 산을 택했다. 하니족이 험준한 협곡에서 1,300년 전부터 다락논을 만들어 벼농사를 지었다면 아이니족은 사냥을 하고 차 농사를 지었다.

양 쉥과 양 쉥의 어머니는 나무를 타고 올라 찻잎을 따고, 할머니는 나무에 오를 힘이 없어서 나무 밑에서 고차수의 늘어진 가지에서 찻잎을 딴다. 새로 올라온 찻잎 중에서 세 개의 이파리 바로 밑줄기를 꺾는다. 이들이 따 모으는 찻잎은 가족의 유일한 생계 수단이다. 잎을 골라 따는 것도 힘들지만, 나무를 옮겨 다니면서 수없이 오르내리는 일이 여간 힘든 일이 아니다.

아침 8시에 집에서 나와 저녁 5시에는 작업을 마친다. 1년에 두 번 찻잎을 딴다. 3~5월의 봄 차와 9~10월의 가을 차를 수확한다. 가을 차는, 곡식의 꽃이 필 때 나온 찻잎이라 해서 일명 곡화차라 부르고, 청명 이전에 따는 봄 차는 마치 어머니의 초유처럼 귀하게 여긴다. 새봄이 되면 차나무는 다른 지층까지 뿌리를 뻗어 영양분을 끌어 올려 새순을 틔운다. 땅의 기운을 듬뿍 담아서 새싹을 돋우기 때문에 봄 차를 최고로 친다.

재배종 차는 하루 종일 작업하면 많이 딸 때 20kg 정도 따지만, 고차수는 7~8kg 밖에 따지 못한다. 그래서 사람들은 고차수 차 수확을 포기하고 손쉽게 작업이 가능한 재배종 차 재배로 많이 바꾸었다. 중학교 2학년 되던 해, 양 쉥은 폐암인 아버지를 잃었다. 고차수 차밭 6무(畝, 4,100m²)와 재배종 차밭 13무(8,900m²)를 재배하는 어머니를 돕기 위해 양 쉥은 학교를 그만두었다. 그래도 두 모녀가 감당하기에는 너무 넓은 경작지여서 사람을 사거나 품앗이로 차를 수확한다.

아이니족은 매사에 낙천적이다. 노래를 즐기고, 잘 웃는다. 모녀가 찻잎을 따면서 곧 마을에서 있을 결혼식을 이야기한다. 매년 음력 5월이면 촌장은 마을의 처녀와 총각을 데리고 800년 된 고차수 밑에서 차 산제를 지낸다. 아이니족은 흔히 스물두 살에서 스물다섯 살 사이에 결혼한다. 결혼을 하면 신랑이 신부네 집으로 들어와 생활한다. 양 쉥도 몇 해째 차산제에 참가하여 풍성한 차 수확과 마을의 평안을 기원하고 있다. 어머니는 열여덟 살인 딸이 차산제에 참여하면서 좋은 배필을 만났으면 한다.

집으로 돌아갈 시간이다. 이곳에서 집에 가려면 산길을 40여 분 걸어야 한다. 차밭이 산 중 곳곳에 있다 보니 주민들이 오가며 잠시 쉬거나 비를 피할 움막을 산 여기저기에 지어 놓았다. 차를 끓여 마시던 이웃이 움막에서 지나가는 양쉥네 가족에게 쉬었다 가기를 권한다. 먼저 온 사람이 새로 온 사람에게 차를 대접하고, 또 그런 것을 감사하게 받아들이면서 서로의 속을 터놓는다. 평생을 함께 살아온 익숙함 때문에 이들은 이들만의 문화를 공유하면서 지금껏 산을 내려가지 않았는지도 모른다. 나무에 불을 피우고 그 나무에서 나오는 연기와 너울거리는 불꽃이 마음의 평온을 가져다주는 것처럼 편리함보다는 평온함을 선택한 이들이다. 차 한 잔을 하고 산길을 내려가는 할머니가 노래 한 자락을 읊는다. 하루의 고단함이 밴 노래와 더불어 해가 저물어 간다.

집에 돌아온 양 쉥은 서둘러 닭 모이를 준다. 하루 동안 심심했던 동생이 누나 곁으로 달려왔다. 누나는 동생이 대학을 졸업하고 공무원이 되길 바란다. 그래서 어머니의 일을 묵묵히 돕는다. 이런 딸의 마음 씀씀이가 어머니는 든든하면서도 늘 안쓰럽다.

수분이 알맞게 빠진 찻잎을 화덕에 넣고 볶는다. 달구어진 솥에 넣은 찻잎에서는 뜨거운 수증기가 올라오고, 고루 볶아지도록 손으로 뒤척이다 보니 이마에는 어느덧 땀방울이 송골송골 맺힌다. 집집마다 찻잎을 볶는 소리와 함께 가마솥에서 김이 피어오른다.

차 농사는 아침이면 차밭에 나가 찻잎을 따고, 저녁이면 수확한 찻잎을 널어 말리고, 전날 말려 놓은 찻잎을 거둬 볶는 일의 반복이다. 이렇게 볶은 찻잎은 햇볕에 잘 말려 중간 수집상에게 넘긴다.

02 더불어 사는
란창 강, 고수촌 사람들

오래된 물의 마을 고수촌은 그 옛날 보이차를 말에 싣고 티베트를 오갔던 차마고도(茶馬古道)가 지나는 길에 있다. 주민들은 이 길을 성스러운 매리설산에 가는 길이라고 해서 불산고도(佛山古道)라 부르기도 한다. 생사를 넘나드는 험준한 절벽길을 이동하면서 지친 마부와 말이 쉬어 갔던 불산 마방이 있던 바로 그 마을이다.

마방이 오갔던 그 길에서 지금은 말이나 노새가 차를 나르는 대신, 협곡을 따라 군데군데 있는 마을에 사람들의 생필품을 나른다. 아직 이 길은 사람들의 삶을 이어 주는 살아 있는 길이다.

항토색 란찬강을 건너 고수촌으로 간다. 송판으로 바닥을 댄 현수교가 출렁인다. 좁은 강폭에 강물이 요동치며 빠르게 흘러간다. 다리에서 100m 위에 자리 잡은 고수촌은 좁은 돌계단을 사이에 두고 20여 채의 집이 옹기종기 모여 있다. 강을 향해 내려오며 일군 밭에는 해발 2,020m에 내리는 햇살에 옥수수 알이 여물고, 포도 알이 탐스럽게 익는다.

이곳에서 처음 포도를 재배한 이는 150년 전 선교를 위해 온 프랑스 선교사였다. 그러나 포도 재배는 일손이 많이 가고, 비용이 많이 드는 농사였다. 란창 강 협곡에 사는 가난한 농부들에게 포도는 쉽지 않은 작물이었다. 씨앗만 뿌리면 별다른 추가 노동 없이 쉽게 수확할 수 있는 옥수수 재배를 농민들은 선호했다. 그러나 세월이 지난 지금, 농민들은 마을마다 포도밭을 늘리고 양질의 포도를 생산한다.

마을 아래에서는 많은 물이 흘러가지만 마을 위에는 물이 없어 산은 메말랐다. 그럼에도 마을의 주민들은 이곳에서 농사를 짓는다. 마을 구석구석에 돌로 물길을 만들어 높은 산에서 내려오는 적은 양의 물이 흘러 돌게 했다. 그 물을 이용해 음식을 만들고, 청소한다. 빨래하고 씻는다. 그리고 사용한 물은 다시 마을 아래 밭으로 내려보내 농작물을 키워 낸다.

물이 귀하다 보니 사람들은 자신의 밭에 물이 필요할 때마다 괭이로 물꼬를 트고 막으면서 농작물에 물을 공급한다. 해발이 높다 보니 서로 다른 삼림 식생이 분포하게 되고, 다양한 삼림 식생은 숲속에 작은 샘을 조성했으며, 그 샘에서 나온 물이 협곡에 사는 사람들의 삶을 적셔 주고 있다.

주민들이 마을 중앙 공터에서 가축 관리 수첩을 펴놓고, 어느 집부터 진료받을 것인지 논의가 한창이다. 오늘은 가축을 예방접종하는 날이다.

집집마다 기르는 닭과 돼지는 란창 강 협곡에 사는 사람들에게 중요한 단백질 공급원이다. 노새는 주요한 운송 수단이다. 한 마리의 가축이라도 병이 생기면 금세 마을 전체로 퍼진다. 그래서 이들 주민들에게 수의사는 더없이 고마운 사람이다.

수의사는 란창 강 일대 협곡에 흩어져 있는 열두 개의 마을을 돌면서 가축을 관리한다. 질병 유무를 검사하고, 필요에 따라 예방접종을 한다. 란창 강에 붙어 있는 고수촌은 그에게 쉬운 방문처이다. 산 중턱

에 있는 마을을 찾아가려면 무거운 약가방을 메고 산길을 서너 시간 올라가야 한다. 다리가 없는 마을은 강 양안을 연결하는 쇠줄을 타고 곡예하듯 건너야 한다. 수의사는 마을을 찾아오면서 더웠는지 나무그늘에서 땀을 닦는다.

그동안 고수촌에서 있었던 크고 작은 이야기를 들으면서 이웃 마을

의 소식을 전한다. 주민들이 다 모였다 싶을 때쯤 그는 자리에서 일어
나 가축을 어떻게 돌볼 것인지 당부한다. 가축이 질병에 걸렸을 때 어
떤 증상이 나타나는지 하나하나 주의를 준다. 설명이 끝나자 수의사는
약병을 따고 주사기에 약을 주입한다. 아마도 일을 빨리 하기 위해 주
사할 주사약을 미리 종류별로 준비하는 모양이다.

글을 읽고 쓸 줄 아는 얼무 양이 수의사를 보조한다. 그녀는 꼼꼼하다. 각 가정의 가축 관리 수첩에다 몇 월 며칠에 어떤 가축에게 무슨 약을 처방했는지 기록한다. 고수촌의 가축들에게 다 주사를 놓으려면 서둘러야 한다. 수의사가 가방을 메고 일어나자 마을 사람들이 뒤를 따른다.

주민들은 이미 예방접종 해야 할 순번을 합의해 놓았다. 수의사가 알려준 집에 도착해서 가방을 열자 주민들은 돼지우리에서 돼지를 붙잡기 위해 안간힘을 쓴다. 우리 밖으로 나오지 않는 돼지를 잡아서 끌어내기가 쉽지 않은가 보다. 커다란 돼지는 힘도 힘이거니와 민첩하기 그지없다. 잡으려는 사람과 도망가는 돼지 사이에 한바탕 소동이 벌어진다. 우리에 붙어서 이 광경을 지켜보는 마을 사람들은 웃음바다를 이룬다. 잡히지 않으려고 돼지가 거세게 반항하며 쫓고 쫓기는 실랑이가 벌어진다. 결국 주민들이 돼지를 잡자 그제야 수의사가 우리 안으로 들어가 예방접종을 한다.

다른 집에서는 수의사에게서 주사기를 넘겨받은 주민이 닭에게 주사를 놓는다. 수의사가 마을의 가축들에게 예방접종을 다 하려면 시간이 너무 많이 걸려서 주민들이 돕는 것이다. 닭은 워낙 동작이 재빨라서 잡기가 쉽지 않다. 대문을 닫고 몇 사람이 마당을 쫓아다니면서 구석으로 닭을 몬다. 조용하던 마을이 돼지 울음소리와 닭 쫓는 소리, 그리고 잡았다 놓칠 때면 주민들의 웃음소리로 요란하다.

축사는 열 마리 내외를 기를 만한 규모인데, 기르는 가축이 보이지 않았다. 해발 4,000m의 넓은 초지에 풀을 먹이러 보냈다고 한다. 고수촌에서는 각 가정에서 적게는 두 마리에서 많게는 열 마리까지 야크와 젖소를 기른다. 이 가축을 6월에서 10월 말까지, 마을에서 장정 일곱 명씩 매년 순번을 정해 이렇게 초지로 올려 보낸다. 가파른 산길을 아홉 시간 정도 올라가야 하는 초지다.

한번 초지에 올라온 주민은 집에 특별한 일이 있지 않고서는 풀들이 마르기 시작하는 가을까지 젖소 구십 마리와 수소 삼십 마리 그리고 야크 팔십 마리를 관리하며 생활해야 한다. 결코 관리하기에 적은 숫자는 아니다. 다섯 달 동안 움막에서 숙식하면서 낮에는 초지를 이리저리 옮겨 다니며 가축에게 풀을 먹이고, 저녁이면 다시 움막으로 가축을 몰고 와 젖을 짠다.

우유통을 안으로 옮긴 츠옹 초마 씨가 아직 젖을 짜지 않은 소를 찾는다. 소와 야크를 부르는 이름이 있는 듯 움막 주위에서 서성이는 녀석을 부른다. 먹이통을 흔들며 젖소를 부르자 한 마리가 움막으로 들어온다. 늘 해왔던 일이라 그럴까, 젖소는 츠옹 초마 씨가 우유를 짜기 쉽도록 자리를 잡는다. 약간의 소금과 우유에 옥수수 가루를 섞은 사료를 소가 먹는 동안 츠옹 초마 씨는 소의 뒷다리를 천으로 묶고 젖을 짠다. 젖이 담긴 통에서 김이 모락모락 올라온다. 소의 평온함과는 달리 젖을 짜는 츠옹 초마 씨는 힘에 겨운 듯 몇 번이고 쉬어 가면서 젖짜기를 반복한다.

이웃 움막에 거처하는 아뿌 츠리니브 씨는 이제야 소와 야크를 몰고 산을 내려오고 있다. 무리 지어 움직이기 때문에 낙오되는 녀석은 없지만 그래도 세심하게 살핀다. 가축이 낙오하면 잃어버린 가축을 찾기가 무척 힘들다. 그리고 산이 높다 보니 야생 늑대가 자주 출몰해 가축을 해치기도 한다.

그는 오늘 15km를 이동했다. 언뜻 보기에는 소를 따라다니는 것처럼 보이지만, 풀이 많은 곳을 찾아서 움직이다 보면 하루 종일 이동하는 경우도 종종 있다.

움막 하나를 중심으로 두세 명이 한 팀을 이루어 움직인다. 마을에서 올라온 다른 사람들은 상당히 멀리 떨어진 다른 산에서 생활하고 있다. 그래서 마을에서 올라온 사람일지라도 내려갈 때까지 서로 얼굴 보기가 힘들다. 매년 찾는 곳이라 나무로 움막을 지어 놓고 생활하지만, 필요에 따라서는 간이 움막을 갖고 이동하기도 한다.

멀리 보이는 매리설산이 아직 햇살을 받아서 눈이 부시다. 그러나 움막에는 벌써 땅거미가 내려앉았다. 저녁에 먹을 빵을 보릿가루와 밀가루에 소금을 조금 넣고 물에 반죽해서 장작불에 쪄낸다. 딤섬과 비슷하다. 산중의 무료함을 달래려는 듯 아뿌 츠리니브 씨가 보리로 만든 렁콰빵을 들고 찾아온다. 긴 대나무 통에 버터와 차를 넣고 저어 만든 수유차를 마시며 함께 빵을 먹는다.

"수유 가지러 언제 오지? 3일 후인가!"

"글쎄, 잘 모르겠는데. 아마 그런 것 같기도 하고."

"자네 아들이 이번에도 올라오나?"

"모르지!"

산 중 생활이 단순하다 보니 서로 나눌 이야기도 많지 않다.

이들은 이틀에 한 번 치즈와 버터를 만든다. 수유를 만들어 놓으면 열흘마다 한 번씩 마을에서 사람들이 올라와서 치즈와 버터를 노새에 싣고 내려간다. 란창 강 협곡의 사람들은 옥수수나 보리를 재배하지만 소득에는 큰 도움이 못 된다. 그래서 집집마다 젖소나 야크를 키우고 거기에서 얻은 치즈나 버터를 팔아 자식들 공부시키고 살림을 유지한다.

"다른 곳으로 이동해야 하지 않을까? 소들이 먹을 풀이 별로 없어서 이동 거리가 점점 멀어지고 있어."

"이번에 내려보내고 나서 옮기지."

이제 싱싱한 풀이 있는 새로운 초지를 찾아 이동할 때가 온 모양이다. 이들은 한 번 올라오면 마을로 돌아갈 때까지 보통 세 번 정도 장소를 옮긴다.

멀리 보이던 매리설산이 어둠에 모습을 감추었다. 이들도 하루를 정리해야 할 시간이다. 움막 중앙의 모닥불에 장작을 넣고 나무 평상에 눕는다. 야크가 움직이는지 목에 달아 놓은 방울이 고요한 산속에 덤벨 연주 소리처럼 퍼진다.

아뿌 츠리니브 씨가 츠옹 초마 씨가 돌보는 가축들까지 데리고 초지로 나가자 츠옹 초마 씨는 수유를 만든다. 직경 30cm, 높이 1m 정도 되는 통나무에 우유를 붓고, 물을 넣은 다음 막대로 젓는다. 얼굴에 흘러내리는 땀방울을 수건으로 훔치면서 계속해서 젓는다. 뽀얗던 우유의 색상이 두어 시간 젓자 노란색으로 변한다.

통나무 바닥에서 버터를 건져서 찬물에 담가 응고시킨다. 적당히 응고된 버터를 저울에 올려놓고, 손으로 조금씩 떼어내면서 한 덩어리가 1.7kg이 되도록 무게를 맞춘다. 무게를 잰 버터를 손으로 여러 번 치고 돌려서 타원으로 형을 만들어 무명 보자기에 싸서 선반에 올려놓는다. 그리고 장작불을 피우고 주둥이가 넓은 커다란 솥에 남은 우유를 붓는다. 대낮인데도 컴컴한 움막은 금세 연기로 가득 찼다. 20여

분 우유를 끓이자 순두부 모양의 응어리가 몽글몽글 떠오른다. 이것을 꺼내서 천을 깐 통에다 붓는다. 그런 다음 손으로 꾹꾹 눌러 여러 번 짜고 물기를 빼자 하얀 치즈가 나타났다.

03 강이 준 선물 사금,
   팜나무에서 얻은 행복 슈가

　메콩 강은 수많은 지류를 만나면서 수량이 풍부해진다. 작은 개천과 큰 강물이 합류하면서 강은 폭과 깊이를 더한다. 루앙프라방 인근 반 빡 째엣의 사람들은 농사를 짓지 않는 1월에서 4월까지 메콩 강에 자맥질하여 강이 숨겨 놓은 자갈과 모래를 건져 올린다. 몇 걸음만 더 내딛어도 한 길이 넘는 깊은 강이다. 물밑은 온통 자갈밭이다. 그렇다 보니 물안경을 쓴 채 쇠로 만든 소쿠리를 갖고 잠수해서 큰 자갈들을 헤집고 그 밑의 모래를 건져 올린다.

　주로 유속이 흐르다 소용돌이치며 잠시 머무는 바윗돌 근처에서 작업한다. 자갈과 굵은 모래를 둥근 원형의 나무 키에 쏟아 붓고 강물과 함께 키를 돌려 걸러낸다. 여러 차례 걸러내고 걸러내기를 반복한다. 이들이 찾고 있는 것은 강물에 흘러가지 않고, 큰 자갈 사이에 모여 있던 아주 조그마한 모래다. 마지막까지 남아 있는 것은 사금이다. 이렇게 작업해서 모은 사금 섞인 모래를 조심스럽게 그릇에 담는다.

　다른 장소에서 작업하던 사람들이 배를 저어 다가온다. 하루 종일 혼자 작업했던 이는 모처럼 찾아온 이웃이 반가운 모양이다. 환하게 반기면서 오늘의 작업 결과에 대해 물어보지만 그저 지나가는 인사말일 뿐이다. 얼마나 건져 올렸는지 궁금한 것은 아니다. 먼저 작업을 마친 사람들이 몇 마디 대화를 건네곤 이내 뱃머리를 돌려 가던 길을 간다.

　혼자 남겨진 이는 다시 자맥질을 한다. 한참을 올라오지 않는다. 강에 정막이 흐른다. 강 밑에서 그는 강한 물살을 견디며 갈고리로 강바닥을 헤집고, 모래를 한 줌이라도 더 건져 올리려고 발버둥친다.

아침 8시부터 강에 나와 하루 내 작업하면 대략 0.4g 정도의 사금을 얻는다. 농부가 농사짓는 것보다 강에서 사금을 채취하는 것이 훨씬 수입이 좋다. 공동으로 작업하는 경우에는 하루 작업한 수익을 남녀노소를 가리지 않고 평등하게 나눈다. 자맥질과 거센 물살에 몸을 지탱하면서 사금을 채취하는 사람들 중, 어린 소녀도 동일한 몫을 갖는다. 부모를 따라왔다는 소녀는 일하는 솜씨만 다부진 것이 아니라 말하는 솜씨도 야무졌다.

"오늘 번 돈으로 책과 학용품 사려고요."

공부를 잘한다고 주민들이 한마디씩 거든다. 의사가 되는 것이 꿈인 소녀가 자맥질을 하며 물속으로 들어간다.

햇살을 받아 반짝이던 강물에 산 그림자가 진다. 사금을 채취하던 사람들이 작은 나룻배로 강을 가로질러 집으로 돌아간다. 젊은 부부는 강에 남아 몸을 닦는다. 하루의 고된 일과를 강물에 씻어 내고, 강은 그 고단함을 씻어 준다.

낮 동안 짙푸른 산 색깔로 흐르던 메콩 강도 이제는 검은빛으로 물들며 제 모습을 감추었다. 검은 하늘에 별이 총총하다. 강물이 자갈에 부딪히며 흘러간다. 별이 지면 사람들은 사금을 채취하러 다시 메콩 강으로 나올 것이다.

메콩 강은 쉬지 않고 흘러간다. 강이 굽이친 곳에 퇴적토를 쌓고, 그곳에는 또 다른 생명을 키운다. 강변 풀밭에서 소가 풀을 뜯는다. 우기가 시작되기 전에 사람들은 비가 세지 않도록 집을 수리한다. 건기의 끝 무렵에는 지붕과 벽을 수리하기 위해 서두른다. 그늘에 말린 팜나무 잎을 적당한 크기로 자르고 손으로 일일이 편 다음 촘촘히 엮는다.

어느 집이나 집 주위에 팜나무가 서 있다. 나뭇잎은 비를 막아 주는 가림막이나 바구니를 만들 때 사용하고, 나무는 속을 파서 배를 만들거나 목재 혹은 가구로 이용한다. 열매는 케이크나 요리의 재료로 사용한다. 뿌리는 끓여서 약재로 사용한다. 꽃은 팜 주스나 설탕을 만들고, 팜나무 수액은 받아서 발효시켜 술을 빚는다. 팜나무에서 나오는 모든 것을 사람들은 하나도 버리지 않고 활용한다.

송짠 소찌닷 씨가 팜나무에 올라간다. 팜나무 즙을 받아 아이들의 간식을 만들 예정이다. 집게처럼 만든 대나무로 팜꽃의 끝 부분을 부드럽게 만든 다음 1~2cm 정도 자른다. 그 끝에 물을 담은 대나무 통을 매달아서 2일간 물을 갈아 준 후, 3일째 되는 날에는 빈 대나무 통을 받쳐 둔다.

이 팜꽃 수액을 모아서 화덕에 끓이면 슈가sugar가 된다. 아이들이 화덕 옆을 연신 기웃거린다. 기웃거리는 횟수만큼 슈가가 빨리 만들어졌으면 좋겠으나 아이들의 애간장을 태운다. 세 시간여 달여 내자 수액이 급격히 줄어든다. 아이들은 솥에서 긁어내는 손길에서 눈을 떼지 못한다. 팜 슈가를 손가락으로 찍어 먹으면서 아이들은 마냥 행복하다. 농사철이 시작되기 전에 아이들에게 간식을 만들어 줄 수 있는 부모의 마음 역시 행복하다. 아이들은 원하는 것을 얻기 위해 인내해야 한다는 것을 이렇게 체험하고 있는지도 모르겠다.

04 강물로 빚은 전통주,
라오라오

고고학에서는 술의 역사를 20만 년 전으로 추측한다. 수렵을 주로 하던 시대에는 산과 들에서 채집할 수 있는 과실주를 담갔고, 농사를 짓기 시작하면서 곡류를 원료로 한 곡주를 빚었다. 술의 원료는 흔히 그 땅에서 사는 사람들의 주식과 일치한다. 한국을 대표하는 전통주 막걸리가 쌀이나 옥수수, 보리를 주원료로 했다면 라오스의 전통주 라오라오 LaoLao는 찹쌀을 주원료로 한다. 라오라오는 라오스의 술이란 뜻이다.

술은 인간이 신을 위해 마련한 음식이다. 수렵이나 목축, 농경생활을 하면서 사람은 신의 도움 없이는 안정된 생활이 불가능하다고 여겼다. 그 과정에서 신에 대한 경외심을 갖게 되었고, 인간이 만든 가장 고양된 술을 빚어 신에게 바쳤다. 그 술을 나눠 마심으로써 신과 인간의 소통이 가능하다고 여겼다.

지금도 라오스에서는 각종 행사 때마다 행하는 '바시' 의식에서 라오스의 전통주인 라오라오를 사용한다. 의식이 끝나면 행사에 참가한 사람들은 커다란 항아리에 담긴 라오라오를 서로 돌려 가면서 빨대로 빨아먹는다. 흥을 돋우고 힘을 내기 위해 일상에서 라오라오를 애용한다. 라오라오는 발효주 라오하이와 증류주인 라오카오가 있는데, 라오스 사람들은 늘 라오라오를 즐겨 마신다. 15세가 넘는 자식이 있으면 부모는 술을 권하고 함께 마신다.

빡우 동굴 인근에 있는 반상하이. 강 언덕, 대나무 숲에 있는 마을은 언제나 조용하다.

아침부터 남매가 강에 발을 담근 채 항아리 안을 헹구고, 겉을 닦는다. 그리고 항아리에 강물을 길어 마을로 돌아온다. 물 항아리를 어깨에 짊어지기엔 어려 보이는 나이다. 그러나 얼마나 익숙한지 걸음걸이가 자연스럽다. 열일곱 살인 카우 사이와 열다섯 살인 캄펭 라타니껀은 매일 메콩 강에서 물을 길어 술을 만드는 부모님을 돕는다.

술맛은 물맛이 좌우한다고 했던가. 라오스에서 이곳 반상하이는 예로부터 술을 빚는 곳으로 유명했다. 주민은 매일 메콩 강에서 물을 길어 라오카오를 만든다. 증류주인 라오스 전통주 라오카오를 만드는 데 하루에 사용하는 물은 40리터이다. 10리터 들어가는 항아리를 한 사람이 두 개씩 지고 강과 집을 왕복해야 한다. 강에서 지고 온 물 항아리를 큰 단지에 붓는 일은 오빠 몫이다.

술을 빚는 과정은 한국의 전통주 제조법과 유사하다. 한 번에 100kg의 찹쌀을 씻어 가마에 넣고 두 시간 정도 찐다. 이렇게 쪄낸 찹쌀을 대나무 광주리에 담아 메콩 강물에 흔들어 씻는다. 고슬고슬하게 쪄낸 찹쌀을 식히고 불순물을 제거한다. 바구니에 담아 놓은 상태로 물기를 뺀 다음, 누룩에 해당하는 파우더 가루를 고르게 뿌리며 섞어서 항아리에 담는다.

이 파우더는 쌍몽이라는 나뭇잎과 쌀을 혼합해 절구에 넣고 보드랍게 빻은 다음, 밤알 크기로 뭉쳐 3일 정도 말렸다가 다시 가루로 만든 것이다. 술을 쉽게 빚기 위해 수입 파우더나 화학 발효제를 사용하면 잡맛이 나고 쓴맛이 생긴다. 그래서 카우 사이네는 제 맛을 살리기 위해 천연재료로, 전통 방식 그대로 술을 빚는다. 파우더를 만들면서 쌀과 쌍몽을 어떤 비율로 배합하느냐에 따라 술맛이 다르게 발효된다.

일주일 동안 항아리에서 발효시키면 발효액은 시큼한 맛이 난다. 이것을 큰 통에 네 항아리 정도 붓고 불의 세기를 조절하면서 끓인다. 그냥 끓이는 것이 아니라 증류주인 만큼 통 위에 물을 붓고 물이 뜨거워지면 차가운 물로 갈아 주는 작업을 수시로 반복한다. 증류된 술이 가는 관을 타고 두 시간 정도 나온다.

항아리에 어느 정도 술이 모이면 술의 도수를 측정하는데, 지금은 기계로 정확하게 측정하지만 얼마 전까지는 일일이 손으로 찍어 맛을 보았다. 1주를 숙성한 술은 약간 붉은색을 띠는데, 알코올 도수는 15도이다. 2주 정도 숙성시켜 증류한 술은 알코올 도수가 55도가 된다. 항아리에 증류주가 70% 정도 차고 난 다음부터 받는 술은 40도인데 우리나라 소주처럼 술 색깔이 맑다.

카우 사이 집안은 몇 대를 걸쳐 메콩 강에서 물을 길어 술을 빚었다. 아빠는 열 살부터 부모님에게 술 빚는 기술을 배웠고, 벌써 사십칠년째 이 일을 하고 있다.

라오카오를 찾는 사람이 줄어들고 있다. 시원한 얼음을 넣어 마시는 라오비어Lao beer가 점차 라오라오를 대신하고 있다. 이것은 비단 라오스에만 있는 일은 아니다. 베트남의 쌀로 만든 막걸리 르우 네프, 증류주인 르우 떼는 사이공 맥주와 바바바 맥주에 자리를 내어 주고 있다. 캄보디아의 막걸리 스러 소와 증류주인 스러 트나웃이 앙코르 비어와 바이욘 비어를 찾는 사람들에게 서서히 잊혀 가고 있다. 지역의

맛과 색에 오랜 이야기가 덧붙여진 전통술 대신 청량감과 상쾌감, 새하얀 거품으로 상징되는 맥주가 그 자리를 대신하고 있다.

전통술이 지니는 신성성만 남고 대중성이 사라지는 것은 어쩌면 소수민족의 전통 문화가 사라지고 있는 일면일지도 모른다. 이곳의 문화도 보존과 전승을 위한 최소한의 배려만 남은 오늘의 현실을 그대로 따라가고 있다. 조만간 메콩 강에서 물 긷는 소리와 찹쌀을 헹구어 내는 모습을 더 이상 볼 수 없을지도 모르겠다.

05 욕망에 자극받지 않는
   라오 몽족과 아카족

라오스 국토의 80%는 산악지대이다. 1천m 안팎의 높고 가파른 산이 메콩 강을 품고 있다. 산이 워낙 높고 험하다 보니 루앙프라방에서 방비엥까지 가는 길은, 지난 우기에 산에서 쏟아진 흙을 걷어내는 차량과 작업하는 사람들로 분주하다. 간혹 마을이 보이고 지붕을 새로 얹은 집이 눈에 띈다. 우기가 시작되기 전 서둘러 지붕을 바꾼 모양이다.

이곳에 사는 라오 몽족은 나뭇잎으로 지붕을 엮고 대나무를 얇게 벗겨서 벽을 친 가옥에서 산다. 2년마다 야자 나뭇잎으로 지붕을 다시 올린다. 건기의 뜨거운 열기와 우기의 눅눅한 습기를 막기 위함이다. 그러나 자주 갈아 주어야 하는 불편함 때문에 요즘은 초가보다는 함석으로 지붕을 올린다. 건기에는 열을 고스란히 머금을 텐데, 그래도 양철지붕이 좋은가 보다. 길이 뚫리고 바깥세상과 교류가 활발해지면서 마을에도 변화가 일고 있다.

라오스에는 수많은 소수민족이 흩어져 살고 있다. 그 중 몽족은 중국 소수민족인 묘족 계통으로 중국과 태국, 라오스, 베트남의 깊은 산속에 삶의 터를 잡고 있다.

고산족인 라오 몽족은 찹쌀인 밭벼와 옥수수를 번갈아 가며 심는다. 그늘 하나 없는 비탈밭에 초막을 지어 놓고 파종기와 수확기엔 며칠씩 움막에 머물며 곡식을 가꾸고 걷어들인다. 정부의 단속으로 새로운 화전을 더 이상 일굴 수 없지만, 행정력이 미치지 못하는 곳에서는 여전히 화전을 일군다. 골짜기 저편 산 중턱에서 연기가 피어오른다. 아마도 단속을 피해 새로운 밭을 일구거나, 본격적인 파종을 앞두고 밭에 난 풀이나 잔가지들을 모아 태우나 보다.

라오스인의 주식인 찹쌀은 물과 함께 은근한 숯불에 쪄낸다. 그러다 보니 화력이 좋은 숯은 이들에게 생활의 필수다.

숯을 만들기 위해선, 먼저 마이띠우 나무를 굵기에 따라 선별하여 적당한 크기로 잘라야 한다. 가마의 크기에 따라 다르지만, 대략 150개 안팎의 나무를 잘라 가마 안에 세워 놓고 불을 붙인다. 그리고 큰문을 흙으로 막고 옆의 작은 구멍으로 이틀 정도 불을 넣어 나무를 태운다. 3일 후 모든 구멍을 막은 후엔 굴뚝에서 나오는 연기의 색깔을 보고 큰문의 흙벽을 깬다. 가마 안의 열기를 물로 식힌 후 숯을 꺼낸다. 한 번 숯을 꺼내면 보통 25~30자루의 숯을 얻는다. 부부가 열심히 숯을 자루에 담는다. 얼굴과 손이 땀과 숯가루로 범벅이 되었다. 한낮의 뙤약볕도 덥지만, 가마의 잔열이 후끈거린다. 허리를 숙이고 가마에서 숯을 꺼내는 남자는 연신 땀을 훔친다.

마이띠우 나무은 한 곳에서 자르지 않고 산 여기저기서 조금씩 베어 낸다. 베어 낸 자리엔 그만큼의 나무를 다시 심는다. 조상 대대로 해온 작업 방식이다. 이들은 지속 가능한 발전이나 환경보존에 대한 명확한 개념은 없다. 그러나 자연이 내어 준 것에 의지해 온 그들이기에 비록 생계를 위해 나무를 베기는 하지만 먼 후대의 자손들까지 숲에 의지해 살 수 있도록 최소한 지켜야 할 것을 그들은 불문율로 지키고 있었다.

자연과 더불어 사는 라오스 소수부족의 삶을 좀 더 자세히 들여다

보기 위하여 라오스 북부 루앙 남타로 향했다. 루앙 남타에서 하루를 묵고 다음 날 일찍 라오 몽족이 사는 마을에 도착했다.

안개가 자욱하게 낀 산 아래 백여 채의 집들이 모여 있는 꽤 큰 마을이다. 누런 황토색의 길이 마을 안으로 길게 이어지고 집 사이의 푸른 바나나 나뭇잎이 누런색의 지붕과 대조를 이룬다. 공터에선 아이들이 놀이에 열중이다. 공터 한편에서는 전통 의상을 차려입은 몽족 여인이 직접 만든 옷을 팔고 있다. 예쁘게 수를 놓은 천을 여러 겹 덧대어 한껏 멋을 낸 검은색 상의와 허리춤에 달린 은색 주화가 화려한 치마를 진열해 놓았다.

약간의 농사와 더불어 가축을 돌보는 푸신 씨는 자식이 많다. 가족들이 바닥에 삥 둘러앉아 늦은 아침 식사를 하고 있다. 자연의 흐름에 생체리듬이 맞추어진 이들에게 시간은 그리 큰 의미가 없는가 보다. 낯선 이방인의 방문에 당황할 법도 한데 아이들이나 어른들 모두 덤덤하다. 아마도 관광객들의 갑작스런 방문에 익숙한 듯하다.

벽을 둘러친 대나무 사이로 햇살이 들어와 집 안은 밝다. 부엌의 벽에는 깨끗한 주방 용기가 걸려 있고, 그 아래 음식을 조리하는 화덕이 있다. 그리고 한편으로 식구들이 잠을 자는 야트막한 침상이 전부인 살림살이다.

식사를 권하는 친절을 사양하자 화롯불 위에 얹어진 주전자에서 따뜻한 차를 따라 내놓았다. 차를 마시는 중에 배낭여행객을 태운 미니버스 한 대가 들어왔다. 이곳까지 찾아온 방문객은 어떤 모습을 보고 싶어 하는 것일까? 이곳에서 살고 있는 사람들과 시간을 함께하며 머물지 않는다면 보이는 것은 그저 스쳐 지나가는 하나의 풍광에 불과할 것이다.

스피커를 통해 음악이 흘러나왔다. 라오스의 각종 연회나 행사에 빠지지 않는 춤, 람봉Lam vong에 사용되는 리듬이다. 공터에서 몽족의 전통 복장을 한 젊은이들이 여행객을 대상으로 춤을 춘다.

반복되는 음악에 맞추어 여자는 대나무 바구니(카예)를 메고 남자들은 1m 정도 되는 대나무로 만든 악기 켄을 불면서 그들의 이야기를 노래와 춤으로 풀어놓는다. 먹거리를 채집하러 숲에 들어간 청춘 남녀들이 서로의 애틋한 마음을 표현하는 공연이다. 캄보디아에서 강을 배경으로 젊은 남녀들이 물고기를 잡을 때 사용하는 키를 도구로 하여 전통 춤을 만들어 전하고 있는 것과 이야기가 비슷하다. 차이가 있다면 한쪽은 험준한 산속의 숲을 배경으로 하고 있고, 다른 하나는 강을 배경으로 하고 있다는 점이다. 공연은 2열로 늘어선 젊은이들이 작은 공을 주고받으면서 서로의 마음을 확인하고 짝을 정하는 것으로 끝났다.

사람의 왕래는 많은 것을 변하게 한다. 1차 산업에만 종사해 온 사람들은 잉여가치에 눈을 뜨고 문명이 가져다주는 편리함에 자신들의 삶의 방식을 바꾸기도 한다. 몇 백 년 이 깊은 산속에서 온전히 그들만의 삶의 방식을 가꾸어 온 그들에게도 약하게나마 변화의 바람이 불고 있다.

라오스 고산지대에 사는 아카족을 만나기 위해 산길을 잡았다. 아카족이 사는 마을로 가려면 중국 국경지대에 있는 최북단 산악마을 퐁살리를 거쳐야 한다. 퐁살리는 중국과 가까워서 그런지 중국식 가옥 형태를 한 집들이 많이 눈에 띄고 중국 화폐인 위안화와 라오스 화폐인 킵을 혼용해서 사용한다. 인도차이나 반도 모든 국가들의 국경마을 어디에서나 볼 수 있는 자연스런 풍경이다. 오래전부터 삶의 터전을 강과 산맥을 중심으로 잡고 이웃과 왕래하며 살아온 그들에게 인위적으로 설정된 국경의 의미는 그리 크지 않다. 외국인이 아니라 강 건너 사는 삼촌이고 산 너머 사는 이모일 뿐이다.

아카족은 해발 1,100m 이상의 고산지대에 사는 부족이다. 중국의 남부지방이나 티베트에서 남쪽으로 이주했을 것이라고 추측하는 아카족은 미얀마 북부와 라오스 북서부, 태국의 북부지역에 주로 거주한다. 퐁살리에서 아카족이 사는 마을까지는 차도가 없다. 사람 한 명만 겨우 지나갈 수 있는 가파른 오르막길을 다섯 시간 넘게 걸어야 한다. 마을에 당도할 때까지 오고가는 사람을 만날 수 없는 오지였다. 이 험한 산길을 오랫동안 걸어와서 누군가 아카족의 생명이나 양식을 탐할 이유는 없을 듯하다.

마을에 가까이 다가가서야 밭에서 수확한 농작물을 노새 등에 싣고 마을로 돌아가는 사람을 만났다. 가파른 산길을 노새는 설렁설렁 오른다. 노새를 따라가자 산꼭대기에 자리 잡은 마을이 나타났다. 자캄빠에서 마을 아래를 내려다보니 산 사이로 운해가 가득하다. 소와 닭과 돼지가 자유롭게 마을을 돌아다닌다.

아카족의 가옥 구조나 형태는 몽족과 크게 다르지 않다.

이들은 자급자족한다. 비탈에 심은 목화에서 실을 뽑아 옷을 만들고 나무를 베어 집을 만든다. 주식인 쌀은 비탈에서 벼농사를 지어 해결하고 숲에서 채취하는 산림 부산물로 반찬을 만들어 먹는다. 단백질이 필요할 때면 숲에 들어가 사냥을 한다.

아카족 할머니와 몽족 여인

감청색의 전통 복장을 입은 아낙이 처마 밑에서 천을 짜고 있다. 남자는 밭농사와 사냥을 하고 살림살이는 여성이 챙긴다. 대나무 숲에서 죽순을 따는 일에서부터 샘에서 물을 긷는 일까지 몸을 쓰는 일들이 많다.

여자 아이와 엄마가 물을 길어 온다. 이마에 물이 가득 담긴 대나무통을 끈으로 연결하여 메고 산길을 올라온다. 집에 당도한 여인은 곧장 가족들의 저녁밥을 짓기 위해 포대에서 볍씨를 꺼내 맷돌에 간다. 쌀을 한꺼번에 도정하지 않고 매 끼니를 이렇게 조금씩 맷돌에 갈고 키로 쳐서 밥을 짓는다.

소수부족의 삶도 세상 사람들의 삶과 별반 다르지 않다. 단지 이들은 주어진 시간에 맞추어 살고, 욕심과 욕망을 자극하는 환경에 영향을 받지 않을 뿐이다. 자캄빠에 사는 사람들은 예부터 살아온 방식 그대로 살고 있을 뿐이다.

06 콕사앗의 지하수로 만든 소금,
　　 똔레삽의 민물고기로 만든 생선소스

　1억 5천만 년 전, 콕사앗은 바다였다. 신생대 제3기에 지층의 융기로 바닷물이 갇혔고, 그때 만들어진 매우 두꺼운 암염층이 지하 깊숙이 자리 잡았다. 이 암염층이 물에 녹아 사라지지 않고 메콩 강과 그리 멀지 않은 이곳 지하에 온전히 묻혀 있다.

　주민들은 건기에 동물들이 이곳에 모여들어 흙을 핥아 먹는 것을 대수롭지 않게 생각했었다. 그러나 이 이야기를 전해 들은 정부가 지질을 조사해서 지하에 묻힌 소금 맥을 발견했다. 정부는 190m 지하에서 소금물을 뽑아 올려 소금 생산을 할 수 있도록 주민들에게 자금을 지원했다. 콕사앗 주민들은 이곳 지하에서 소금물을 끌어 올려 소금을 만든다.

　초막 옆으로는 크고 작은 통나무들이 어지럽게 잘려 있다. 콕사앗에서는 매일 굴뚝에서 연기가 피어오른다. 새벽 5시부터 소금물 담을 모판을 깨끗하게 닦고 지하에서 끌어 올린 소금물을 모판에 가득 부어 장작불로 가열한다. 굴뚝에선 연기가 피어오른다. 장작불을 서너 시간 태우면 소금물이 끓는다. 하얀 소금 결정체가 바닥에 가라앉는다.

　물을 대고 불을 지핀 후, 아침 식사를 마치면 서둘러 소금을 채취한다. 사람이 하나둘 모여든 작업장 안은 어느덧 모판에서 소금을 걷어 내는 사람들로 북적인다. 정부와 민간이 합작으로 투자하여 개발한 곳이어서 집집마다 한두 개의 모판을 불하받아 소금을 채취한다. 주민들에겐 소금 채취가 주 수입원이다 보니 50여 가구의 가족은 시간만 나면 이곳으로 달려와 일손을 거든다.

모판에서 건져 올린 소금은 대나무 광주리로 옮기는데, 한 번 물을 받아 끓이면 40kg 정도 들어가는 바구니로 5~6개의 소금을 채취한다. 바구니에서 흘러나온 소금물이 마치 고드름처럼 땅으로 늘어지며 굳어 있다.

소금을 만드는 과정은 고역이다. 무더운 날씨에 장작불의 열기를 견뎌야 하고 소금기 머금은 수증기를 감내해야 한다. 소금이 모판에 눌어붙지 않도록 다섯 시간 동안 소금물을 수시로 저어 줘야 한다. 그리고 소금 결정체가 형성되면 계속해서 삽으로 퍼내야 한다. 비 오듯 땀이 쏟아지고 수증기에서 올라온 염분 때문에 눈은 따갑다. 얼굴이 벌겋게 익는다. 그러나 소금을 구매하는 사람들에게 제값을 받기 위해, 양질의 소금을 얻기 위해 하루 종일 눌어붙지 않도록 소금물을 저어 줘야 한다.

60여 개 모판에 열여섯 시간 정도 쉬지 않고 불을 지펴야 하기 때문에 화목의 사용량도 만만치 않다. 니콘 나봉 씨가 트럭에서 한 아름이 넘는 나무를 져서 나른다. 트럭을 아궁이 가까이 더 후진시키면 좋으련만 노후된 차량은 둔덕을 올라가지 못한다.

아주머니가 모판을 긁다 말고 불 아궁이에 화목을 넣는다. 나무가 아궁이에 들어가자 불길이 다시 거세진다. 아궁이에서 나오는 열기 때문에 아주머니의 얼굴이 더욱 붉어진다. 화력의 손실을 조금이라도 줄여 보기 위해 아궁이를 가림막으로 막고 잠시 휴식을 취한다. 그러나 이내 모판에 소금이 눌어붙지 않을까 하는 조바심에 자리를 털고 일어나 소금물을 젓는다. 새벽 5시에 시작된 작업은 오후 1시쯤 마무리되고 점심을 먹고 돌아오면 다시 모판을 닦고 물을 받아 소금을 만드는 작업을 반복한다.

콕사앗에서 나는 소금은 불순물이 적은 질 좋은 소금으로 유명하다. 라오스 전역은 물론 다른 나라에 고가로 수출된다. 그러나 소금 값은 같은데 화목 값이 계속 올라서 걱정이다. 수확은 개인이 하지만 조합에서 일괄 수매하기 때문에 이윤이 박하다. 개인이 판매할 수 있으면 더 좋은 값을 받을 수 있을 텐데, 그렇지 못하다. 1년 내내 소금을 만들지만 11월에서 5월 초인 건기에는 작업에 더 열중해야 한다.

"우기 때는 물이 스며들어 염분의 함량이 떨어집니다. 같은 양을 끓여도 건기 때보다 거둬 내는 소금의 양이 한 바구니 정도 적습니다."

옆에 있던 크아 라케통 씨가 한마디 거든다. 소금 맛도 건기 때 생산한 것이 좋아서 더 좋은 가격을 받을 수 있다.

어느덧 강하던 햇살이 부드러워지고 산 그림자가 처마 위로 올라갔다. 아궁이 앞에 선 부부의 옷이 깨끗한 것으로 봐서 작업을 마친 모양이다. 학교를 마친 크아 라케통의 딸이 교복을 입은 채 작업장으로 왔다. 올해 고등학교 졸업반인 딸은 대학에 진학해 은행에서 일하고 싶어 한다. 그러나 대학을 보낼 형편이 되지 않는 부모의 마음은 그런 딸을 볼 때마다 마음이 아프다. 몇 푼의 용돈을 건네는 것이 전부다. 어릴 때부터 부모님을 도와 온 딸도 부모님의 마음을 모르는 것은 아니다.

하루 일과를 마치면 아궁이에서 타다 남은 재를 비워 낸다. 이 시간이면 소금 농사를 짓지 않는 사람들도 불씨가 남아 있는 가마로 숯을 받으러 온다. 저녁밥을 짓기 위해 아이들이 불씨를 머금고 있는 숯을 양철통에 받아 간다. 사람들이 떠나자 어디서 나타났는지 몇 마리의 염소가 염기를 핥으며 옮겨 다닌다. 자연은 어느 누구의 것이 아니라 그 속에서 머무는 모두가 함께 나누어야 하는 공간인가 보다.

배가 포구로 들어온다. 4월의 뜨거운 햇볕을 피해 그늘막 아래 모여 있던 사람들이 부산하게 움직인다. 가득 실린 생선 때문에 작은 배는 가라앉을 듯 무거워 보인다. 배가 포구에 닿자 청년들이 쏜살같이 내달려 배에서 물고기를 삽으로 퍼 바구니에 담는다. 그리고 언덕 위의 트럭으로 바구니를 들고 뛴다. 높은 기온과 강한 햇볕에 생선이 부패할까 봐 그러는지 청년들은 트럭과 배 사이를 왕복하면서 쉼 없이 뛴다. 생선을 가득 담은 양쪽 바구니가 검게 그을린 청년들의 어깨살을 짓누른다. 등줄기를 타고 흘러내린 땀방울이 작열하는 햇볕에 번들거린다. 몇 모금 물을 마시기 위해 잠시 걸음을 멈출 뿐 생선 나르는 일을 잠시도 쉬지 않는다.

이 생선은 껌 플리엔이다. 내장을 손질하여 소금을 약간 친 상태이다. 내장과 비늘을 깨끗하게 손질하고 선도가 좋은 생선은 상품이다. 껌 플리엔은 젓갈을 담그기도 하지만, 뼈를 발라낸 다음 살코기를 햇볕에 말려 먹기도 한다. 내장을 깨끗하게 빼내고, 꾸덕꾸덕해질 때까지 햇볕에 말리면 육질이 쫄깃쫄깃하다. 잘 말린 생선은 세 시간 정도 연기를 쏘이면 캐러멜 색으로 변하고, 독특한 풍미가 느껴지는 훈제 생선이 된다. 다섯 달 정도는 맛이 변하지 않기 때문에 보관하였다가 필요할 때마다 식탁에 올린다. 지폐에 문양이 그려질 정도로 캄보디아인에게 사랑을 받았던 껌 플리엔은 캄보디아인이 즐겨 먹는 음식이다.

거래가 이루어지는 곳에서는 어디서나 흥정이 이루어지는가 보다. 어부는 꽤 오랫동안 상인과 흥정을 한다. 돈을 쥐고 있는 사람이야 한

푼이라도 덜 주려고 하고, 돈을 받으려는 사람은 한 푼이라도 더 받아
내려는 마음은 세상 어디에서나 같은가 보다. 그렇다 보니 흥정은 길어
지고, 결국 어부가 인심 좋게 깎아 주면서 흥정을 마무리한다.

포구에서 그리 멀지 않은 시엠립 외곽의 한적한 왓뽀 마을. 이곳은
젓갈 만드는 사람들이 모여 살아서 젓갈 마을이라 불렸다. 그러나 국
민들의 젓갈 수요가 줄어들자, 주민이 새로운 일거리를 찾아 떠나고
있다. 그래서 지금은 열 가구만 그 명맥을 유지하고 있다. 건기인 11월
에서 4월 사이에 물고기가 많이 잡히기 때문에 여섯 달 바쁘게 젓갈을
만들고, 우기에는 쉰다. 이곳에서 만든 젓갈은 내수용으로 각 가정의
식탁에 오르기도 하지만 가까운 태국으로 수출한다.

포구에서 수거한 생선은 소금을 골고루 뿌려서 생선물이 빠지도록
몇 시간을 그대로 둔다. 어느 정도 물이 빠진 생선은 다시 탱크로 옮겨
담는다. 젓갈 만드는 집이 하나둘 줄어들자 주민들은 협동조합 형태로
젓갈을 생산하고 수익을 나눈다.

생선에 소금을 치던 작업반장의 표정이 좋지 않다. 1차 가공된 생

콕사앗의 지하수를 끓여 만든 소금

선에 소금이 너무 적게 들어가 있다. 소금 가격이 오르다 보니 어부가 생선을 손질하면서 평상시보다 소금을 적게 쳐 놓았다. 젓갈 판매 가격은 내려가는데 비싼 소금을 더 사용해야 하니 기분이 나쁜가 보다.

무더운 기온에 생선이 삭는다. 생선이 삭으면서 흘러나오는 물을 맑은 물과 2대 6의 비율로 섞는다. 그리고 강한 불에 약 두 시간 정도 끓인다. 끓이면서 약간의 조미료와 설탕을 넣으면 생선소스가 된다. 조미료와 설탕을 어느 정도 넣느냐에 따라 생선소스의 맛이 달라진다.

왓뽀에서는 억 멍리 할머니가 만든 생선소스가 가장 인기가 좋다. 생선물을 끓이면서 할머니는 간간이 위로 올라오는 거품을 걷어 낸다. 그렇게 끓이면서 생선물이 통에서 반 정도로 졸면 촘촘한 채로 생선물을 거른 다음 다시 끓여 낸다. 더위와 씨름하면서 생선소스를 하루 종일 끓여야 1.5리터짜리 페트병으로 스물세 병 정도의 소스를 얻는다.

"첫 번째 생선물보다 통에 넣어서 숙성시키는 과정에서 나온 생선물로 소스를 만들어야 향이나 색깔이 예쁘고 맛이 좋아요."

똔레삽의 민물고기로 삭인 물로 만드는 생선소스

할머니의 작업은 굼뜨다 싶을 정도로 느리다. 맛 좋은 소스를 만드는 일이, 서둘러서 될 일이 아니라는 것을 그녀는 알고 있다.

햇볕에 달구어진 양철지붕과 장작불의 열기, 그리고 생선물이 끓으면서 나오는 수증기로 작업장 안은 한증막처럼 후덥지근하다. 이곳에서 그녀는 일곱 남매를 키웠다. 모두가 장성했지만 이 일을 그만둘 생각은 없다. 40년 넘게 해온 일이 이젠 그녀의 일상이 되었기 때문이다.

곧 우기가 시작된다. 우기가 시작되면 마을에서 더 이상 젓갈을 만들지 않는다. 젓갈 만드는 작업이 이루어지지 않으면 생선물을 받을 수 없다. 할머니도 일손을 놓을 수밖에 없다. 그때를 대비해 부지런히 만들고, 만들어진 소스는 매일 시장에 건네기도 하지만 일부는 항아리에 보관했다가 판매한다. 오래 보관하면 그 맛이 깊어져 보다 비싼 가격에 팔 수 있다.

생선 젓갈은 캄보디아뿐 아니라 태국이나 라오스, 베트남 등 강과 호수를 끼고 있는 동남아시아 대부분의 나라에서 오래전부터 있어 왔던 음식이다. 지구상의 여러 민족은 각자 그들이 처한 독특한 자연 환경과 종교 등 인문학적 여건에 따라 고유한 식문화를 형성해 왔다. 주로 목축을 하는 메콩 강 상류의 협곡과 초원에서는 유즙과 유즙 가공품이 발달했고, 주로 벼농사를 짓는 메콩 강 중하류에서는 생선을 이용한 젓갈 문화가 발달했다.

07 경계를 짓지 않는 강,
   거센 물살에 순응하는 어부

　비엔티엔의 공항에서 라오스 남부의 빡세로 차를 이용해 이동하면 열세 시간 걸린다. 시간이 넉넉하다면 차를 운행하거나 유람선을 타고 며칠씩 여행하기에 좋은 곳이다. 강이나 국경도 길을 가로막지 않으니 이동하기엔 자유롭다.

　우리는 비행기로 한 시간 20분 만에 빡세 공항에 도착했다. 빡세는 라오스 말로 입구라는 뜻의 '빡'과 메콩 강으로 흘러든 세 강의 '세'가 합쳐진 합성어이다. 빡세는 세 강의 입구라는 뜻이다. 메콩 강을 마주하고 라오스와 태국의 도시가 있고, 다리가 놓여 있는 곳은 다리로, 그렇지 않은 곳은 배로 옆 마을 오가듯 자유롭게 드나든다.

　항 돈콘을 가는 길에 라오스 민속촌을 들렀다. 대나무 숲으로 둘러싸인 곳에 라외Rawae족과 오이Ouiy족, 알락Alak족, 탈리엥Talieng족의 전통 가옥을 한 채씩 지어 놓았다. 초가지붕의 벽은 대나무 껍질로 엮어서 둘렀고, 집 안은 모두가 가족 공동으로 생활하는 주거 형태를 띠고 있다. 각 부족의 가옥에는 부족 전통 복장을 갖추어 입고 두세 명이 관광객을 맞고 있다. 라외 부족의 가옥은 특이하게 방 한가운데 부모와 아들이 거처하고 딸은 칸막이를 쳐서 독립된 공간에서 생활하는 구조이다. 그리고 딸이 머무는 방의 벽에는 얼굴을 내밀 수 있는 사각 구멍을 뚫어 놓았다. 라외족은 미혼의 딸이 외부에서 연애하는 것을 엄격하게 통제하는 대신, 이 작은 창을 통해 사랑하는 연인과 정담을 나누도록 배려했다고 한다.

빡세에서 차로 세 시간 정도 이동해서 도착한 선착장에는 빈 배들이 강에 줄지어 떠 있다. 오후의 햇살과 더불어 더욱 나른한 모습이다. 배를 타려면 모래사장을 걸어야 하는데 짐은 배까지 날라 준다. 항 돈콘은 돈콘 섬의 끝자락이다. 중간 기착지에 두 명을 내려놓고 크고 작은 나무들이 심어져 있는 섬을 출발한다. 섬이 제법 큰 모양이다. 섬 안에서 이륜오토바이와, 오토바이 옆에 두 사람이 앉을 정도의 좌석을 만들어 놓은 삼륜 오토바이가 주행한다. 그리고 트럭을 개조한 버스가 손님을 태우고 있다.

이곳은 4천 개의 섬이 있는 시판돈이다. 강에는 사람이 살지 않는 작은 무인도에서부터 크게는 몇 십 가구가 상주하는 제법 큰 규모의 섬까지 다양한 섬이 있다. 메콩 강은 수천 개의 지류로 흩어졌다 모이기를 반복하면서 흐른다. 어느 섬 하나 홀대하지 않고 강은 섬을 어루만지며 흐른다. 섬 주변으로 수초가 많고 유속이 완만하다 보니 고기가 많이 서식한다.

동녘 하늘이 붉게 물들더니 이내 아침 해가 메콩 강 위로 솟아오른다. 물새 소리와 물들이 부딪치며 흐르는 소리만 들릴 뿐 사방이 고요하다. 고기잡이를 나서는 배가 하나둘 늘어나면서 강은 또다시 사람들에게 삶의 터전을 내준다.

강 건너는 캄보디아다. 강은 이처럼 나라를 가르고 마을을 가르며 흐른다. 그러나 강을 삶의 터전으로 삼은 사람들에게 나라 사이의 경계인 국경은 아무런 의미가 없다. 국경이 사람들 사이를 가르지 못하고, 이웃은 삶의 터전을 공유할 뿐이다.

강물은 강폭에 따라 유속을 달리한다. 강이 좁아지고 거센 물살이 바위에 부딪히며 굉음을 낸다. 그 사이에서 사람이 대나무 구조물에서 망치를 들고 작업한다. 구조물 사이로 물살을 헤치며 이동하는 모습이 위태로워 보인다. 이 구조물은 '리'다. 건기의 끝자락인 요즘, 주민이 리를 수리하는 중이다. 우기가 되고 강물이 불기 시작하면 본격적인 고기잡이가 시작되기 때문에 지금 부서진 것을 서둘러 수리해야 한다.

이들이 고기를 잡는 방법은 아주 단순하다. 이렇게 강 한가운데 리를 설치해 놓고 강한 물살에 떠내려 온 물고기가 이 구조물 위로 올라오면 주워 낸다. 그렇다 보니 리를 설치하는 장소는 돌이 많고, 물살이 거세지면서 위아래 낙차가 있는 곳이어야 한다. 강폭이 좁은 곳에서 갑자기 넓어지는 지형이 리를 설치하기에 좋은 장소이다. 리의 폭은 대략 7m 내외이고, 완만한 경사를 이루는 곳에 30m 안팎의 길이로 설치한다. 흐르는 물살이 한 곳으로 흐르도록 입구 좌우에는 돌무더기를 쌓아서 고기가 다른 곳으로 빠지지 않도록 물길을 낸다. 지금은 유량이 적어 리가 모두 드러났지만, 우기에는 물이 불어나면서 리가 물속에 잠겨 잘 보이지 않는다.

물이 불어나기 시작하는 6월 중순부터 7월 중순까지, 물이 빠지기 시작하는 9월 중순부터 10월 중순까지 이들은 리에서 물고기를 주워 낸다. 물살이 세다 보니 구조물에 걸리는 물고기가 한 마리에 10kg이 넘는다. 많을 때는 하루에 보통 400~500kg의 물고기를 잡는다. 이 기간에는 물고기를 제때 건져 내기 위해 스물네 시간 교대로 리를 지키고 서서 확인한다. 횃불을 밝히고 밤을 새지만 고기잡는 재미에 고된 줄 모른다.

6월 중순에서 7월 중순까지, 9월 중순에서 10월 중순까지 물고기를 잡는 도구, 리

5월 중순부터 하루에 한차례 비가 내린다. 구조물 바닥에 대나무를 촘촘히 박는 손길이 바쁘다. 흐르는 땀을 닦을 겨를도 없다. 다섯 개의 리를 갖고 있는 그는 아직도 세 개나 더 손을 봐야 하기 때문이다.

메콩 강에서 작은 쪽배를 힘겹게 저어 가는 사람을 만났다. 보기에는 유순해 보이는 물살이지만 노 젓는 팔에 힘이 들어간 것을 보면 유속이 빠른 모양이다. 한참을 저어 가자 큰 낙차를 이루며 물이 떨어지는 소리가 오후의 적막을 깨운다.

급격한 경사에 메콩 강이 바위에 부딪히며 하얀 물보라를 일으킨다. 콘 파펭 폭포다. 요란한 물소리와 함께 물의 힘이 얼마나 거센지 강가의 나뭇잎이 연신 흔들린다. 이 같은 지형 때문에 베트남 메콩 델타에서 배를 타고 탐험했던 프랑스 탐험가 앙리는 이곳에서 발걸음을

콘 파펭 폭포에서 낚시하는 쌩톤 실라 펫 씨

멈추어야 했다.

쌩톤 실라 펫 씨는 조카와 함께 늘 이곳에서 투망질로 고기를 잡는다. 지금의 투망은 나일론이어서 잘 끊어지지 않는다. 이런 그물이 나오기 전에는 뽀트랑 나무줄기를 벗겨 찢은 다음 나무 심을 뽑아내 꼬아 만들었다. 몇 번 투망질을 하면 그물은 돌에 쉽게 뜯어지곤 했었다.

바위를 딛고 서서 흰 포말이 일어나는 강에 연신 그물을 던진다. 강에서 그물을 건져 올릴 때면 조카가 거센 물속으로 잠수해서 그물을 만져 준다. 워낙 폭포의 물살이 거세 던진 그물이 바닥에 구르는 돌에 걸리기 때문이다. 수심의 지형은 강물과 함께 굴러온 돌들로 매일 바뀐다. 큰 나무가 급류의 흐름에 따라 갑자기 솟구치는 경우가 있어 물속으로 잠수할 때는 늘 신경을 써야 한다.

삼촌과 조카는 그물을 건져 내는 일을 번갈아 가며 계속한다. 고기가 없자 그들은 물살이 더 센 곳으로 자리를 옮긴다. 이동하면서 계속 물에 고기가 있는지 살펴본다. 오랜 경험으로 어디에 고기가 있는지를 알지만 매번 적중하는 것은 아니다. 30여 분 투망질을 하고서야 퍼덕이는 물고기를 잡았다. 오늘의 첫 수확이다. 삼촌과 조카는 잠시의 망설임도 없이 폭포 한가운데 바위섬으로 줄을 잡고 헤엄쳐 건넌다. 이 줄은 3년 전에 설치했다. 바위 끝을 오르내리며 투망질을 한다. 장소를 옮길 때마다 강물은 빠르게 흐르고 발을 디딜 공간은 험악해진다. 그러나 그런 장소일수록 물고기가 더 많은지 투망질을 할 때마다 제법 물고기가 올라온다. 그들은 하루에 두 번, 오전과 오후에 투망질을 한다. 한 번 투망질을 시작하면 거센 물살 때문에 서너 시간을 넘기기가 힘들다. 6월과 7월 사이에 가장 많은 물고기를 잡는데 많이 잡을 때는 40~50kg을 잡는다. 이 기간에는 씨알도 굵어 팔뚝만 한 물고기를 잡기도 한다.

집으로 돌아가기 전 어제 설치한 통발을 거둔다. 제법 큰 씨알의 물고기들이 들어 있다. 줄에 생선을 꿰고, 그들은 내려온 바위벽을 타고 집으로 돌아간다. 폭포는 여전히 거센 물소리와 함께 소용돌이친다.

08 아시아의 파리,
   역동하는 호치민 시

베트남은 수도 하노이와 항구도시 하이퐁을 중심으로 하는 북부지역과 오랜 왕조의 역사가 살아 있는 후예와 다낭을 중심으로 하는 중부지역 그리고 호치민을 중심으로 하는 남부지역은 각각 다른 고유한 문화 특성이 있다.

중부 이북은 정치 중심지이자 왕조가 있던 지역이다. 베트남 북부 사람들은 자신의 속마음을 잘 드러내지 않고, 보수적이며, 집단성이 강한 편이다. 반면에 베트남 경제 중심지인 호치민이나 메콩 델타의 남부지역 사람들은 상대적으로 개방적이며, 개별성이 강한 편이다. 이 같은 성격 차이는 베트남 남부지역이 처한 지정학적인 위치와 무관하지 않은 것 같다.

베트남 남부지역은 오래전부터 인도와 말레이시아, 캄보디아 등과 해상 교류가 빈번했다. 특히 메콩 델타는 역사를 거슬러 올라가면 여러 지역에서 온 이주민들의 역사와 상통한다.

16세기 베트남에 정복되기 전까지 프레이 노코르는 캄보디아의 주요 항구도시였다. 17세기 청나라에 저항하다 망명한 명나라 유민 양언적과 그를 따라온 수천 명의 중국인을 지금의 메콩 델타 지역에 거주시키면서, 황무지에 가깝던 메콩 델타의 개척 역사가 시작되었다. 그들은 베트남 남부 메콩 델타 지역을 배경으로 자율적인 공동체를 형성하면서 농지를 확보해 나갔지만 대부분 습지에서 작은 촌락을 이루었다.

프랑스가 메콩 델타를 점령한 다음 이곳 호치민을 중심으로 배수시설을 설치하고 전형적인 식민도시로 개척했다. 프랑스풍의 관청을 비롯하여 수많은 건물이 도심 곳곳에 건축되었고 남부 메콩 델타에서 생산되는 쌀과 북서부의 고무 수출을 위해 항구를 정비했다.

프랑스로부터 해방된 이후, 1954년 베트남이 남북으로 갈라지면서 호치민은 남베트남(월남)의 수도가 되었으며 인구가 증가했다. 호치민이 베트남 경제의 중심지로 부상하면서 많은 서양 기업들이 들어오다 보니 다른 지역보다 이곳 사람들은 외국인에 대해 개방적이다.

베트남 외교부 산하 프레스센터에 근무하는 꽝 선생이 하노이에서 도착했다. 그는 이번 취재 일정 내내 우리와 동행하면서 취재와 관련된 주요 기관의 협조와, 발생할 수 있는 문제를 해결하는 역할을 맡았다. 우리는 촬영 스케줄과 내용에 대해 다시 한 번 확인하고 보완하기 위해 회의를 가졌다. 우리가 왜 메콩 델타 지역을 찾았는지, 전체 일정별로 더 추가할 정보나 촬영 스케줄의 변동 사항이 있는지 미스터 꽝과 호치민 인문사회대 도 홍 만 교수를 통해 확인했다. 다행히 야외 촬영의 경우, 폭우만 만나지 않는다면 일정에 지장을 줄 만한 요소는 없었다. 전체 스텝을 대상으로 이번 프로그램의 제작 방향에 대해 다시 설명하고 강이나 자연의 경우 다양한 영상을 얻기 위한 렌즈 교체 등 몇 가지 유의사항을 거듭 당부했다.

스텝 회의를 마치고 촬영에 들어갔다. 시내 중심가의 소공원에는 벤치나 잔디밭에서 시민들이 휴일을 즐기고 있다. 가족이거나 또래집단이 대부분이다. 대성당과 중앙우체국, 전쟁박물관, 대통령궁이 모여 있는 1군 지역에는 관광객과 시민들로 북적거린다. 시내 중심부, 야외 카페의 붉은 파라솔에서는 외국인들이 식사를 하거나 차를 마시며 담소를 나누고 있다.

벤탄 시장은 100년 전 프랑스가 베트남 터미널 맞은편에 형성한 시장이다. 벤탄의 '탄'은 터미널이라는 뜻으로, 호치민과 호치민 밖을 연결하는 시발점이자 종점인 셈이다. 시장은 다루는 상품별로 골목골목이 미로처럼 연결되어 있고, 오가는 사람들은 서로 비켜 가기 힘들 정도로 북적인다. 구역별로 의류, 가방, 귀금속 등 생활에 필요한 잡화들을 비롯해 과일, 농산물, 수산물, 축산물 등이 나뉘어 있다. 물건이 가득 찬 쇼핑 봉투를 든 외국인이 꽤 눈에 띈다.

로터리에는 여섯 갈래의 도로가 교차하고, 오토바이와 차량 행렬이 끊임없이 지나간다. 수십 대의 차와 오토바이가 한 데 엉켜 제 갈 길을 가는 모습이 이채롭다. 오토바이 행렬을 한참 바라보면서 문득 든 생각은, 역동성이었다. 만 교수는 출근 시간에 오토바이 행렬이 장관이라 한다. 며칠 후, 아침에 본 차량 행렬은 정말 대단했다. 벤탄 시장 앞, 로터리에는 호치민 시의 모든 오토바이가 몰려나온 듯했다. 출근하는 직장인, 학교 가는 아이를 태운 주부가 도로에 뒤섞여 장관을 이루었다.

도심 곳곳의 공원과 공원을 연결하는 도로에는 아름드리나무가 자라고, 가로수 사이로 자동차와 오토바이가 무리 지어 달린다. 프랑스식 건물과 로터리가 유난히 많다. 사람들의 행동과 생각은 서구적이고, 시민들은 바게트와 빵을 즐겨 먹는다. 시내를 얼마 걷지 않았는데도 '동양의 파리'라는 말이 실감된다.

메콩 델타는 평균 해발이 3m이다. 도시를 벗어나면 사방이 평야다. 호치민 시가 바다에 잇닿아 있는 탓일까? 바람이 시원하다. 도심 곳곳에 마련된 공원에는 저녁이면 더위를 식히려는 가족이나 친구들 혹은 연인들이 몰려나온다. 밤이면 거리엔 오토바이를 타고 데이트를 즐기는 젊은 남녀가 가득하다.

공원 광장에서는 젊은이들이 따 꺼우Da cau를 찬다. 한국의 제기와 모양이 비슷한 따 꺼우는, 얇은 플라스틱 재질의 원판을 겹겹이 붙이고, 스프링을 묶어 놓았다. 그리고 끝에는 기다란 깃대가 여러 가닥 붙어 있어 마치 배드민턴의 셔틀콕과 흡사하다. 따 꺼우를 발로 차면 탄력을 받아서 멀리 날아간다. 받는 방식은 주로 머리나 무릎, 혹은 가슴으로 가볍게 트래핑하는 것이다. 숙련된 사람은 발뒤꿈치를 이용해 뒷발차기로 멋지게 넘긴다. 하지만 따 꺼우는 상대가 있어야 즐길 수 있는 운동으로, 둘 이상이 호흡을 맞추어야 개인이 가진 기술을 사용할 수 있다. 두 사람 이상이면 복잡한 규칙, 시설, 도구가 필요치 않고 좁은 공간에서 언제 어디서나 즐길 수 있다. 그래서 베트남뿐만 아니라 캄보디아와 태국 등 동남아시아 여러 나라에서 인기가 좋다.

벤치에서는 젊은이들이 외국인 여행객 주위에 모여 영어를 배운다. 923공원은 외국 배낭여행객이 많이 찾는 데탐 거리와 가까워서 이 같은 풍경을 쉽게 볼 수 있다. 대부분 대학생들이다. 그들은 외국계 기업에 취업하는 것을 선호한다.

학부모의 자녀교육 역시 열기가 대단히 높다. 교육과정은 초등학교 5년, 중학교 4년, 고등학교 3년을 마쳐야 졸업하고, 2년제 전문대, 4년제 대학으로 편성되어 있다. 영어는 초등학교 3학년부터 학교에서 가르친다. 대학을 졸업해도 변변한 직장을 잡기 힘든 것이 베트남 현실이다. 그러나 학부모는 형편이 닿는 한 자녀의 대학 진학을 희망한다. 수학능력시험을 잘 보아서 좋은 대학에 진학하기 위해 학생들은 치열하게 공부한다. 수학능력시험은 하루에 두 과목씩 3일 동안 본다. 높은 교육열로 문자를 해독하는 사람이 90%이고 대학은 300개이다. 뛰어난 손재주와 부지런하고 근면한 성품 그리고 교육에 대한 열의가 베트남 발전을 앞당기고 있다.

중앙우체국과 노트르담 성당이 있는 1군 근처는 백화점 타운이다. 야외 임시 무대 뒤에는 5인조 남자 그룹의 멤버 사진이 커다란 걸개 그림으로 걸렸다. 인도에는 수백 대의 오토바이와 젊은이들이 모여 있다. 리듬에 맞추어 젊은이들이 몸을 흔든다. 환호성과 함께 색색의 강한 조명이 무대에서 현란하게 움직인다. 다섯 명의 가수가 무대에서 등장한다. 역동적인 몸짓과 빠른 템포의 노래가 시작되자 광장은 금세 흥분의 도가니에 휩싸인다.

첫날 여러 곳에서 보았던 도시의 풍경과 렉스 호텔 옥상에서 보았던 현란한 간판, 마제스틱 호텔 옥상에서 보았던 사이공 강의 야경은, 그 어느 도시보다 호치민 시가 화려한 자본주의 도시라는 느낌을 갖게 했다. 자본주의는 돈의 가치와 힘을 아는 사람들에게 끊임없이 자가 발전하게 하는 동기를 부여한다. 모든 것이 역동적이다. 과거의 베트남은 경제 흐름이 사이공 강물처럼 느렸다면, 지금 베트남의 경제는 라오스 콘 파펭 폭포처럼 빠르고 급하게 소용돌이치고 있다.

09 껀터 시,
   까이랑 수상시장

메콩 텔타는 평야이다. 이곳에서 베트남 농산물의 3분의 2를 생산
한다. 삼모작이 가능한 날씨와, 기압차로 인해 태풍의 피해를 받지 않
는 곳이다. 지반은 모래와 흙으로 구성돼 있고, 메콩 강의 하류지역은
퇴적물이 쌓인 삼각주여서 토양이 비옥하다. 그래서 모든 농작물 재배
가 가능하다. 사람은 크고 작은 수로로 메콩 델타를 왕래한다. 최근 메
콩 델타 지역의 경제성장을 돕기 위해 고속도로와 다리를 건설 중이
다. 메콩 델타는 농산물의 주요 생산지일 뿐 아니라 수산물도 50% 이
상 생산하고 수출한다. 메콩 델타의 중심 도시 껀터 시는 수산물의 중
간 집결지 역할을 한다.

껀터 시는 하노이, 하이퐁, 호치민, 다낭과 함께 베트남 중앙정부 산
하 5개 도시 중의 하나로 인구가 120만 명이다. 도로는 넓고, 고층 빌딩
이 없으며, 도심은 정갈하다. 그래서인지 아오자이를 입고 자전거를 타
는 사람이 많다. 허우 강 물길을 따라온 사람들이 강 한가운데 시장을
열고, 그 수상시장에서 살아가는 사람의 다양한 삶을 보기 위해 외국 관
광객이 자주 찾는다. 메콩 델타에는 띤장성을 비롯한 열두 개의 성과 껀
터 시가 있다. 베트남 인구의 30%가 이 메콩 델타에 흩어져 산다.

메콩 강은 메콩 델타로 들어서면서 크게 두 개의 지류로 갈린다. 띠
엔 강과 허우 강이다. 이 강줄기 가운데 메콩 델타 중심부에서 북쪽까
지 띠엔 강이 지나는 지역에 안장성, 동탑성, 띤장성, 빌롱성, 벤째성,

짜빈성이 있다. 띠엔 강 남서쪽의 허우 강은 안장성을 거쳐 동탑성, 껀 터 시, 빌룽성, 허우장성, 쏙장성, 짜빈성을 지나 바다로 들어간다.

우기가 장기간 지속되고 막대한 양의 강물이 유입되는 메콩 델타에 서, 강물을 바다로 신속하게 보내지 않으면 델타 전체가 물에 잠길 수 밖에 없다. 이들은 용의 영험함으로 강물이 넘치지 않고 바다로 빠져 나가길 바랐을 것이다. 용이 곡식을 보호하여 풍성한 곡물을 수확하게 해줄 것이라 바라면서 강에 용(龍)자를 차용했는지도 모르겠다.

메콩 델타의 중심부에서 북쪽에 위치한 허우 강은 220km를 흘러 바다로 들어가고, 그보다 남쪽에 위치한 띠엔 강은 250km를 흘러 바 다로 들어간다. 그러나 이 두 줄기의 강은 넓은 메콩 델타의 중간 지역 을 통과하면서 다시 여섯 개의 지류를 만든다. 베트남 사람들은 바다 와 육지를 가르는 경계를 문으로 여겼다. 바다로 들어가는 아홉 갈래 의 지류를, 아홉 마리의 용이 바다를 향해 물을 토해 내는 형상으로 보 고 강의 이름을 꾸을룽(구룡) 강 이라 붙였다.

허우 강은 끄어 띤 안, 끄어 짠 떼, 끄어 바 탁 세 지류로 갈라진다. 그리고 허우 강과 띠엔 강을 연결하는 델타의 내륙을 연결하는 강은 쏭 밤 나오, 즉 밤 나우 강이다. 메콩 강은 이처럼 메콩 델타에서 크게 두 갈래로 갈라지고, 두 갈래 강은 다시 아홉 개의 강줄기로 나뉘어져서 남중국해로 들어간다. 그러나 지도상에는 모두 여덟 개의 강만 존재한 다. 허우 강의 마지막 지류인 끄어 바 탁 강은 지류의 폭이 좁기도 했지 만 70년대 농지 개간을 하면서 물이 마르고, 농지로 변해 지도상에서 사라졌다. 이젠 구룡(九龍)강이 아니라 팔룡(八龍)강인 셈이다. 이곳 사람 들은 메콩 강이라고 하면 잘 모르는 경우가 대부분이다. 꾸을룽 강이라고 해야 바로 안다. 구룡강은 이 지역에서 '쏭 런' 혹은 '쏭 까이'라고 부르기도 한다.

껀터 시를 가로지르는 허우 강에는 수상시장이 선다. 까이랑, 롱 수원, 짜 온, 퐁 히엡, 응아 남, 퐁 띠엔 수상시장이 매일 서고 수많은 수로를 따라 작은 시장들이 선다. 퐁 띠엔 수상시장과 퐁 히엡 수상시장이 역사가 가장 오래되었다면 제일 늦게 형성된 까이랑 수상시장이 베트남에서 가장 큰 규모를 자랑한다.

시장에서는 수박, 파인애플, 망고, 바나나와 같은 열대 과일과 고구마, 호박을 비롯한 다양한 농산물을 거래한다. 개인이 농장에서 재배한 과일이나 농산물을 직접 가지고 와서 팔기도 하지만, 중간 상인이 배로 여러 곳을 다니면서 물건을 수집해 시장에서 판매한다. 어떤 배는 국경을 넘어 물길을 따라 캄보디아나 태국, 라오스까지 거슬러 올라가서 농산물을 모으기도 한다.

어둠이 채 가시지 않은 새벽, 서둘러 수상시장으로 향했다. 시장에 정박한 배는 백열전등을 밝히고 장사 채비에 바쁘다. 주변 사물이 어슴푸레 보이기 시작하자 사람들은 배의 모터를 돌리면서 시장 볼 준비를 한다. 고정된 배는 농산물을 파는 배이고, 정박된 배 사이를 오가는 배는 농산물을 사려는 배들이다. 500~600척의 배가 거래를 위해 오간다. 시장이 열리는 시간은 정해져 있지 않지만, 동이 트는 새벽 4시 반을 전후해서 오전 8시까지 장이 선다. 오전 8시가 지나면 간혹 물건을 도매로 사러 오는 배만 있을 뿐, 다음 날 새벽까지 수상시장은 한산해진다.

작은 배가 큰 배 사이를 헤집고 다닌다. 아침밥이나 베트남 쌀국수, 커피를 판다. 베트남 사람은 아침을 집에서 해 먹지 않는다. 주로 밖에서 사 먹는다. 수상시장에서 물건을 파는 상인들 역시 그렇다. 더군다나 언제 찾아올지 모르는 손님을 기다리고, 찾아오는 손님을 맞이해야 하는 시장이다.

상인들은 배 사이를 오가는 작은 배에서 국수를 말아 올리면 능숙하게 받아서 뱃전에 걸터앉아 식사한다. 그 사이 음식을 파는 사람은 뱃전에서 흐르는 강물에 배가 떠내려가지 않게 왼발로 노를 저으며 기다린다. 백발을 단정하게 틀어 묶고 얼굴이 단아한 찐 티 찌엡 할머니도 이곳 수상시장에서 음식을 판다. 새벽 5시 반쯤, 작은 쪽배에 아침 먹거리를 싣고 나와서 보통 오전 10시경까지 장사한다. 그날 준비한 식재료를 일찍 다 파는 운 좋은 날에는 9시경 돌아가기도 한다. 손님이 많을 때는 하루에 백 그릇까지 팔기도 하지만, 보통 하루에 75그릇을 판다.

베트남 쌀국수는 각 지방마다, 만드는 사람에 따라 맛이 제각각이다. 할머니만의 비법으로 만든 쌀국수 맛이 좋아서인지 이곳 수상시장에서 할머니를 찾는 상인이 많다. 이들은 할머니의 오랜 단골이다.

"빠 어이~, 빠 어이~!"

또 누군가 할머니를 부른다. 배의 엔진 소리가 시끄러운데도 할머니는 금세 알아듣고 손님을 찾아간다.

할머니가 밧줄을 던져 올리자 상인이 잽싸게 자신의 배에다 줄을 묶는다. 국수를 그릇에 담고 육수를 담기 위해 큰 냄비 뚜껑을 열자 김이 모락모락 올라온다. 다른 사람들은 관리하기 편한 가스버너를 사용하지만 할머니는 가스비가 아까워 숯불을 피운 화덕을 배에 싣고 다니

며 육수를 끓여 낸다. 국수 그릇 위에 고수와 야채를 한 움큼 얹고 건
네는데, 손놀림이 무척 빠르다. 소매 상인에게 국수를 팔기도 하지만
할머니의 주요 고객은 수상시장에서 며칠씩 정박하면서 물건을 파는
도매 상인이다. 설날을 빼고 1년 내내, 할머니는 비가 오는 날에도 매
일 수상시장을 찾아 국수를 판다.

환갑이 넘다 보니 할머니 건강도 예전 같지 않다. 몇 년 전부터 몸
여기저기가 저리고 아프다. 그러나 일부러라도 시장에 나온다. 집에
누워 있는 것보다 시장에서 사람을 만나고 밥을 팔면서 아픈것을 잊어
버린다. 원래는 재래시장에서 채소를 팔았다. 그러나 수상시장에서 아

침밥을 팔기 위해 그동안 모은 돈으로 어렵게 배를 사 이 일을 시작했다. 수상시장을 형성하는 허우 강의 강물처럼 할머니의 세월도 그렇게 흘러갔다. 눈을 감고 노를 저어 다닐 정도로 익숙한 시장이다 보니 아는 사람이 많다. 할머니가 장사를 처음 시작했을 때는 수익이 좋았다. 그러나 지금은 밥을 파는 사람이 많아서 수입이 예전 같지 않다. 할머니는 늘 다른 사람들보다 조금 일찍 시장에 나온다.

건기인 1월에서 3월 사이엔 과일 종류가 다양하고 수확량도 많다. 그래서 이 계절엔 더 많은 배들이 수상시장을 찾고, 할머니의 장사도 성황을 이룬다. 그러나 세월이 흐르면서 수상시장의 풍속도 많이 바뀌었다. 강 양쪽 기슭에 식당이 들어서고, 식당에서 직접 음식을 배로 실어나르자 매출이 예전 같지 않다.

할머니가 한쪽 발로 노를 저으며 큰 배들 사이로 사라진다.

수상시장을 찾는 대부분의 상인은, 하루 이틀 이곳을 찾은 것이 아니어서 서로 모두 알고 지낸다. 이들이 배를 정박할 때마다 닻을 내리는 곳도 비슷하다. 그럼에도 워낙 많은 배가 모여 있다 보니 배에서 파는 농산물을 긴 장대 끝에 꽂아서 알린다. 물건을 사려는 사람은 배에 실린 농산물의 품질을 일단 확인하고, 가격 흥정을 한다. 가격 흥정은 주로 여자들이 한다. 흥정이 성사되면 곧바로 두 배를 밧줄로 묶고 물건을 옮겨 싣는다. 한 배에서 던지면 다른 배에서 받는데 손발이 척척 맞는다.

상행을 나온 부부는 배에서 함께 지낸다. 한 번 시장에 나오면 배 크기에 따라 적게는 2일에서 4일 동안 정박한다. 뿐만 아니라 농산물을 수집하려면 수로를 따라 농산지를 떠돌아야함으로 늘 부부가 함께 움직인다. 배는 그들에게 이동 수단이자 하루의 여독을 푸는 휴식 공간이다. 배 위에서 화초를 키우는가 하면 개와 닭을 기른다.

농산물을 사들인 중간 상인의 작은 배를 따라가 보기로 했다. 허허벌판에 난 강의 강물을 거슬러 올라간다. 어쩌다 집이 나타나고, 강에서 물을 긷거나 옷가지를 빨래하는 여자와 투망을 던지는 남자가 더러 보인다. 배가 도착한 곳은 껀터 시에서 가장 큰 쩌꺼이 케 시장이다. 도시 전체가 작은 수로로 연결되어 있다 보니 이곳 말고도 강에 붙은 시장이 몇 군데 더 있다.

배가 선착장에 도착하자 상인의 아들이 커다란 광주리를 들고 재빨리 달려온다. 아들은 아버지를 기다리고 있었던가 보다. 아버지가 배에서 저글링을 하듯 두 개의 파인애플을 던지면 아들이 받아서 광주리에 담는다. 그리고 부자는 광주리를 실은 수레를 끌고 사람이 북적이는 시장으로 들어간다.

시장은 밭에서 따 온 싱싱한 채소와 강에서 갓 잡아 온 생선을 팔려는 사람과 사려는 사람이 흥정하느라 소란하다. 물고기가 펄떡이다 그릇 밖으로 빠져나오자 주인이 그릇에 주워 담는다. 생선을 손질하다 보면 또다시 도망치고, 더러는 지나가는 손님이 잡아서 넣어 준다. 생선가게 주인은 물고기의 비늘을 벗기고, 토막을 쳐 가지런히 진열한다. 채소가게 주인은 채소를 다듬어 좌판 위에 올려놓는다. 행여나 야채가 시들까 간혹 물을 뿌린다. 어떤 이는 쪼그리고 앉아 식사를 하다가 손님이 오자 냉큼 수저를 내려놓는다. 아이를 예뻐하는 모습은 어딜 가나 마찬가지인가 보다. 갓난아기를 안고 나온 아낙이 시장으로 들어서자 너도 나도 한마디씩 거든다. 아기의 엄마는 시장 상인의 덕담에 기분이 좋은지 아이의 얼굴을 보기 좋게 돌려 세운다.

늦은 점심을 먹고 까이랑 수상시장을 다시 찾았다. 한낮의 무더위에 상인들은 좁은 배에서 무엇을 하며 다음 날 새벽시장을 기다리는지 궁금했다. 수상시장은 새벽의 북적거림은 사라졌지만, 그렇다고 모든 상거래가 종료된 것은 아니었다. 가져온 물건을 다 판 사람은 돌아가려고 채비를 한다. 어디선가 물건을 싣고 들어온 배가 정박할 자리를 찾아 움직인다. 많지는 않지만 물건을 흥정하는 사람이 있는가 하면, 흥정이 이루어진 사람은 농산물을 옮겨 싣는다.

갑판에서 두 아이가 장난치며 논다. 두 사내아이는 쌍둥이 형제다. 선창의 국화꽃이 탐스럽다. 부부가 상행하는 길에 아이들이 따라 나선 것이 궁금했다. 이곳으로부터 100km 떨어진 낀장성에서 온 농민이다. 원래 부부만 장사를 다녔는데 초등학교 2학년인 아이들이 부모를 따라가겠다고 떼를 쓰는 바람에 어쩔 수 없이 데려왔다고 한다.

"불편한 것은 없나요?"

부인이 웃으면서 말한다.

"배에선 깊은 잠을 잘 수가 없어요. 비가 오거나 태풍이 불면 걱정이 되지요. 식사도 제때 할 수 없고요. 그래도 단골손님이 많아서 장사 걱정은 하지 않아요. 직접 소매를 하지 않고 소매상한테 팔면 가격차가 좀 있지만, 서로 믿을 수 있는 사람들과 정기적인 거래를 할 수 있어서 좋아요."

수줍음 많은 남편과 달리 부인은 성격이 활달하다. 이야기를 나누다가 지나가는 배를 흘깃 보더니 손을 흔들고 손님을 부른다. 큰 소리로 몇 번 더 외치자 배가 다가온다. 배가 뱃전에 채 닿기도 전에 얼른 파인애플을 두 개 들고 일어서더니 입담 좋게 너스레를 떤다. 아예 상인에게 손을 내밀어 자기 배로 끌어 올리곤 흥정한다. 한참 이야기를 주고받더니 거래가 성사됐다. 그제야 남편은 엉거주춤 일어선다. 배 아래로 내려가더니 파인애플을 위로 던져 올린다. 아내는 그것을 받아서 손님이 있는 배에 던진다.

"이 파인애플 다 익은 거예요?"

도매 상인이 그들의 작업을 중단시킨다.

"이거, 다 익은 건데. 푹 익은 파인애플을 싫어하는 줄 알았지요!"

남편이 도매상에게 말한다.

"아닌데. 아까 이야기한 것과 다르잖아! 좀 더 익은 걸로 골라 줘."

상인이 말을 하자 부인이 거래를 거든다.

"익은 것 많아요! 여보, 더 익은 걸로 골라 주세요."

다시 그들이 파인애플을 옮겨 싣는다.

쌍둥이 아이들은 배 뒤에 묶어 놓은 해먹에서 장난을 치느라 정신이 없다. 딱히 뛰어놀 만한 공간도, 장난감도 없다. 무료할 법도 한데, 아이들은 그래도 부모와 함께 있는 것이 좋은가 보다.

몇 차례 더 상인이 찾아왔다. 더러는 물건을 들여다보고 그냥 지나갔다. 그러다 거래가 성사되어 파인애플을 옮겨 실었다. 결혼하기 전부터 수상시장에 출입한 아주머니는 수완 좋은 장사꾼이었다. 오후 4시가 넘자 아주머니는 일을 접어놓고 배 뒤편에 앉아 강물에 빨래를 한다.

그들은 파인애플 농사를 1ha 짓는다. 1남 3녀의 장녀인 그녀는 부모님을 모시고 있다. 부모님도 큰 파인애플 농장을 운영한다. 남편은 스물일곱 살에 결혼을 했다. 이들 부부는 한때 호치민 시에서 봉급생활을 했었지만 급료가 적어 고향으로 돌아왔다. 은행에서 융자를 받아 8t짜리 배를 사고, 7천 개의 파인애플을 싣고서 까이랑 수상시장 중심으로 장사를 다닌다.

"아직 대출 원금을 갚지 못했어요. 그러나 전 현재 하는 일에 만족합니다. 사람마다 적성이 다르고 제가 좋아하고 즐거우면 그만이니까요."

삶에 여유가 조금 생긴 것일까. 남편은 매화 재배 기술을 최근에 배

왔다. 벚꽃(화따오)은 베트남의 북쪽 기후에 잘 맞고, 매화(화마이)는 베트남의 남쪽 기후에 잘 맞는 꽃이다. 북쪽 사람들은 화따오를, 남쪽 사람들은 화마이를 좋아한다. 이 꽃을 집 안에 두면 복을 받는다고 믿는다. 지금은 취미로 하고 있지만 기회가 되면 매화를 재배해서 장사할 계획이다.

10 삼모작하는 빼죽
마을의 소와 농부

빼죽 마을은 안장성 롱 수엔 시에서 차량으로 세 시간 정도 떨어진 시골마을이다. 빼죽 마을로 가는 차는 수로를 끼고 내내 달려야 한다. 수로에는 크고 작은 배들이 쉼 없이 오르내리고, 수로 건너에는 끝이 보이지 않는 논이다. 황금색으로 물든 벼가 바람에 일렁인다. 10여 명의 사람이 벼를 베고 있다. 벼를 베는 사람은 벼를 베고, 벼를 묶는 사람은 빠른 손놀림으로 벼를 묶는다. 좁은 농로를 따라 탈곡하는 장소까지 볏단을 나르는 사람은 또 볏단을 나른다. 그리고 탈곡기에서 탈곡한 벼를 포대에 담는다.

300m 이상 떨어진 탈곡 장소까지 좁은 농로를 따라 20여 명의 남녀가 쉼 없이 오간다. 머리에 풀잎으로 만든 고깔모자 논라Non la를 쓰고, 긴 막대기에 앞뒤로 볏단을 걸쳐 메고 달음박질치듯 줄지어 움직인다.

이곳에서는 벼를 삼모작한다. 모를 심고 3개월이 지나면 추수를 한다. 그리고 모내기 전 보름에서 한 달 사이에는 병충해를 없애고 논에 양분을 보충하기 위해 볏짚을 태운다. 논은 이미 추수를 마친 곳도 있고 아직 바람에 일렁이는 벼가 수확을 기다리고 있기도 하다. 도로 가에는 군데군데 탈곡한 벼를 햇살에 널어놓고 말린다. 푸른 하늘에는 뭉게구름이 흘러가고, 팜나무가 바람에 일렁인다.

아이들도 어른들의 일손을 거든다. 넓은 들판에 비닐을 깔고, 긴 나무 막대를 이용해 벼를 이리저리 뒤적이며 햇살과 바람에 말린다. 한쪽에선 말린 벼를 포대에 담느라 구슬땀을 흘린다. 강한 햇살을 막기

위해 논라를 쓰고 있는 사람이 대부분이지만, 캄보디아와 가까워서 그
런지 끄러어를 두른 여인도 더러 있다.

뽀 반 엠 씨가 앞마당으로 두 마리의 물소를 몰고 나온다. 큰 항아
리로 가더니 소에게 물을 먹인다. 고삐를 쥔 채 소가 물을 다 먹을 때
까지 가만히 기다린다. 아마도 일을 나갈 때면 습관적으로 그렇게 소
에게 물을 먹이는가 보다.

농민에게 소는 없어서는 안 될 파트너이다. 워낙 일이 고된지라 여
섯 마리의 소를 기르는 그는 일을 나갈 때마다 순번을 정해 두 마리씩
번갈아 가며 데리고 나간다. 엠 씨는 소로 농사를 지으면서 한편으로
는 다른 사람의 논을 갈거나 물건을 운반하며 품삯을 받는다. 그러나
소로 논을 가는 일은 힘이 들고, 운반 역시 항상 있는 일은 아니다.

한참을 기다리자 소가 걷는다. 소를 수레에 묶는데 딸이 뒷마당에
서 한 아름의 짚더미를 옮겨다 수레에 싣는다. 일을 하다가 소들에게
먹일 건초인가 보다.

"리 리!"

달구지에 올라탄 엠 씨가 가자고 하자 그제야 소들이 움직인다.

추수를 끝낸 들판은 여기저기 흙을 갈아엎은 채 그대로 둔 곳과 고
르게 흙을 편 논들이 섞여 있다. 강한 바람에 멀리서부터 뽀얀 흙먼지
가 날아온다. 소가 걸음을 멈춘 곳은 엠 씨의 논이다.

엠 씨의 논은 1ha인데 이곳저곳 흩어져 있다. 쟁기를 내리고 논을
갈 준비를 하는 동안 소들은 작은 웅덩이로 들어가더니 아예 물속에
들어앉아 머리만 내밀었다. 엠 씨도 논 갈 준비를 끝내고 논두렁에 앉
아 담배를 한 대 피운다. 엠 씨의 고향은 이곳이 아니다. 30년 전 아버

지가 이곳에 논을 사준 덕에 혼자서 이주를 했다. 자신의 땅이기에 밤낮없이 일했고, 결혼을 했다. 열심히 농사를 지어 집을 장만하고, 3남 1녀를 키웠다. 아버지가 마련해 준 논을 조금이라도 더 늘리지 못한 것이 아쉽다. 그래도 자식 공부시키고 지금까지 생계를 이어 올 수 있었던 것은 다 이 논과 가족처럼 아끼는 저 소들이 있어 가능했던 일이다. 소에 쟁기를 걸고 논 바깥에서부터 원을 그리듯 점점 안으로 들어가며 논을 간다.

일 년에 농사를 세 번 짓는데, 생산된 쌀의 품질이 다 같은 것은 아니다. 가장 좋은 쌀은 10월 말경 모내기를 해 1월 하순에 수확하는 쌀이다. 기후 조건 때문이다. 가장 안 좋은 쌀은 우기를 지나는 8월에 모내기를 해서 10월에 수확하는 것이다. 지금 하는 논갈이는, 우기에 모내기를 하는 벼농사이다. 그렇다고 게을리할 수는 없다. 한 시간 반 정도 논을 갈더니 엠 씨는 야자나무 그늘에 소를 풀어놓는다. 그리고 집에서 가져온 마른 풀과 주변에서 베어 온 싱싱한 옥수숫대를 소에게 먹이로 준다. 소들이 먹기 편하게 골고루 펴주고 더러는 입에 가져다준다. 소들이 건초와 옥수숫대를 어느 정도 먹자 비로소 그도 야자나무 그늘 밑으로 가서 앉는다.

때마침 점심을 가져온 딸이 아버지에게 식사를 권한다. 아버지가 수저를 들자 얼른 차를 따라 건넨다. 부녀간에 특별히 오가는 대화는 없다. 그러나 아버지를 빤히 쳐다보는 딸의 모습이 참 예쁘다. 딸은 심장이 좋지 않아 지난해 고등학교를 중퇴했다. 약물치료를 꾸준히 한 덕분에 지금은 많이 좋아졌다.

그녀는 아버지와 단둘이 살면서 집안 살림을 도맡아 하고 있다. 오빠

메콩 델타를 걸어가는 소와 농부

는 다른 지방에서 운전기사로 일하고, 언니와 엄마는 호치민 시에 있는 봉제 공장에서 돈을 번다. 빠죽에는 이들처럼 가족이 여러 곳으로 흩어져 사는 집이 많다. 젊은이는 대도시로 떠나고, 나이 많은 사람만 남아 있다. 여자는 봉제 공장의 여공으로, 남자는 생산 공장의 노동자로 마을을 떠났다. 아버지는 딸을 볼 때마다 가슴이 아프다. 몸이 아픈 것도 그렇고, 한창 뛰어놀 나이에 집안일에 묶여 있는 것도 그렇다. 무엇보다 옷 가게를 하고 싶어하는 딸을 도와 줄 집안 형편이 못 돼 가장 안타깝다.

오후가 되자 흙먼지가 거세게 인다. 멀리서 트랙터가 논을 갈고 있다. 엠 씨는 여윳돈이 생기면 가장 먼저 사고 싶은 것이 농기계다. 소로 논을 갈다 보면 사람이나 소나 힘들기는 마찬가지고 시간도 많이 걸려 농기계로 일하는 이웃을 볼 때마다 부럽다. 그러나 복합기능을 갖춘 농기계는 아직 그림의 떡일 뿐이다.

운하가 교차되는 메콩 델타

　벼 수매는 미곡의 질에 따라 4등급으로 구분하여 조합에서 일괄 수매한다. 정부 정책상 개인 거래는 할 수 없다. 매년 수매가격이 다르고 품질도 일정치 않아 수입이 들쭉날쭉한다. 지난번에는 미곡 1kg에 5천 동을 받으며 1t을 수매했다. 농기계는 못 사더라도 아버지가 사준 논에서 단 얼마라도 논을 늘려 놓고 싶다. 그러나 그마저도 쉽지는 않다. 1ha 사려면 5억 동 정도 하는데 매년 땅 값이 오르고 있다.

　논갈이를 끝낸 엠 씨가 논 옆에 있는 작은 웅덩이에 소를 몰고 들어간다. 아직 해는 한참이나 남았다. 여전히 메마른 들판 저 멀리에서 황토 흙을 잔뜩 머금은 바람이 분다. 소는 반복해서 머리를 물에 넣었다 뺐다 한다. 소도 어지간히 더웠던가 보다. 엠 씨는 소의 등과 얼굴에 물을 끼얹어 주면서 마치 어린아이 목욕시키듯 한 마리씩 어루만져 준다. 그렇게 그들은 고된 하루 일과를 마무리한다.

오랜 세월 이어져 온 삶의 방식을 이제 고수하라고 강요한다는 것은 어불성설입니다.
메콩 강은 언제나 묵묵히 흘러갈 뿐입니다. 그럼에도 강은 우기엔 숲과 산과 들에 생명
을 키우고, 건기에는 메마른 땅에 먼지를 풀풀 날리며 사람들의 바람을 키웁니다. 이
바람은 바위에 조각을 새기고, 수많은 언어로 이야기를 만들고, 음악을 만들고, 그리고
몸짓으로 춤을 만들었습니다.

2부

이야기와
기도가 소박한
메콩 강

3장

강에 새긴 사람들의 이야기

'강에 새긴 사람들의 이야기'의 인터뷰에
응해 주신 분들에게 감사드립니다.

운남성 이무 마을 보이차 재배 농민 차순호가 5대손, 차지순(64) / 라오스 루앙프라방 은세공 장인, 팃 펫 마니폰 (84) / 바이욘TV 프로듀서, 라짠타(42) / 캄보디아 전 왕실 무용수, 시몬타(80), 로꽁(78), 옛 사른(84), 무용의상 제작자, 은 자리야(35), 예술중학교 교사, 쓰어 타와라(38), 캄보디아 왕실 공주, 노로덤 보파데비(60) / 꿀렌 전통 민속 공연단 단장, 엠 세레이 소포안(36), 무용수 폰 쓰레이 노우(27) / 캄보디아 왕립예술대학교 교수, 시온 소티아리스(46) / 앙코르 유적지 복원 기술 책임자, 노리히코 스미모토(42), 석조문화재 보수 장인, 쿤 컴 시아(48), 기술학교 학생, 꺼암 마으(29) / 캄보디아 파나산사트라 대학 교수, 삼 앙 삼(52) / 그림자극 공연단장, 짠 문니(29) / 베트남 학보이 호치민시립공연단 총감독 겸 연기자, 쮠 후화(47), 부단장 판옥 은아(49), 연기자 쑤언 꽝(51), 수습 연기자 응웬 탄 빈(18) / 베트남 호치민시립음악원 원장, 반 티 머 흐엉(52) / 베트남 호치민시립대학교 교수, 응웬 반 디엡(56) / 베트남 메콩 델타 농민, 짜오 쯔언(32) / 호치민 수상인형극 기술감독, 윈 응 웬 똔(41), 전 하노이 퍼핏 공연단원, 레 빤 응오(67)와 도티 무이(53), 호치민 수상인형극 연기자, 팜 휘 쯧(23).

01 보이차의 명가
서공천조(瑞貢天朝) 차순호(車順號)

란창 강은 중국의 남서부 운남성에서부터 라오스·미얀마·태국의 국경, 트라이앵글 지역으로 흘러든다. 그리고 여기서부터는 메콩 강이라 불린다. 란창 강이 중국에서 마지막으로 거치는 도시가 징훙시이다. 이 도시 주변에 6대 차산으로 불리는 이무정차산, 의방차산, 혁등차산, 만촨차산, 유락차산이 있다. 차산은 사시사철이 더운 아열대 우림지역에 속해 있다. 비가 자주 내려 나무와 식물의 생육이 빠르다. 해발 1,100~1,300m 정도에 있는 이 차산은 차를 재배하기에 적합한 기후와 토양을 지니고 있다.

이무정차산으로 들어가는 일주문에는, 중국의 황제에게 공납한 차의 자긍심을 살리려는 듯 '이무 중국공차제일진(易武 中國貢茶第一鎭)'이라는 현판을 걸어 놓았다. 마을은 인기척이 없다. 주민들은 차밭에 나가서 뜨거운 햇볕을 받으며 찻잎을 따고 있다. 차나무는 사람이 작업하기 편안한 높이로 키워 놓았다. 새순이 올라온 연한 찻잎을, 세 잎 아래 밑줄기를 손톱만큼 길이로 꺾는다. 1창 3기, 하나의 줄기에 세 잎인 이 찻잎으로 차를 만든다.

하루에 한 사람이 20~25kg 정도의 찻잎을 딴다. 3월 말이나 4월 초에는 아침부터 저녁까지 찻잎을 따는데, 미처 따지 못한 새싹은 피어 버려 상품으로서의 가치가 없다. 그래서 웃자라기 전에 서둘러 찻잎을 따야 한다. 광주리 가득 찻잎이 차면 잎이 마르지 않게 그늘에 모아 놓고 다시 차밭에서 찻잎을 딴다. 일손이 부족하면 일손을 구해서 딴다.

차지순 할아버지가 사는 집은 200년 전에 지은 고택이다. 청나라 광서 황제 때, 고조할아버지인 차순래 할아버지가 과거에 급제하여 북경으로 가면서 자신의 집에서 만든 차를 황실에 바쳤다. 우연히 차의 맛을 본 황제가 그 맛에 반해 출처를 묻곤 그를 고향으로 돌려보내 좋은 차를 계속 만들어 공납하는 공진사라는 벼슬을 내렸다. 이후 차를 거래하는 마방들이 이곳 6대 차산으로 몰려들어 성시를 이루었다.

거래가 늘어나고 거래되는 차에 세금을 부과하기 위해 보이 지역에 관청이 세워졌다. 지금의 보이차는 과거 보이현에서 세금을 걷기 위해 보이 지역에서 생산되는 차에 ‘보이’라는 통관 도장을 찍어 주면서 붙은 이름이다. 그 후 공을 인정받은 할아버지는 황제에게 ‘서공천조(瑞貢天朝)’라는 현판을 하사받았다.

차지순 할아버지는 ‘차순호’라는 가문의 이름으로 차를 재배하고 만들어 온 차 명가의 후손이다. 아직 6대 차산에는 송빙호, 동경호, 원창호 등 ‘호’로 불리는 가문이 남아 있다. 이들은 모두 황실에 차를 공납하던 가문이다. 보이차는 안위성에서 생산되는 기문통차와 복건성에서 생산되는 철관음, 절강성에서 생산되는 용정차 등과 더불어 중국을 대표하는 10대 명차에 속한다.

북회귀선이 지나는 이무 지역은 45° 내외의 직사광선이 쏟아진다. 찻잎을 말리기에는 더없이 좋은 햇볕이다. 큰 바구니에 담아 지붕에서 햇살을 받으며 말리는 찻잎은 하루에도 몇 차례씩 햇살을 따라 자리를

바꾸어 가면서 말린다. 대나무 채반에 고르게 편 찻잎을 자리를 바꿀 때마다 일일이 손으로 뒤섞는다. 강한 햇볕에 이틀 정도 찻잎을 말리면 일부 남아 있는 큐티클 층도 산화되어 차를 우려낼 때 떫은맛이 사라진다.

밭에서 딴 찻잎 8t을 불기운으로 볶고, 햇살에 말리고, 좋지 않은 잎을 골라서 버리면 생차는 2t으로 줄어든다. 이것을 다시 김에 쏘이고 성형을 해서 포장을 하면 완제품이 된다. 357g을 한 편이라고 부르는데, 생차 2t이면 대략 5천 편 정도의 차를 만들 수 있다.

차밭은 16무(약 11만m²)를 재배한다. 3월부터 10월 말까지 하루도 거르지 않고 햇살 아래서 찻잎을 따고 차를 볶아서 성형을 하고 편으로 만든다.

차지순 할아버지는 슬하에 1남 2녀를 두었다. 모두 출가시키고 지금은 내외가 차 농사를 지으며 산다. 그러나 가까이 사는 회계사 아들이 차 생산을 도와준다. 시골 마을의 회계사라는 것이 그리 바쁘지 않은 탓인지, 본업보다는 차 만드는 일을 돕는 날이 더 많다. 나이 든 아버지에게 맡겨 놓기가 미안한지 아들은 틈만 나면 집에 들러 일손을 거든다. 아들은 아버지의 일을 이어받을 작정이다. 그래서 아버지가 할아버지에게 어깨 너머로 차 만드는 과정을 배웠듯 아들 또한 아버지가 하는 일을 묵묵히 도우며 배운다.

땅거미가 내려앉자 식구들이 둘러앉아 저녁 식사를 한다. 할아버지와 아들 내외와 손자, 징홍에 사는 딸 내외와 외손자가 모였다. 봄 차를 딸 때면 이처럼 자손들이 차 수확을 거든다. 그럴 때면 한산했던 집 안에 식구들이 북적인다.

저녁을 마치자 갑자기 굵은 비가 내린다. 지붕의 기왓장을 타고 빗줄기가 마당으로 폭포처럼 떨어진다. 아들은 장작을 날라다 가마솥 아궁이에 불을 지핀다. 식탁 한편에는 차 시들리기를 하느라 찻잎이 수북하게 널려 있다. 찻잎은 햇볕이 바로 들지 않는 그늘에서 서너 시간 두어 수분이 어느 정도 빠져나가도록 해야 한다. 그래야 찻잎을 볶을 때 잘 볶아진다.

가마솥에 열이 오르자 할아버지가 차를 볶는다. 맨손으로 찻잎이 고루 볶아지도록 찻잎을 들어 올려 털듯이 내린다. 덖기를 하자 찻잎에서 나온 수증기와 가마솥에서 올라오는 열기로 할아버지의 얼굴이 금세 땀으로 얼룩진다. 팔뚝에는 굵은 심줄이 불거진다. 수시로 장작불을 살피면서 가마솥의 온도를 유지한다. 이처럼 차를 볶는 과정에서 찻잎의 겉을 둘러싸고 있는 큐티클 층을 깨끗하게 잘 녹여 내야 나중에 물을 부었을 때 찻잎이 갖고 있는 본연의 맛이 잘 우러난다.

덖기를 할 때는 차의 종류에 따라 방법을 달리한다. 봄에 딴 차와 여름이나 가을에 딴 찻잎의 두께와 수분 함량이 다르기 때문에 큐티클 층이 떨어져 나가는 정도를 손끝으로 일일이 느끼며 해야 한다. 잠시 쉬어 갈 법도 한데 한 번 시작된 작업은 쉴 수가 없다. 한눈팔거나 쉬면 찻잎이 바닥에 눌러 붙는다. 솥 안의 찻잎을 흩뿌리면서 하는 작업은 밤늦은 시간까지 계속되었다. 큐티클 층이 어느 정도 떨어져 나간 다음 대나무 판 위에다 찻잎을 쏟아 붓고 다시 비벼 준다. 줄기가 많은 소엽종 찻잎은 공처럼 굴려 가면서 비비고, 줄기가 없는 대엽종 차는 빨래판에 밀듯이 비빈다. 더러는 들어 올리면서 비벼 털기도 한다. 이렇게 유념 과정을 거치면 찻잎 표면에 붙어 있던 큐티클 층이 녹아서 떨어져 나가고, 비비는 과정에서 세포벽이 붕괴된다. 이렇게 수십 번 털고 비빈 찻잎을 햇볕에 말린다.

차순호 가문에서 한때 차 농사를 짓지 못했었다. 중일전쟁이 일어나자 차를 운송하는 마부가 사라지고, 차밭은 버려졌었다. 그 후 문화혁명 기간에는 이 지역의 차밭 경작이 완전히 금지되었다. 차를 재배하던 사람들은 산지를 개간해 옥수수 생산 증대에 동원되었다. 차지순 할아버지도 12km 떨어진 옥수수 밭을 할당받아 저녁 늦게까지 밭을 일구며 일을 해야 했다. 워낙 고산이고 비탈이 심한 데다 차 생산만 해 왔던 할아버지에게는 적응하기가 매우 힘들었다. 그 후 세월이 흐르고, 정부에서 차밭을 재분배해 주었다. 가문의 명성을 지키며 차 만드는 일을 다시 할 수 있게 되었다.

비는 그칠 기미가 보이지 않는다. 비 오는 날에는 어차피 찻잎을 딸 수 없다. 볕에 잘 말린 찻잎을 큰 대바구니에 쏟아 놓고, 온 가족이 앉아 잎이 상하지 않은 좋은 찻잎을 골라낸다. 잎의 상태에 따라 차 등급이 정해진다. 연한 찻잎을 솥에다 볶는 과정에서 열기에 달궈져 황색으로 변한 잎과 불순물들을 가려낸다. 차를 우릴 때 찻잎의 형태를 다시 예쁘게 살려 내려면 세심하게 골라내야 한다.

할아버지는 이틀 동안 햇볕에 말린 차를 저울에 단다. 오랜 세월 한 일이라 그런지 손으로 대충 집어서 저울에 올리는 것 같은데도 357g의 찻잎이 정확하게 놓인다. 할아버지의 아버지는 차 만드는 법을 직접 일러 주신 적이 없었다. 어릴 때 아버지의 뒤를 따라 차밭을 오갔고, 솥에다 차를 볶으면 그저 곁에서 지켜보았을 뿐이다. 찻잎을 잘못 골라 혼이 난 기억도 생생하다. 차밭 재배가 다시 허용된 후, 어린 눈에 비쳤던 아버지의 행동을 떠올리면서 그렇게 지금껏 차 만드는 일을 해오고 있다. 아버지와 함께 심었던 차나무도 어느덧 30년이 되었다. 이 일을 대를 이어 하고 있지만, 늘 새롭다. 할아버지는 자신의 차밭에서 생산한 찻잎뿐 아니라 가끔 다른 지역에서 생산된 좋은 찻잎을 사들여 차를 만들기도 한다. 할아버지가 둥근 함석 통에 담긴 마른 찻잎에 수증기를 쏘이자, 땅의 기운과 햇볕을 머금고 하늘의 기운을 듬뿍 받은 보이차의 부피가 금세 줄어든다. 아들은 아버지가 귀납한 찻잎을 둥근 돌로 누르고 올라서서 병차한다. 돌 위에서 춤추듯 골고루 밟는다. 차의 잎과 줄기가 서로 으깨지면서 진액이 흘러나와 찻잎이 응고된다. 그리고 자신의 가문에서 오랫동안 사용한 도장을 종이에 찍어 병차된 차 사이에 넣는다.

차량이 없던 시절, 이 차를 말에 실어 북경이나 티베트까지 보내려면 부피를 최소한으로 줄여야 했다. 강을 건너고 비를 맞아도 애써 만든 찻잎에 곰팡이가 피지 않도록 해야 했다. 그래서 이무에서 생산된 차는 수분을 빼고, 이동하는 과정에서 부서지지 않도록 밟아서 아주 단단하게 만들었다. 아무리 멀리 이동하고 험한 지형을 통과하더라도 이상이 없도록 병차형태를 아직껏 유지하고 있다. 이렇게 만들어진 병차는 나무 선반에 올려놓고 이틀 동안 건조시킨다.

그리고 차순호 가문의 정성과 혼을 담아 포장한다. 가문의 상호가 찍힌 상표는 할아버지가 직접 넣는다. 아들은 차를 싸는 넓은 대나무 잎을 준비하고, 아버지는 병차의 크기에 맞추어 대나무 잎을 가위로 자르고 깨끗한 수건으로 닦는다. 이 대나무 잎은 외부에서 들어가는 습기를 막고, 차에 곰팡이가 생기지 않도록 한다. 그리고 외부에서 가해지는 충격으로부터 차를 보호한다. 마방이 몇 달씩 이동하는 과정에서 대나무 잎 덕택에 차는 계속 발효를 하고, 부서지지 않은 채 고객에게 그 맛과 향을 고스란히 전달할 수 있다.

보이차는 기본적으로 후 발효차다. 모든 공정을 거쳐 일차 완성된 것으로도 그 맛이 훌륭하지만, 이동 기간 동안 여러 기후대를 거치면서 여전히 발효를 멈추지 않는다. 몇 개월 후, 그 차를 음용할 즈음에는 보이차 특유의 향을 제대로 음미할 수 있게 되는 것이다. 그래서 보이차는 오래된 것일수록 사람들에게 인기가 좋다.

대나무 잎으로 병차를 싸는 손이 야무지다. 지금이야 운송 수단이 좋아 옛날처럼 동여맬 필요가 없지만, 집안에서 오랫동안 해온 방식 그대로 묶는다. 보이차 한 편의 무게는 약 357g인데 일곱 편을 한 통으로 묶는다. 이렇게 싼 여러 개의 통을 대나무로 만든 광주리 하나에 담아 묶는데, 그것을 '지'라고 한다. 보이차 1지는 12통으로 84편이며, 30kg이다. 이것을 마방은 당나귀나 노새의 잔등 양쪽에 1지씩 싣고, 좁고 험한 길을 다녔다.

차지순 할아버지처럼 전통 방식 그대로 보이차를 만드는 곳은 이제 몇 집 남아 있지 않다. 대부분 맥이 끊겼다. 설령 기술을 안다 할지라도 만드는 과정에서 시간과 힘이 많이 들기 때문에 생잎을 따서 공장에 바로 넘기거나 말린 찻잎인 산 차 상태로 넘긴다. 이무차산을 비롯해 징홍 시나 보이 시 전역에는 수많은 보이차 가공 공장이 성업 중이다. 사람의 손이 일부 들어가기는 하지만 자동화된 설비로 균일한 맛을 내는 차를 대량으로 생산한다. 이러한 차는 한 잎, 한 잎 골라 가며 손으로 비비고 눌러 만드는 사람의 정성과 혼이 없다. 찻잎을 거둔 시기나 만든 날의 기후에 따라 발생하는 미묘한 맛의 차이를 음미할 수 없다.

마을을 둘러싼 차밭에 서린 구름이 빠르게 산 위로 올라간다. 며칠 간 내리던 비도 이제 그치려는 모양이다. 찻잎을 따야 하는데 어서 날이 개었으면 좋겠다. 며칠 따지 못한 찻잎이 안쓰럽다.

좋은 차를 황실에 바치고 하사받은 서공천조, 차순호 가문.

차는 할아버지에게 있어 자신의 존재를 드러내는 표식이자 자부심이었다. 아들이 자신의 뒤를 이어 차를 계속 만들기를 바란다. 그러나 자신이 스스로 선택하여 그 맥을 이어 왔듯, 강요해서 잇게 하고픈 생각은 없다. 뜨거운 가마솥에서 찻잎을 일일이 손으로 뒤지고 비벼 내야 하는 일이다. 정성으로 만든 이 차를 누군가가 지금의 자신처럼 생각에 잠겨 혼자 마시든, 사람들과 정담을 나누며 따뜻한 이야기를 풀어내든, 이 차 한 잔으로 평온한 세상을 가졌으면 한다.

02 가업으로 잇는
란상 왕국의 은공예

세계문화유산으로 지정된 루앙프라방은 작은 도시다.

라오스의 다수 종족인 라오족은, 중국의 남쪽 지방에 살던 타이족의 일파가 8세기경부터 강을 끼고 지금의 라오스 영토로 남하해서 라오스에 정착한 이들이다. 14세기 초까지만 해도 그들은 통일된 왕조 없이 루앙프라방, 비엔티엔, 시앙쾅 등 여러 개의 도시국가 형태로 존재하며 앙코르 왕국이나 태국 드바라바티 왕국으로부터 정치, 문화적 영향을 받으며 지냈다. 메콩 강 중류와 상류 일부를 차지하고 있던 당시의 작은 도시국가들은 끊임없이 주변 왕국의 간섭을 받았다. 루앙프라방과 비엔티엔은 태국 수코타이 왕국의 속국으로 편입되기도 했으며, 샴Siam 제국의 지배를 받기도 했다.

1316년 라오스의 동북 내륙지방인 루앙프라방에서 태어난 파 응움Fa Ngum이 주변 도시국가들을 통합하고, 1353년 '100만 마리의 코끼리'라는 뜻의 란상Lan Xang 왕국을 세웠다. 수도를 비엔티엔으로 옮긴 1563년까지 루앙프라방은 라오스의 정치, 경제, 문화 중심지였다.

루앙프라방 한가운데 자리 잡은 라오스 국립박물관은 1975년까지 시사봉 왕이 살았던 왕궁으로, 프랑스 식민지 시대인 1904년에 지어졌다. 지금은 왕실 소장품을 전시하고 있다. 왕실에서는 금과 은제품을 많이 사용하였고, 그 때문에 루앙프라방엔 세공업이 흥했었다.

툿 펫 마니폰 할아버지는 은공예 장인이다. 할아버지의 가족은 대대로 은 세공 작업을 하면서 가업을 이어 오고 있다. 선대에서 물려받은 기술을 지금은 아들과 손자들에게 전수하며 은공예품을 만들고 있다. 이제 힘이 부쳐 은을 다듬질하는 일은 못 하지만, 얇게 두드린 은반에 밑그림 그리는 일은 직접 한다. 아들과 손자들이 함께 일하고 있음에도 최종 마무리 점검과 부족한 부분의 손질은 아직도 할아버지의 몫이다.

은공예는 세공품의 크기에 따라 필요한 만큼의 은덩어리를 화로에 달구어 녹인 후, 적당한 은반을 만드는 일부터 시작한다. 세공품을 완성하는 데는 크기에 따라 다르지만 보통 3주 정도 걸린다.

작업장은 은반 두드리는 망치 소리와 세밀한 부분의 문양을 만드는 작은 나무망치 소리만 들릴 뿐, 이동하는 사람이 없다. 원하는 크기와 두께의 원판을 얻기 위해 은반을 숯불에 달구고, 망치로 은반을 두드리길 수십 번 반복한다. 오랜 경험에 의지해서 은반의 두께에 따라 불의 세기를 조절한다. 원판의 두께가 너무 두껍거나 균일하지 않으면 섬세한 문양이 잘 새겨지지 않으므로 이 작업을 수없이 반복한다. 혹시라도 작업 과정에서 불순물이 섞일까 봐 깨끗한 천으로 수시로 은반을 닦는다.

과거 루앙프라방에는 금광과 은광이 많았다. 그러나 지금은 모두 폐광되었다. 지금은 태국에서 수입한 은으로 제품을 만들어 국내에서 소비하거나, 태국으로 다시 수출한다. 얼마 전까지는 왕궁을 중심으로 열다섯 집 정도가 은 세공품을 만들었으나 지금은 여섯 집만 그 명맥을 유지하고 있다. 그나마 수공예로 만든 은제품이 팔리는 것은 불심

깊은 사람들이 사찰에 공양을 하거나 딱 밧용으로 은그릇을 사용하기 때문이다.

틧 펫 마니폰 할아버지는 오래도록 그 가치를 잃지 않고 오랜 세월 전해질 수 있는 은공예품이 언젠가 영영 사라질 수도 있다는 생각에 조바심을 낸다. 그래서인지 자손들의 작업을 신경 써서 살핀다. 잘한 부분은 칭찬하고, 부족한 부분은 자상하게 지적하며 할아버지의 생각을 덧붙인다. 셋째 손주인 키가 그릇 안의 고무나무 수액으로 만든 틀을 숯불로 달구어 빼내고, 안에 남은 고무를 닦아 낸다. 그다음 사포로 여러 번 면을 다듬고 고른다. 키는 주로 큰 은제품을 세공한다. 부처님 전신상은 화려한 문양이 어우러지는데, 섬세한 선이 끊어지지 않으면서 자연스럽게 연결되는 것이 중요하다. 뿐만 아니라 볼이나 입가에 옅은 미소를 살리기 위해서 작은 정을 번갈아 두드리면서 아주 조금씩 윤곽을 만들어야 한다.

　은공예품은 세밀한 문양을 넣을 때가 가장 어렵다. 그래서 세밀한 부분의 문양이 많이 들어가는 작업은 주로 큰아들과 셋째 손주가 맡는다.

　대를 이어 하나의 광물질에서 아름다운 예술을 꽃피워 온 팃 펫 마니폰 할아버지. 수작업으로 만들어 온 그의 작품들이 현대화된 기계로 대량 생산된 은제품들에 밀려 점차 판로에 어려움을 겪고 있다. 돈이 되지 않는다는 이유로 전통 기술을 배우고 지켜 나가려는 후손들이 줄어들고 있다. 은공예품을 만들던 가게가 하나둘 사라질 때마다 그는 늘 마음이 착잡하다. 그럼에도 그는 가치 있는 자신의 일을 위해 오늘도 꿋꿋하게 자리를 지키고 있다.

03 신과 왕에게 바치는
요정들의 춤, 압살라

무희들이 음악에 맞춰 춤을 춘다. 리듬에 맞춰 춤을 추는 무희들의
동작이 무척 아름답다. 두앙 짬빠 노랫말이 애잔하다. 여러 곳으로부
터 라오스로 들어와 정착해 사는 다양한 부족의 이주 역사를 담고 있
다. 조상 대대로 머물렀던 고향을 떠나 낯선 곳으로 터전을 옮긴 그들
의 마음을 노랫말에 실어 부르며 향수를 달랬으리라.

아름답고 향기로운 짬빠꽃이여,

너의 아름다운 자태와 향기가 내 마음에 전해지는구나.

힘들고 외로울 때마다

내 마음을 달래 주던 짬빠꽃, 너무나 소중한 벗이여!

네 향기를 맡으면, 멀리 떠난

옛 친구가 생각나는구나.

라오스에 사는 사람들은 메콩 강변을 따라 여러 부족이 오르내리고
다시 숲으로 흩어지면서 각자의 생활 방식을 유지하며 산다. 특히 산
악지대에 흩어져 사는 부족은 외부와 교류하지 않고 자급자족하며 아
직도 독특한 문화 형태와 생활양식을 유지하고 있다.

라오스에는 68개의 종족이 살고 있다. 산에 정착한 위치에 따라 아
래쪽에 사는 사람들을 가리켜 '라오 룸'이라 하고, 중간 산지에 거주하

는 사람들을 '라오 텅'이라 부른다. 그리고 고산지대에 사는 사람들은 '라오숭'이라고 한다. 라오 룸은 베트남에서 온 따이담족, 라오부완족, 라오뉴완족 등 여러 소수부족이고, 라오 텅은 캄보디아에서 넘어온 크무족, 무쎄족, 라웨족, 넥족으로 구성되어 있다. 그리고 라오숭은 중국에서 넘어온 몽족을 비롯해 미얀마에서 온 아카족, 야오족, 미엔족이다.

이들 부족이 일상에서 불렀던 춤과 노래는 이제 신년 행사나 공연에서나 볼 수 있다. 그럼에도 이 춤과 노래를 즐기는 젊은이들이 있어 그 맥은 이어지고 있다. 라오스의 한 공연장에서 우연히 접한 압살라는 뜻밖이었다.

캄보디아의 압살라 춤이 라오스로 들어온 것은 여러 부족국가를 통일한 파 응움 왕이 이웃 국가인 크메르 왕국의 공주를 왕비로 맞이하면서였다. 크메르 왕은 공주의 타국 생활을 안타깝게 압살라 무희를 보내 주었다. 악마의 군대가 등장해서 시타 왕비를 잡아가려는 모습과 독수리가 나타나 그것을 막고 라마 왕자에게 알려 하누만 장군이 이끄는 원숭이 부대와 함께 악마를 물리치는 전투 장면의 동작들이 일치한다. 다만 다른 것이 있다면, 라오스의 압살라는 왕이 무희들의 노출을 꺼려 가슴 부분을 가리고 등에는 긴 천을 내려뜨리도록 했다는 것이다.

문화는 때로는 잊히고 또 더러는 각색되어 사람들에게 전해진다. 특히 관광객을 대상으로 하는 공연의 경우 원형을 되살리기보다는, 그곳을 찾는 사람들의 구미에 맞게 시각적인 효과를 강조하면서 변형된다.

압살라가 왕을 위한 춤이었다면, 실제로 왕 앞에서 공연을 했던 당

캄보디아의 유적에 남아 있는 압살라 암각화

시 사람들의 이야기가 궁금했다. 과연 그들이 남아 있기는 한 걸까? 캄보디아 민영방송사 가운데 하나인 바이욘 TV 라짠타 프로듀서에게 수소문해 줄 것을 부탁했다. 그는 EBS 다큐멘터리 〈생명의 땅, 캄보디아〉를 제작할 무렵, 현지 프로듀서로 함께 일한 적이 있는 친구였다. 연락을 한 지 보름 만에 왕궁 무희를 찾았다는 연락이 왔다. 당시 제작진은 방비엥 근처에서 라오스의 전통음악인을 취재하고 있던 중이었다. 연락을 받고 곧장 캄보디아 프놈펜으로 날아갔다.

밖은 40도를 웃도는 더운 날씨였다. 실내라고 해도 덥기는 마찬가지였다. 백발의 할머니 한 분이 선풍기 하나에 의지한 채 옷에 금색 실을 수놓고 있었다.

시몬타 할머니는 아홉 살에 압살라 춤을 익혔다. 왕궁의 무희가 되어 춤을 추었던 그녀는 1975년 폴 포트 정권이 들어서면서 궁을 나왔다. 그리고 1979년 폴 포트 정권이 무너질 때까지 자신의 신분을 숨기고 시골을 전전하면서 숨어 지냈다. 그 기간에 함께 생활하던 백 명의 무희는 뿔뿔이 흩어졌고, 열네 명만 살아남았다. 그녀는 춤을 추며 보냈던 행복한 시절을 한순간에 잃어버렸다. 당시 내무부 공무원이었던 남편은 처형당했고, 여섯 명의 자식이 굶어 죽는 것을 지켜보아야 했다. 단 4년 사이에 800만 명의 인구 중 200만 명의 국민이 죽임을 당했다.

그녀는 모든 것을 버리고 자신이 누구인지 숨기고 다녀야 했다. 거리에서 당하는 검문에서는 채소 파는 일을 한다고 했다. 한밤중에 들이닥쳐 묻는 질문에도 똑같은 대답을 해야만 했다. 대답이 틀리면 그것으로 모든 것이 끝이었던 시절이었다. 이러한 일은 그녀뿐 아니라 캄보디아의 지식인과 예술인이라면 누구나 겪어야 했던 고통과 참혹이었다.

살아온 삶의 모든 것을 부정당했고, 함께했던 사람들은 사라졌다. 그녀에게 아무런 흔적도 남아 있지 않았다. 그러다 우연히 찾게 된 사진은 행운이었다. 캄보디아에 근무하던 프랑스 군인이 퇴역하면서 찍은 사진을, 군인의 아들이 문화재청을 찾아와 사진의 주인공을 수소문한 덕에 갖게 된 사진이었다. 골격이 조금 큰 덕택에 라마 왕자 역을 도맡아 하던 시절 촬영된 사진 속의 화려한 의상과 생기는 그녀에게 자신이 해야 할 일을 자꾸 되새김하게 한다.

그녀는 문화부 산하 공연예술원에서 일을 한다. 춤을 가르치다가 현재는 무희가 입는 의상 제작을 전수하고 있다.

"건강은 어떠세요?"

“많이 아파요. 몸이 좋을 때는 오늘처럼 가르치러 오고, 몸이 좋지 않을 때는 못 옵니다.”

“어디가 제일 아프세요?”

“손이 아파서 물건 잡기가 힘들어요. 바늘과 실을 들 수 없을 때도 있어요.”

최근 들어 눈이 침침해지고 손마디가 쑤시는 통증으로 바늘 잡기가 힘들다. 지금이야 춤추는 사람 따로 있고 의상을 준비하는 사람이 따로 있지만 옛날 왕궁에서는 무희가 옷을 만들고 수선하는 일까지 모두 배웠었다.

할머니의 제자를 만났다.

“힘든 점이요? 다 힘들지요. 모든 모양은 처음부터 잘 배워야 해요. 바느질뿐만 아니라, 그림 그리는 것을 잘 배워야 해요. 그림을 잘 배우고 난 다음에야 꽃을 만들 수 있습니다. 조심해야 할 점은 바늘 잡는 거요. 그리고 열심히 하는 것, 조용히 정신을 집중하는 것, 정신이 흐트러지지 않도록 자세를 바로 하는 것입니다.”

“할머니는 어떤 분이세요?”

“우리는 다 그분 제자들입니다. 그러나 선생님에게 많이 못 배웠어요. 왜냐하면 너무 늦게 할머니를 만났거든요. 의상을 만들면서 열심히 배우고 있습니다.”

“무섭지는 않으세요?”

“선생님은 예술 지식이 많은 분입니다. 우리는 제자로서 아직 충분히 그 지식을 배우지 못했지요. 선생님은 나이가 들었고, 선생님처럼 지식이 많은 분도 이제는 별로 없습니다.”

할머니는 제자들의 수놓는 것이 마음에 들지 않는가 보다. 계속해서 지적을 하지만 누구 하나 싫은 기색이 없다. 그만큼 할머니에 대한 존경심이 크기 때문이다.

"이건 이거보다 작다. 맞춰서 바꿔야 한다."

"여기는 비워 놓는 것이 좋겠다. 앞부분이 넓으면 바느질하기가 더 편해. 좀 위로 당겨."

선생님은 수놓는 작업에서 꽃 모양 만들 때 가장 신경써서 정신을 집중해야 한다고 강조한다.

"길이를 잘 보고 꽃 사이즈에 맞게 실을 잘라야지. 잘못하니까 꽃 모양이 예쁘게 안 나오잖니. 옷 만드는 것은 매사를 조심해야 해."

꽃 모양도 예뻐야 하지만 전체 조화가 중요하기 때문에 한 땀 한 땀 정성을 다하도록 주문한다. 손마디가 아파서 제자들에게 말로 이런저런 이야기를 해주는 자신이 간혹 서글프게 느껴지기도 하지만, 그래도 배우려고 찾아오는 제자들과 그들이 열심히 배우는 모습을 볼 때 가슴이 뿌듯하다.

"옷을 다 만들면 춤을 추고 싶은 마음이 들지 않으세요?"

"아니, 난 춤추고 싶지 않아요. 내가 원하는 것은, 예쁜 옷을 입히고 춤추는 모습을 보는 거예요."

할머니는 예술원의 부탁을 거절하지 못하고 제자를 가르치고 있다. 오늘은 마침 친구들이 찾아왔다. 왕궁에서 함께 공부하고 공연을 했던 오래된 벗들이다.

그녀가 처음으로 왕이 보는 무대에 선 것은 열여덟 살 때였다. 라마야나 극의 라마 왕자 역할을 하면서 가졌던 설렘과 조바심쳤던 기억이 아직도 생생하다. 그 무렵에는 공부할 교본이 없었다. 오로지 선생님의 지도로 동작을 하나하나 몸에 익혀야 했다. 일주일에 다섯 동작을 외워야 했다.

압살라는 손목이나 발목 등 신체의 마디마디를 꺾으면서 춤을 춰야 한다. 다른 춤과 달리 동작이 느린 데다 중심을 잡고 오랜 시간 견디면서 메시지를 표현해야 한다. 그러다 보니 압살라 무희는 나이가 들면 신경통을 비롯한 여러 질환으로 고생한다. 올해 78세인 로꽁 할머니는 얼마 전까지도 이곳 예술원에서 단원들을 가르쳤다. 그러나 어지럼증과 신경통이 심해 지금은 집에서 쉬고 있다. 올해 84세의 옛 사른 할아버지는 당시에 라마야나 이야기에 나오는 원숭이 장군 역할을 너무나 멋지게 소화해서 왕비로부터 몇 번이나 초대를 받는 영광을 누렸다. 나이가 나이인 만큼 서로의 건강을 걱정하면서도 젊은 시절의 이야기가 나오면 어느새 아픔을 잊어버린다.

예술원 단원은 이곳에서 매일 연습한다. 이들은 국가의 중요 행사에서 공연하거나 해외 공연을 나간다. 노 선생님들은 단원이 연습하는 모습이 잘 보이는 의자에 자리를 잡는다. 음악에 따라 손발을 들썩인다. 그냥 보아 넘겨도 되련만 참지 못하고 참견을 한다.

"알린, 알린! 팔을 너무 펴지 말고. 너무 편 것 같아!"

"가까이 가야 해. 다리가 왜 안 맞지? 다리가 안 맞네. 선생들이 우리보다 더 잘하는 것 같은데."

"그래, 우리보다 더 잘하네."

"아직 힘이 있으니까 그런가 봐."

가르치는 선생이 있음에도 불구하고 이런저런 조언을 하던 세 분이

결국에는 직접 연습생의 자세를 바로잡아 준다. 요즘 무희들은 기술적으로는 문제가 없어 보이지만 표정의 깊이나 미세한 동작의 움직임에 있어서는 참맛이 부족하다. 왕궁 무희로서의 자부심이 단원들에게 보이지 않아 서운하다. 연습이 끝나면 부족한 부분을 일일이 가르쳐 준다. 간혹 단원들이 찾아와 궁금한 것을 묻는다. 그럴 때면 영락없는 자상한 할머니와 귀여운 손녀의 모습이다.

옛 사른 할아버지 고향은 칸달이다. 할아버지는 어렸을 때 부모님을 따라 절에 갔다가 절에서 공연하는 원숭이 춤을 보고 반했다고 한다.

"일곱 살 때 절에서 춤을 배웠어요. 축제 기간에 할아버지를 졸라 배우기 시작했지요. 그렇게 춤을 추다가 4년 후, 1941년쯤이었을 겁니다. 땅또에 있는 큰 절에서 공연을 하는데 왕비께서 내 연기가 맘에 들었는가 봐요. 그해 왕궁에서 무희 네 명을 뽑기로 되어 있었는데, 그 중 한 명으로 발탁하더군요. 1941년에서 1947년까지 7년 동안 왕궁에서 원숭이가 용왕의 딸 소완마차(물고기)를 잡는 춤을 공연했어요. 폴포트 정권 때는 춤을 못 췄어요. 다행히 벼농사 일을 많이 시켰는데, 지금까지 살아 있는 것이 기적이지요."

지금은 현역에서 물러나 예술중학교에서 라마야나 이야기에 등장하는 동물의 탈을 만든다. 탈은 본을 뜬 다음, 작은 종이를 일일이 덧붙여서 모양을 잡고 색을 칠한다. 탈 하나를 만드는 데 젊은 날에는 열흘 정도 걸렸었다. 지금은 손동작이 느려진 탓에 대략 한 달 정도 걸린다.

시간이 날 때면 학생을 모아 놓고 라마야나 이야기를 들려준다. 이야기를 잘 알아야 동작과 표정을 생생하게 살려 낼 수 있기 때문이다. 학생은 할아버지의 탁월한 이야기 솜씨에 금방 빠져들고, 할아버지는 이야기를 하면서 나이도 잊은 채 주인공이 된다. 더러는 학생들이 수업하는 모습을 지켜보면서 선생님을 보조하면서 소일한다.

라마야나에 등장하는 원숭이의 동작은 모두 세 종류다. 일반 병사로 등장하는 스와 뿔이라는 원숭이는 대부분 움직임이 작고, 어깨를 움츠리며, 보폭이 좁다. 마치 원숭이를 흉내 내듯이 움직이는데, 코믹한 표정이 특징이다. 원숭이의 기본 동작은 걷기 열 동작, 뛰기 열두 동작이 있다. 스와 받담벙이라고 하는 장군 원숭이는 동작이 크고, 어깨가 딱 벌어졌으며, 마치 호랑이 발톱처럼 날카롭게 손톱을 세워서 긁는 등 용맹스럽게 표현한다. 원숭이 대장으로 나오는 스와 크밧은 장군 원숭이의 동작에 품위를 덧붙인 행동을 나타내야 한다. 그러다 보니 저학년에게는 주로 스와 뿔의 연기를 가르치고, 고학년으로 올라갈수록 스와 받담벙이나 스와 크밧 연기를 가르친다.

"이렇게 다 펴야 해. 허리를 밀어. 팔뚝을 여기까지 넣어야 돼. 알았지? 옛날 춤과 달라. 그때처럼 넣으면 안 돼. 이 춤은 카올 양식이야. 가슴을 다 밀어. 더 많이 펴. 똑바로 보고. 발목에 힘줘라. 손은 앞으로 짚고, 저번에 말했던 것처럼 팔뚝을 올리지 말고 팔꿈치를 넣어. 똑바로 봐. 똑바로 보고 허리 힘줘. 필목에도 힘줘라."

학생들이 원숭이 춤을 추려면 걷고 뛰는 동작 이외에도 기본 동작인 뽁까따오를 배워야 한다. 손, 다리, 허리, 팔 동작에서부터 여덟 군데의 방향에서 들어오는 공격을 방어하는 기술이다.

"요즘 학생들은 집중해서 배우지 않아요. 춤추는 모습을 보고 있으면 너무 안타까워요. 무대에서 적과 조우했다면 진짜 싫어해야 해요. 어떻게 적을 죽일 수 있을지 생각해야 합니다. 뽁까따오 싸움 또한 마찬가지입니다. 뽁까따오는 여덟 군데 방향을 보호하는 기술입니다. 싸움을 하는 원숭이는 어떤 방향에서 공격을 받더라도 다 방어합니다. 실제로 군인들도 이 싸움 기술을 배우고 있어요. 둥근 폼을 만들어 줘야 하고, 다리에 힘을 줘야 돼요. 누가 치면 바로 넘어지는데, 이렇게 힘을 주면 안 넘어가지요. 다리를 잡고 던지는 품세가 있는데, 옛날에는 내가 그것을 하려고 세 달 동안 연습했어요. 밥 먹는 시간과 목욕하는 시간만 빼고 연습했지요."

사른 할아버지의 눈에는 어느새 젊은 날의 눈빛이 살아났다. 방어 자세를 취하는 팔뚝에도 힘이 들어가 있다.

"무대에 오를 때는 이미 무엇을 어떻게 표현할 것인지 생각하고 있어야 합니다. 자신감을 갖고, 맡은 배역에 맞는 표정과 동작을 이쪽에서는 어떻게 해야 하는지, 저쪽에서는 어떻게 보여 줘야 하는지 진심을 다해야 합니다. 그래야 보는 사람이 진짜구나 하고, 와 하는 감탄사를 지르죠."

학교에 예고 없이 노로덤 보파떼비 공주가 찾아왔다.

그녀는 다섯 살 때부터 압살라를 배웠고, 서른 살까지 춤을 추었다. 폴 포트 정권이 막을 내리고 궁으로 돌아온 그녀는 초대 문화부 장관을 지낸 챙 폰 교수와 함께 사람과 사람으로 구전되던 압살라를 체계화하고 이론화했다. 그녀는 시간이 날 때마다 학교를 방문해서 학생의 춤을 일일이 지적하며 일깨워 주곤 한다. 춤을 잘 추는 학생이 있으면 칭찬을 아끼지 않는다. 그리고 선생님들과 격의 없이 대화하며 격려한다.

그녀는 압살라가 캄보디아의 자긍심이라고 생각한다. 천 개가 넘는 성전의 벽면에는 4천 개의 압살라 조각이 있다. 그 벽면에 새겨진 조각의 움직임을 이어서 극으로 만든 것이 압살라이다. 외국의 귀빈이나 문화 관련 지인이 방문하면 특별히 학생들을 초대하여 공연을 한다. 공주의 이 같은 관심은 어린 학생들에게 자국의 문화에 대한 사랑을 일깨우는 데 큰 역할을 하고 있다.

"압살라는 800년 된 오래된 전통의 상징입니다. 이 춤이 얼마나 중요한지 국민들은 알고 있어요. 압살라는 부드럽게, 천천히, 매력적으로 춰야 하죠. 춤추는 아이들을 보면 나도 춤을 추고 싶어요."

그녀는 춤을 추진 않지만 압살라의 매력을 알고 있고, 그것을 학생들에게 가르친다.

늦은 오후, 단원이 모여든다. 어떤 이는 좁은 공연준비실에서 분장을 하고, 어떤 이는 복도에 쪼그려 앉아 손거울을 보면서 얼굴 화장을 매만진다. 어떤 이는 공연에 필요한 의상을 준비하느라 분주하다. 이들은 관광객을 대상으로 밤마다 압살라와 캄보디아 전통 민속춤을 공연한다. 매일 하는 공연이지만 분장을 세심하게 매만진다. 압살라는 우아하면서도 섬세한 표정 연기가 무엇보다도 중요하기 때문에 더욱 신경을 쓴다.

이들은 생활을 위해 낮에는 직장을 다니거나 장사를 한다. 호텔에서 서비스를 하는 이도 있고, 은행이나 학교에서 일하는 이도 있다. 어떤 이는 시내에서 오토바이로 돈을 번다. 그러다가 오후 6시 30분이면 캄보디아의 문화를 보고 싶어하는 사람들을 위해 이곳에 모여 춤을 춘다.

매일 저녁 7시 30분부터 45분간 공연한다. 부처님에게 연꽃을 바치며 복을 비는 춤으로 시작해 젊은 남녀가 사랑을 나누는 춤과 풍성한 과일 수확을 기원하는 코코넛 춤까지 다양하다. 오래전부터 이 땅에 살았던 사람들의 민속춤을 계절별로 선보인다. 메콩 강과 톤레삽 호수를 배경으로 삶의 터전을 일궈 온 사람들의 이야기다.

매니저인 엠 세레이 소포안두 낮에는 경찰서에서 행정 업무를 본다. 그리고 밤에는 공연 팀의 의상에서 단원의 옷매무새까지 세세하게 살핀다. 오늘은 한 달에 두 번, 토요일마다 조금 일찍 모여 부족한 부분을 연습하는 날이다. 평소에는 큰언니처럼 다정한 엠 세레이 소포안도 연습하는 시간에는 엄하기 그지없는 선생님이다. 그녀의 매서운 눈초리는 작은 동작의 흐트러짐까지 놓치지 않는다.

"허리를 좀 더 굽혀. 굽히라고요. 어깨는 너무 힘주지 말고. 그렇지요. 목을 약간 더 돌려서, 좋아요."

압살라는 한 발로 서서 중심을 잡은 다음 허리를 꼿꼿이 편 상태에서 손끝 동작을 부드럽게, 오랜 시간, 천천히 움직이는 것이 중요하다.

"어떤 동작이 가장 힘든가요?"

무용학교를 마치고 열다섯 살부터 압살라를 춘 단원에게 물었다.

"어깨를 반듯하게 펴고, 허리와 골반을 누르고 손과 발에 힘을 준 상태에서 한 발로 서는 동작이요."

엠 세레이 소포안, 그녀는 어머니 때문에 압살라 춤을 배웠다. 어머니가 만드는 압살라 무희의 의상을 자주 접하면서 그녀는 화려한 의상에 호감을 가졌다. 그리고 어머니가 만든 의상을 입고 압살라를 추는 무희의 춤에 반해 정식으로 배웠다.

압살라의 기본동작은 손목 꺾기에서 발목의 유연성을 기르는 부분

까지 모든 단원이 참여해서 연습한다. 이미 아는 동작이라고 건성으로 임하는 사람은 없다. 모두가 진지하다.

"일직선으로 서지 말고 사선으로 비스듬히 서세요. 저 옆에 있는 사람, 사선으로 서란 말이야. 자, 지금부턴 고기 잡는 동작을 연습할 거예요, 고기 잡는 동작. 하나! 둘! 셋! 넷! 다섯! 여섯! 다시, 다시!"

음악을 놓쳐 버리면서 공연 흐름이 깨졌다고 다시 연습을 시작한다. 압살라 춤은 모든 동작이 느리고 유연해야 하므로 특히 허리가 중요하다. 동작마다 2~3분은 같은 자세로 견뎌야 하는데, 이 동작을 익힐 땐 허리가 너무 아파서 참아 내기가 힘들다. 좋은 동작을 완성하는 데는 그만큼 오랜 시간이 걸린다. 올바른 동작을 구현해 낼 수 있을 때까지 그녀는 단원을 가혹하게 훈련시킨다.

공연 팀은 매일 같은 작품을 공연한다. 그러나 공연장을 찾는 손님은 항상 다른 이들이다. 그들이 접한 공연의 수준을 통해 캄보디아 문화의 참다운 매력을 느끼기도 하겠지만, 실망할 수도 있다. 그래서 매

번 단원을 처음 무대에 세운다는 마음으로 지도한다. 아름다움을 표현하는 손짓에서, 입가에 번지는 옅은 미소까지. 무대에서 집중하고 집중하길 요구한다.

"여자는 그물을 던질 때, 몽땅 던진다는 느낌으로 동작을 크게 해서 던져야 돼요. 남자도 마찬가지야. 동작이 너무 작아요. 키를 빼앗았을 때 정말로 훔치는 것처럼 세게 낚아채란 말이에요."

젊은 남녀가 강에서 물고기를 잡으며 사랑을 나눈다는 내용 중, 물고기를 잡던 남자가 여자의 키를 빼앗으며 장난치는 장면이다. 수초 사이에 발을 꾹꾹 눌러 고기 잡는 모습을 현실감 있게 표현해야 한다. 키를 뺏고 되찾으려는 장면이 마음에 들지 않는 모양이다. 선생님이 강조하는 호흡이 흐트러졌다.

"자, 키를 들어요. 여자는 손을 뒤로 다 돌려야 돼. 자, 손을 바꿔요. 바꾸란 말이야. 눈은 키를 돌아봐야 돼요. 키만 돌아봐야 해요. 키를 잡아. 돌아봐, 돌아봐. 표정은 화를 내, 화를 내란 말이에요."

공연장에 불이 켜지고 관객이 찾아든다.

전통음악 연주와 함께 아름다운 의상을 갖춘 무희들이 무대에 오르고, 그들은 우아한 몸짓과 때로는 역동적인 모습으로 조상들의 삶과 신화를 몸짓으로 표현한다. 숲의 거대한 석조물로 남아 있는 앙코르 유적 곳곳에 새겨진 천상의 요정 '압살라'의 정지된 동작이 이들에 의해 하나하나 이어지고, 한순간에 캄보디아의 천 년의 이야기가 펼쳐진다.

04 복원하는 신화,
   앙코르 제국의 영광

사원은 웅대한 중앙 사당과 동서남북에 우뚝 솟은 거대한 탑과 탑을 연결하는 익랑, 그것을 둘러싼 3중의 회랑으로 이루어져 있다. 입체적이고 가운데는 약간 높다. 입구에는 사자 형상의 싱하상과 긴 몸통의 나가Nagga 신이 일곱 개의 머리를 곧추세우고 있다. 그러나 온전한 모습을 유지한 석조물이 아니라 이곳저곳 부서지고 훼손되어 있다. 남문에 있는 나가상 또한 머리 몇 개가 떨어져 나갔고, 허리는 훼손되었다. 곳곳을 보수한 듯 돌은 색상과 이끼가 부위별로 다르다.

앙코르와트는 소리아바르만 2세가 1113년에 건축을 시작해서 1150년에 완성한 힌두교 석조 사원이다. 그는 자신의 숙부를 살해하고 왕좌에 올랐다. 그리고 백성들에게 자신의 위엄을 세우고, 왕위를 노리는 자들로부터 비슈누 신의 보호를 받기 위해 앙코르와트를 축조했다. 37년 동안 코끼리 100만 마리와 크메르족 200만 명을 동원해서 1.5t에 달하는 돌 1천만 개를 옮겨 지금의 웅장한 사원을 지었다. 그러나 소리아바르만 2세는 생전에 완성된 앙코르와트를 보지 못하고 사후에 중앙 탑 밑에 묻혔다.

앙코르와트가 건립되고 난 후, 왕들은 앞 다투어 많은 사원을 지어서 신에게 바쳤다. 캄보디아 전역에 크고 작은 사원을 700여 개나 지었다. 사원을 짓고 자신이 죽은 다음 그곳에 묻힘으로써 왕은 신의 도시에서 신과 더불어 영생하기를 염원했다.

캄보디아가 인도로부터 영향을 받은 것은 브라만교와 불교다. 힌두교가 들어온 것이 언제인지 문헌상에는 정확한 기록이 없다. 그러나 지금은 베트남의 영토이지만 과거 캄보디아 영토였던 메콩 강 하류의 오께오 지역에서 발견된 유적에 남아 있는 산스크리트어로 미루어 짐작하면 대략 1~2세기로 추정된다.

왕의 비호 아래 힌두교는 동남아 여러 나라에 많은 영향을 미쳤다. 건물을 축조하는 기술과 힌두 신화가 들어왔다. 종교와 관련된 의식과 다양한 인도 문화가 들어왔다. 매장 문화는 화장 문화로 바뀌었고, 샤머니즘 의식이 성행하던 여러 지역에 불교와 인도 신화가 널리 퍼졌다. 지금도 동남아시아 지역 문화가 서로 유사한 것은 산스크리트어를 공유했었기 때문이다.

앙코르와트는 건축 기술이나 예술 면에서 대단히 뛰어난 건축물이다. 앙코르와트는 돌을 깔고 그 위에 모래를 채운 다음 건축물을 지었다. 우기에 연간 강수량의 88%가 집중되다 보니 사원의 지반이 유실될 것을 염려한 것이다. 건축물을 둘러싸는 해자의 바닥에 돌을 깔고 그곳에 물을 채움으로써 비가 많이 오더라도 수위 조절이 가능하게 하였다. 4km에 이르는 해자 덕택에 지반이 유실되지 않아 오랜 세월이 지났음에도 건물의 축조 형태를 그대로 유지할 수 있었다. 인도로부터 단순히 문화를 받아들인 것이 아니라 자신들의 환경을 이해하고 인간에게 불리한 자연 조건을 극복한 것이다. 정작 인도에서는 찾아볼 수 없는 웅장하고 독특한 양식의 사원을 캄보디아인들은 창의적으로 탄생시켰다.

앙코르와트 서북쪽 회랑에는 인도의 라마야나 신화가 조각되어 있다. 악마가 아름다운 왕비 시타를 탐하여 납치하자, 라마 왕자가 하누만 장군이 이끄는 원숭이 군대의 도움을 받아서 왕비를 되찾는 과정이다. 이 이야기는 동남아 여러 나라에 퍼져 있다. 내용은 같지만 캄보디아에서는 리임케(림케이)로, 태국에서는 라마끼엔(라마키은)으로, 미얀마에서는 판 다우(판다오)로, 라오스에서는 팔락 팔람(파파에람)으로, 인도네시아에서는 라마에나로 불린다. 이 신화에 등장하는 인물과 이야기는 동남아시아의 그림과 조각, 공연 작품 등 문화적 상상력을 키우는 소재로 등장한다.

앙코르와트 서남쪽 회랑에는 인도의 종교적, 철학적, 신화적 서사시인 마하바라타^{Mahabharata}가 새겨져 있고, 남서쪽 회랑에는 소리아바르만 2세의 행렬이 새겨져 있다. 자신의 위엄과 업적을 후대에 과시하고 자신의 존재를 영원히 각인시키려는 의도도 있었겠지만, 그보다는 주변 회랑이 모두 신들의 이야기인 만큼 같은 반열에서 추앙받기를 바란 마음이 컸을 것이다.

사원의 1층 회랑에는 벽화가 새겨져 있다. 이처럼 1층에 그린 이유는 회랑을 다니는 백성들이 글을 모를지라도 왕이 전하려는 이야기를 알게 하려 함이었다. 계급 질서가 엄격했던 당시에 2층 회랑은 왕만 다닐 수 있는 길이었고 3층 회랑은 신이 다니는 길이었다. 따라서 층간 이동을 하기 위한 계단은 높고 경사가 매우 가파르다. 신은 범접하기 힘든 존재이고 천상에 있음을 인정했던 당시 사람들의 신관이 반영된 결과다.

남동쪽 회랑에는 천국과 지옥을 표현한 벽화가 원형 그대로 보존되어 있다. 야마신에게 심판을 받고 영원한 고통의 삶 또는 신과 더불어 사는 평화로운 삶을 부여받게 되는 사람의 사후세계, 죽음의 세상이다. 이곳에서 백성들은 사후에 자신이 가야할 두 개의 갈림길을 보면서 자신의 삶을 되돌아보지 않을 수 없었을 것이다. 천당에서의 평화로운 삶에 대한 동경보다는, 지옥에서 고통받고 신음하는 모습을 보면서 자연스럽게 악한 삶에 대한 두려움을 갖게 되었을 것이다. 왕은 백성이 선하게 생활하길 바라는 마음으로 지옥에서 신음하는 사람들의 모습을 더 무시무시하게 조각하도록 명했는지도 모르겠다.

울창한 숲에 방치된 앙코르와트를 발견되었을 때, 나무뿌리와 나뭇가지가 회랑 벽을 타고 들어와 심하게 훼손되어 있었다. 특히 남동쪽 회랑은 그대로 두면 벽째 무너질 것 같아 기울어진 기둥을 바로 세우고 천장 일부와 훼손된 기둥을 시멘트로 보수했다.

주황색 장삼을 걸친 스님이 천천히 걸어가다가 회랑에서 잠시 발길을 멈춘다.

영생불사의 영약인 암리타^{amrta}를 차지하려고, 선신과 악신들이 생명을 탄생시키기 위해 천 년 동안 서로 힘을 모으는 우유바다 젓기를 한다. 벽화에는 비슈누 신이 가운데 있고, 비슈누 신 뒤로 만다라 산이 솟아 있다. 뱀의 왕인 와수키가 만다라 산허리에 묶여 있다. 무거워서 가라앉을 것 같은 산을 거북이로 변한 비슈누 신이 받치고 있다. 하늘에선 천둥과 번개의 신 인드라가 가라앉지 않게 산을 잡고 있다. 신들이 뱀을 잡고 서로 당긴다. 암리타를 차지하기 위해 선신과 악신이 벌이는 다툼이다. 악신이 암리타를 먹으면 재앙이 일 것을 걱정한 선신들이 영생물 암리타를 지키기 위해 앞쪽으로 상체를 숙이며 힘을 쓴다. 끌려가지 않으려는 악신들은 힘을 쓰며 몸을 뒤로 젖혔다. 원래는 악신이 암리타를 먼저 확보했는데, 이를 안 비슈누가 아름다운 여인으로 변신하고 춤추는 요정들로 악신들의 주의를 흩트린 후 암리타를 빼앗았다고 한다. 이 조각에서 신화는 더욱 풍부해진다. 압살라 요정이 나오고, 시바 신이 타고 다니는 소 난디와 머리가 일곱 개 달린 거대한 뱀 나가상, 그리고 머리가 세 개 달린 코끼리 등 힌두교 신화에 등장하는 영물들이 등장한다.

사원 안쪽으로 수많은 회랑들이 거미줄처럼 이어진다. 회랑 벽에는 어김없이 아름다운 압살라 요정들이 새겨져 있다. 사원 중심부에는 훼손된 불상들이 모셔져 있다. 사원에는 대략 1천여 개의 크고 작은 불상이 있는데, 불교가 다시 허용된 이후 신자들이 이곳으로 하나둘 불상을 모셨기 때문이다. 그러나 프랑스가 통치하던 시기에 도굴되었으며 캄보디아 내전 당시 많이 사라졌다. 두상이 없는 불상은 부처상을 그대로 옮기기에는 너무 무거워 머리 부분만 떼어 반출했기 때문이다.

강한 햇볕이 부드럽게 변하는 저녁 즈음, 많은 신자들이 사원에 있는 부처님을 찾아와 과일을 바치고 향을 사른다. 지나치는 관광객의 눈에는 그들의 모습이 신기한 모양이다. 걸음을 멈추고 연신 셔터를 누른다. 소원을 비는 신자의 바람이 모여, 회랑 안은 향이 타는 연기로 자욱하다.

자야바르만 7세가 앙코르 톰Angkor Thom 안에 지은 바이욘Bayon 사원이다. 1177년 참족이 메콩 강을 거슬러 이곳 톤레삽까지 올라와 4년이나 침략했으나 자야바르만 7세는 이들과 맞서 싸워 승리했다. 이에 왕은 사원을 짓고 재임 기간에 있었던 자신의 업적을 기록했다. 사원 벽면

바이욘Bayon 사원

의 부조물과 사면상은 사실화처럼 자세하게 새겨 놓았다.

해전에 출전하는 군인과 해전을 치르는 전투 장면. 승리를 기념하는 축제와 승전을 기념하기 위해 사원을 짓는 과정. 남녀가 구애하는 모습, 출산하는 모습, 투망을 던져서 고기를 잡는 똔레삽 호수 수상마을 주민들의 생활상 등 당시의 앙코르 왕국민의 삶을 상상할 수 있다. 심지어 긴 수염에 옆으로 가는 눈, 짧은 귀에 머리를 길러서 상투를 튼 중국인과 머리가 짧고 긴 귀로 묘사된 캄보디아인은 한눈에 보아도 식별이 가능하다. 2세기에 이곳은 중국과 무역이 활발하게 이루어지면서 사람들의 왕래가 빈번했음을 보여준다. 중국의 관료 주달관이 1296년부터 2년 동안 캄보디아를 다니면서 당시 캄보디아의 문화와 역사, 생활상을 소상하게 기록한 《진랍 풍토기》와 그 내용이 일치한다.

사면상 얼굴은 관세음보살상으로 알려져 있지만 정작 캄보디아인들은 자야바르만 7세의 얼굴이라고 생각한다.

사원에는 모두 54개의 탑이 있는데 당시 캄보디아 지방을 상징하는 불상을 탑에 하나씩 모셔 각 지방의 안녕을 빌었다. 더러는 무너지고 사라졌지만, 아직 36개의 탑이 남아 있다. 일곱 개의 머리를 한 물의 신 나가상과 땅의 신 싱하상이 사원 외곽을 지킨다. 이는 힌두교를 믿어 왔던 백성들의 거부감을 줄이기 위해 힌두교 신을 사원 외곽에 배치한 것으로 추측된다.

불교를 숭상했던 자야바르만 7세에 이어 등극한 자야바르만 8세는 힌두교를 믿었다. 그는 바이욘 불교 사원에 모셔졌던 부처상을 치우고, 조각된 불상도 지워 버렸다. 수많은 불상이 모셔졌을 사원 안의 방은 주인을 잃고 텅 비어 버렸다. 회랑 사이에서 가끔 만나는 불상은 다시 불교가 성행했을 때 다시 모신 것이다.

앙코르와트와 앙코르 톰은 앙코르 제국 시절에 만들어진 것으로, 당시 이곳은 제국의 수도였다. 1세기에는 이 지역을 노꼬 푸놈이라는 여왕이 통치했다. 6세기에는 진랍(쩐라) 왕조가, 8세기에는 깜포치어 왕조가, 9세기부터 15세기에 걸쳐 앙코르 제국이 지배했다.

앙코르 제국의 유적과 역사 특징을 살펴보면 크게 3기로 구분할 수 있다. 1기는, 9세기 초 자야바르만 2세가 앙코르 왕조를 개국해서 자야바르만 5세까지 약 200년 사이다. 이 시기에 프레아코와 바콩 사원, 반테이 스레이 건축물을 완공한다. 2기는, 수리야바르만 2세가 집권한 11세기 초에서 12세기 초 참족(베트남) 침략기까지 169년이다. 이때 앙코르 유적의 백미인 앙코르와트를 건축했다. 3기는, 12세기 말 자야바르만 7세부터 태국의 아유타야 왕조에 의해 멸망하는 1432년까지다. 이 시기에 앙코르 톰이 건축되었다.

400년 동안 밀림에 묻혀 있던 이 도시는 1860년 프랑스 식물학자 앙리 무오가 우연히 발견하면서 세상에 알려졌다. 이곳에 왕국이 있었던 이유를, 캄보디아 왕립예술대의 소티아리스 교수는 넓은 농경지를 배경으로 많은 사람들이 살고 있었고, 똔레삽 호수로부터 풍부한 고기를 잡을 수 있었기 때문이라고 말한다.

"이곳은 앙코르 문명의 발상지입니다. 세월의 풍상으로 곳곳이 무너지고 석재는 검푸른 이끼로 덮여 시간의 흐름을 그대로 간직하고 있죠. 문화재청에서는 외국 단체의 기술과 자본의 협조를 받아 복원하고 있는 중입니다. 사원 곳곳에 흩어져 있는 석재 기둥과 조각을 한 곳에 모으고, 그들이 위치했을 법한 곳을 도면과 비교하면서 복원하고 있습니다. 넓은 사원에서 그 조각의 위치를 찾는 것은 생각만큼 쉬운 일이 아닙니다. 가져온 조각마다 번호를 매기고 그것이 위치했을 것으로 추정되는 곳을 찾아내는 일은 마치 퍼즐 맞추기와 같습니다."

캄보디아 정부는 앙코르와 시엠립 지역의 문화유적을 연구, 보호, 보존하고 관광지 및 시가지 부분의 효율적 개발을 위해 압사라^{APSARA}라는 관리국을 설립했다. 앙코르 사원의 안전과 개발, 복원에 역점을 두고 있다. 행정위원회는 재정경제부 · 문화예술부 · 내무부 · 관광부 · 환경부 · 국토관리건설부 등의 대표와 내각평의부 대표 시엠립 도지사 등이 참여하여 운영한다. 이 압사라는 일본-압사라 앙코르 구제 활동(JASA Japan-Apsara Safeguarding Angkor) 및 스위스 개발협력청과 합동으로 진행하는 반테이 스레이 보존계획(BSCP Banteay Srei Conservation Project)을 진행하면서 세계유적기금 사업과 연계하고, 연구 및 인적 자원 개발을 위한 소피아 아시아센터와 협력 사업을 하고 있다.

앙코르 유적지는 캄보디아의 400여 곳에 흩어져 있고, 캄보디아에는 5천 개의 사원이 있다. 20년 전부터 많은 국제팀들이 앙코르 유적지에서 함께 복원을 하고 있지만, 이들이 캄보디아의 유적을 모두 복원할 수는 없는 일이다.

문화재 복원에는 고고학 지식이 필요하다. 유적지를 실측해서 도면을 작성해야 한다. 크레인으로 무거운 돌을 안전하게 들어내고 훼손된 부분을 다시 복원하려면 전문적인 기술과 경험이 필요하다. 압사라 관리국에서 기술책임자로 일하는 일본인 스미모토 씨는 캄보디아인이 스스로 복원하고 관리할 수 있는 기술을 습득하여 자신들의 힘으로 오래된 문화유산을 후대에 온전히 전해 줄 수 있기를 바란다.

유적지 주변에는 어딜 가나 부서지고 흩어진 돌무덤과, 허리가 잘리거나 목이 잘린 채 누워 있는 석상들이 많다. 신에게 바치는 춤을 추던 압살라의 유연한 자태도 여러 조각으로 부서진 채 석재 더미 속에 그 아름다움을 감추고 있다. 왕조의 지속적인 번영을 신에게 기원했던 몸짓, 압살라의 조형물은 캄보디아 현대사를 거치면서 이처럼 심하게 훼손되었다. 유적지는 베트남군이 낮에 진지를 구축하고 캄보디아군이 밤에 점령하기를 거듭하던 전쟁터였다. 그 싸움판에서 많은 유적이 훼손되었다. 크메르 정권은 수많은 조각상의 머리 부분을 잘라서 팔았다.

아직 부서진 유적이 눈에 띄지만, 바이욘 사원은 상당히 많은 부분이 복원되었다. 갓 복원된 곳은 재질 색상이 옛것과 다르다. 그러나 공기와 바람과 비에 노출되면서 많은 세월이 흐르다 보면 이 또한 원래의 유적들과 조화를 이룰 것이다.

쿤 컴 씨는 1992년 프랑스가 주도한 앙코르 톰의 코끼리 테라스 복원 사업에 참가했다. 무너진 돌 더미에 표식을 하고, 그 돌을 평지에 옮겨 자리에 맞추는 일이었다. 그의 뛰어난 눈썰미를 눈여겨본 현장 관리자는 프랑스가 문화재 복원 기술자 양성을 위해 캄보디아에 설립한 기술학교에서 배움의 길을 걷도록 추천했다. 쿤 컴 씨는 그곳에서 13개월을 배우고 다시 2년 동안 NGO가 후원하는 학교에서 석공예 기술을 연마했다.

어렸을 때부터 도자기 만들기와 흙으로 조형 만드는 것에 남다른 재주를 보였던 그는 탁월한 능력을 보여 주었고, 공식 자격증을 취득한 후 문화재청에서 진행하는 복원 사업에 합류했다. 그동안 쿤 컴 씨는 앙코르와트와, 뛰어난 코끼리를 선발하고 코끼리를 타고 전투 연습을 했던 '코끼리 테라스'의 수많은 문화재와 싱하상을 복원했다. 지금은 앙코르 톰 남문 앞의 석상을 복원하고 있다. 108개의 석상 중 파손된 여섯 개의 상을 원래의 모습으로 복원하는 일이다.

그는 아티산 앙코르 기술학교에서 후학 양성에도 열심이다. 이 학교는 크메르 전통예술과 조각을 회복하고 발전시키기 위해 설립된 기술학교다. 이곳에서는 석공예와 고무나무를 이용해 다양한 작품을 만드는 목공예 기술을 가르친다. 또 은공예와 누에고치에서 직접 실을 뽑아 천연재료로 염색을 하고 천을 짜는 직조 기술도 가르치고 있다.

이 기술학교는 18세에서 25세 사이의 학생을 대상으로 일정한 동기 테스트와 능력 테스트를 거쳐 매해 스무 명을 선발한다. 1년의 수습기간과 1년의 본격적인 기술 교육을 통해 전문적인 공예가로 양성한다. 이들은 졸업 후 개인 공예 사업장을 열기도 하는데, 자격증을 취득하고 실력을 인정받은 학생은 학교에 남아 활동하면서 문화재청에서 주문하는 각종 복원 사업에 스텝으로 참여한다. 고고학자의 감독 아래 이루어지고 있는 끄바스핀 복원 작업에 이 학교 출신들이 대거 참여하고 있다.

쿤 컴 씨는 매우 정밀한 기술력을 필요로 하는 예비 조각과 정밀 조각 그리고 수없이 사포질을 반복해야 하는 석공예를 가르친다. 돌을 능숙하게 다루는 기술자가 많아야 문화재를 보존하고 지킬 수 있다고 믿는다. 그래서 자신이 갖고 있는 기술을 아낌없이 전수한다.

사암에 하는 조각은, 조각하기는 쉬우나 돌이 쉽게 부서지기 때문에 온 신경을 집중해야 한다. 끌로 깨지지 않도록 섬세한 문양을 조금씩 파주어야 한다. 작품이 형태를 갖출수록 조각가의 손놀림은 섬세해야 한다. 특히 얼굴은 돌을 벗겨 내듯이 사포로 돌의 표면을 갈아야 한다. 이 과정을 거치면서 얼굴의 좌우 대칭을 맞추고 부드러운 입가의 미소와 온화한 표정을 얼마나 살려 냈느냐에 따라 작품의 완성도가 판가름 난다.

도면을 보며 열심히 돌을 쪼아 내고 있는 퍼암 마으 씨는 이곳 기술학교에 들어온 지 12년 되었다. 도면을 보거나 실측을 하면서 틀을 잡고, 섬세한 표정을 만들기 위해 돌을 벗겨 내듯 다듬고 사포로 밀어 낸다. 완성을 하려면 한 달 정도 걸린다. 그는 문화재청에서 발주하는 복

보수가 된 유적물과 아티산 앙코르 기술학교

원 작업에 보조자로 참여하고 있다.

문화재청으로부터 주문을 받으면, 도면을 받아 현장에서 복원해야 할 실물을 먼저 확인한다. 일일이 도면과 비교하면서 보수할 대상물의 크기를 잰다. 남아 있지 않은 석상을 사진을 바탕으로 해서 만드는 일은 쉽다. 그러나 일부 깨진 곳을 보완하거나 없어진 부분을 제작하여 맞추는 일은 매우 정교해야 한다. 조금이라도 깨진 부분과 맞지 않으면 균형이 맞지 않아 두상을 올려놓을 수가 없다.

관광객은 앙코르와트에서 주로 서문을 즐겨 찾는다. 서문의 계단을 올라 다리를 건너 사원으로 들어간다. 주로 서문을 찾는 이유는 앙코르와트가 동쪽을 향해 서 있는 까닭도 있으나, 오후에 앙코르와트 외곽의 물웅덩이에 담긴 거대한 사원의 아름다운 모습을 보기 위함이다.

쿤 컴 씨와 퍼암 마으 씨가 앙코르와트 서문 앞 부서진 싱하상을 보러 왔다. 학생에게 가르치기 위한 도면을 확인하며 자료로 만들기 위해 꼼꼼히 들여다본다. 언젠가는 자신이 가르친 학생들도 앙코르와트의 문화유산을 넘어 세계의 문화유산을 보존하는 일에 참여했으면 하는 바람이다. 그래서 틈만 나면 이처럼 훼손된 채 서 있는 곳을 찾아 자료를 만든다. 과거 자신이 복원한 싱하상의 도면을 바탕으로 현장의 싱하상을 비교하며 기록하고, 필요한 부분은 사진으로 담는다.

05 서민들의 희로애락,
　　퍼핏 쇼

갖가지 경이로운 건축물을 보기 위해, 사원의 회랑 곳곳에 새겨져 있는 길고 긴 이야기를 보기 위해 매년 200만 명의 사람들이 시엠립을 찾아온다. 도시에는 항상 여행자들이 머물고, 이들은 크메르 제국의 장엄한 문화에 감탄한다.

한산했던 펍 스트리트 Pub Street 에 어둠이 내리면 거리는 화려하게 변신한다. 여행자들이 카페에 모여들어 삼삼오오 맥주를 마시며 이야기꽃을 피운다. 그리고 화려한 조명과 자극적인 음악이 흐르는 거리의 한편에서는 또 다른 이야기가 시작된다.

그림자극 Puppet show 이다. 그림자극은 큰 그림자극과 작은 그림자극이 있다. 작은 크기의 그림자극은 사람들의 세상살이, 시대의 흐름을 담고 있다. 큰 그림자극은 앙코르와트 성전에 있는 조각물을 차용해서 공연으로 만들어진 것이다. 고정된 압살라 조각물의 자세와 몸짓을 무대로 옮긴 이야기다. 마른 코코넛 껍데기를 태워 스크린에 그림자를 만들어 공연한다.

큰 그림자극 공연은 꼭두각시와 꼭두각시를 조종하는 사람이 있어야 한다. 꼭두각시는 무용을 하는 사람이 조종하고, 그림자가 움직일 때 음악으로 생동감을 살린다. 원숭이나 거인의 동작, 하늘을 나는 움직임, 수영하는 행동에 특정한 음악을 곁들인다. 조명, 꼭두각시, 꼭두각시를 조종하는 댄서, 음악과 해설이 조화를 이루었을 때 관객에게 즐거움을 줄 수 있다.

이러한 그림자극을 태국에서는 난가이라 하고 캄보디아에서는 스빠이똔이라 한다. 라오스에는 그림자극이 없다. 미얀마에는 그림자극 대신 마리오네트와 같은 꼭두각시놀음이 있다. 이건 미얀마에서만 볼 수 있는 특별한 것인데, 그림자극과 형태가 동일하지 않다. 그러나 태국과 캄보디아의 그림자극은, 언어가 다르기 때문에 음악이나 해설에서 나타나는 어감과 음악적 요소는 달라도 전반적으로 서로 비슷하다.

그림자극은 많은 요소가 어우러진 복합적인 공연이다. 꼭두각시를 조종하는 사람은 줄거리와 꼭두각시의 캐릭터 특성을 완벽하게 이해해야 한다. 그리고 음악으로 각 장의 분위기와 느낌을 살려야 한다.

이 공연은 오랜 세월 서민들과 함께한 공연이다. 압살라 춤이 왕을 위한 공연이라면 그림자극은 누구나 즐길 수 있는 대중 공연이다. 공연 내용은 동남아 지역에 널리 퍼져 있는 라마야나 이야기에서부터 왕의 실정이나 관료의 나쁜 행태를 풍자한 내용까지 다양하다. 모든 공연이 그렇지만 특히 '퍼핏 쇼'는 호흡이 중요하다. 이는 대사와 노래와 동작이 어우러진 종합 예술이다.

공연 시작 전, 그림자극을 책임지고 있는 짠 문니 씨가 무대 뒤 작은 제단에 향과 초를 피워 놓고 기도한다. 단원이 무사히 공연을 마치게 해 달라고 공연 선생님(신)한테 제사를 지내는 것이다. 짠 문니 단장은 압살라 춤을 추던 무용수였으나 노래 부르고 이야기하는 것이 더 재미있어서 그림자극을 배웠다고 한다. 처음에는 꼭두각시를 움직이는 일을 했지만 지금은 단원을 이끌며 노래와 대사로 작품에 생명을 불어넣고 있다.

"라마야나를 공연할 때, 어려운 점은 무엇인가요?"

"노래 부르는 것이 제일 어려워요. 음악에 맞춰야 하니까 어떤 때는 악기 연주가 너무 약해 맞추기가 힘들어요."

"어떤 동기로 그림자극을 시작했나요?"

"처음에는 춤을 추었는데, '퍼핏 쇼'를 보고 내가 직접 해볼까 하는 생각이 들었어요. 진짜 잘하고 싶은데, 내가 과연 대사를 잘할 수 있을 까 했지요. 그런데 해보니까 내가 할 수 있다는 것, 내게 자질이 있다 는 것을 알게 됐어요."

그녀의 꿈은 큰 무대에서 더 많은 이야기를 관객들에게 들려주는 연기자가 되는 것이다.

인형은 물소 가죽을 말린 다음 모양을 오려 막대기에 끼워 사용한 다. 40여 분 간 막간 없이 공연한다.

여 : 도망가지 마. 가만히 서 있어.

남 : 왜, 내가 돈을 갚아 줘야 하니?

여 : 돈은 필요 없고 죽은 우리 물소를 되돌려 줘.

남 : 뭐라고?

여 : 죽은 내 물소를 돌려달라고.

남 : 나는 갚아 줄 물소가 없는데.

여 : 네가 갖고 있는 물소를 줘.

남 : 안 돼!

여 : 갚아 줄래, 안 줄래?

남 : 아니, 못 갚아 줘!

여 : 갚아 주지 않으면 때릴 거야.

마을 농부들이 누구네 집의 소가 힘이 센지 내기를 하다가 소 한 마리가 죽자 싸움이 일어나고, 현자가 나타나 싸움을 중재한다는 내용이다. 코믹한 등장인물로 웃음을 자아내게 한다. 등장인물이 빠르게 움직이는 만큼 무대 뒤편에서 그림자를 조종하는 사람들도 덩달아 바쁘게 움직여야 한다.

성우는 상황에 맞추어 극의 분위기를 돋운다. 규모가 큰 그림자극에는 동원되는 성우만 수십 명이다. 이들은 목소리 연기뿐 아니라 극의 내용에 따라 노래도 함께 한다.

라마야나 이야기가 극의 절정을 이룬다. 아름다운 시타 왕비를 탐낸 악마가 예쁜 사슴으로 변하고 사슴을 잡아 달라는 왕비의 요청으로 왕자의 동생이 숲으로 간 사이 악마는 왕비를 납치한다. 이후 라마 왕자가 원숭이 장군 하누만과 함께 왕비를 구한다.

등장해야 할 인물이 많다 보니 무대 뒤에서는 가죽 인형을 바꿔 가면서 연기하는 연기자들의 손길이 바쁘다. 그들은 그렇게 오래된 신화와 옛이야기를 들려주고 있다.

06 베트남 전통 오페라
   학보이

학보이 Hat Boi는 13세기 쩐 Tran 왕조에서 왕과 귀족을 위해 연회용으로 공연된 전통 오페라이다.

이 학보이를 16세기경, 무대에서 배우들이 충신과 역적 역할을 번갈아 하는 것은 유교적인 관점에서 적합하지 않다고 생각한 황제가 궁중에서 학보이 공연을 금지시켰다. 이에 궁중에서 쫓겨난 학보이 연기자들은 거리에서 서민의 애환을 담은 이야기를 공연하기 시작했다.

현재 베트남의 전통 오페라는 중부지방의 학보이와 민속음악과 제례음악을 기반으로 형성된 남부지방의 까이릉 Cai luong, 그리고 산간지방과 북부 평야를 중심으로 한 민속 연극예술 째오 cheo가 있다. 같은 극이지만 학보이는 궁중 음악에서 탄생했고, 14세기경 베트남 북부지방에서 나타난 째오와 1920년대 들어 메콩 델타 지역을 중심으로 발생한 까이릉은 민간에서 시작되었다.

학보이는 무대장치가 없는 공간에서 배우가 노래와 연기로 이야기를 전달한다면, 까이릉은 집과 나무 등 구조물을 설치하여 이야기를 전달한다. 째오는 중앙에 펼쳐진 매트에서 배우들이 공연하고, 관객은 매트를 중심으로 둥글게 앉아서 관람을 한다. 어느 방향으로나 열려 있는 마당극인 셈이다. 이에 반해 학보이나 까이릉은 관객을 마주 보면서 공연을 한다. 까이릉은 배우가 분장을 하지 않고 평상시의 얼굴로 연기하지만, 학보이는 얼굴에 분장을 하고 연기를 한다. 분장을 어떻게 하느냐에 따라 선한 사람과 악한 사람을 구별 짓는다. 학보이 연기자는 복색이 화려한 옷을 여러 겹 껴입는다면, 까이릉 연기자는 화려하지 않은 옷을 한두 겹만 가볍게 입고 무대에 선다. 배우들의 목소리는 학보이가 까이릉보다 옥타브가 높고 소리가 크다.

호치민에서도 고급 오피스 빌딩과 레스토랑, 백화점이 모여 있는 시내 중심가인 1군 지역 작은 도로 변에 학보이 시립공연단 사무실과 학보이 공연을 위한 상설 무대가 있다.

80~90년대 학보이는 국민들에게 인기 있는 공연이었다. 관람하려는 사람이 많아서 매일 공연해야 했다. 호치민 시에 사설 공연단까지 합치면 10여 개의 공연단이 있었다. 그러나 전파 매체와 인터넷의 등장으로 이제는 관람객이 많이 줄었다. 지금은 주로 요청에 의해 공연을 한다. 공연에 적합한 공간이 마련되지 않으면 야외에서도 진행한다. 호치민 시 문화예술관광청으로부터 재정 후원을 받아 운영하는 관계로, 시민을 위해 야외무대에서 무료로 공연하는 경우가 많다. 분기마다 10회 공연을 해야 한다.

총 감독인 휜 후화 씨는 호치민과 하노이 두 곳에 있는 2년제 전문대 예술무대원에서 연기 공부를 했다. 그 후 이곳 호치민 학보이 공연단에 입단하여 지금껏 연기자로 활동하고 있다. 그는 호치민 무대협회의 회장직을 맡기도 했으며, 지금은 극본을 쓰고 연출을 한다.

휜 후화 씨의 가족은 모두 학보이 배우다. 아들 휜 응우도 얼마 전에 입단하여 연습생으로 연기를 배우고 있다. 삼대가 학보이 배우로 활동하는 사람이 이 극단에는 세 가정이나 있다. 공연단에 입단하면

기본적으로 무용과 노래 그리고 악기를 배우는데, 10년 전에는 단원을 따로 선발하지 않았다. 단원의 후손들 중에서 학보이 연기에 재능이 있거나 배우길 원하는 사람을 교육시켰다. 대물림을 했던 것이다. 이들은 오랜 세월 형성된 예인의 가풍 탓인지 빠르게 적응하곤 했다. 그리고 국민들에게 학보이 인기가 많아 수입이 좋았기 때문에 단원이 되기 위해 지원자 경쟁이 치열했었다. 그러나 이제는 적기도 하지만, 기본 지식과 소양이 있는 사람을 선발하기 위해 전문대 이상으로 자격을 제한한다.

무대에서는 동서남북의 하늘을 지키는 사천왕이 추는 춤 연습이 한창이다. 공연을 시작하는 도입부로, 서민들에게 축복을 내려 주는 대보의식 장면이다. 쑤언 꽝 선생이 단원의 발동작과 손동작을 교정한다. 사천왕의 기본 동작은 열다섯 개이고, 기본을 응용한 동작은 작품의 내용에 따라 하이, 님 틴, 케이, 꺼우 등 다양하다. 선생이 응용 동작을 선보인다. 시범을 보이는 선생님의 동작을 지켜보면서 연습 단원은 서로 무언가 귓속말을 하고 고개를 끄덕인다. 아마도 자신들의 동작에서 무엇이 문제인지 발견한 모양이다.

"준비 되었지? 카이 동작! 인사해. 손을 돌려. 자리 바꿔! 발을 차고. 그만해, 그만! 팔을 당기지 말고 똑바로 편 상태로. 그렇지. 다시 계속. 손을 돌려! 돌아서 똑바로 서고, 자리 바꿔. 위로 카이 동작 하지 말고, 아래로 카이 동작 해. 하나 둘. 니엠 동작! 틴 동작! 꺼우 동작! 똑바로! 손은 위로 하지 말고 밑으로 하란 말이야."

쑤언 꽝 선생의 얼굴이 온통 땀으로 범벅이 된다. 기본 동작이 완벽해야 어떤 작품을 하더라도 완벽하게 연기를 소화 할 수 있다. 그래서 선생은 기본 동작 훈련에 많은 시간을 할애한다.

학보이에서 연기 못지않게 중요한 것이 노래다. 노래 지도는 호치민 학보이 공연단의 부단장인 판옥 은아 씨가 담당한다. 그는 베트남 우수예술인 중 한 명이며, 무대에서 좋은 연기로 호평을 받고 있다.

연기자는 종사하는 분야에 따라 일반적으로 가수, 배우라고 지칭한다. 그러나 한 분야에서 20년 이상 종사하고 국가로부터 그 공적을 인정받아 훈장을 수여하면 베트남에서는 우수예술인이라는 칭호를 부여한다. 그리고 훈장을 두 개 이상 받게 되면 인민예술인이라고 한다. 부단장은 국가의 문화 사절단으로 선발되어 참가한 경력이 있는, 학보이 분야에서는 알아주는 베테랑 연기자다.

"잠깐, 잠깐만. 이 마디에서는 박자를 끊어 가지 말고 부드럽게 이어 붙이면서 불러야 해. 노래를 끌어서 불러야 한다고."

그러고는 다시 한 번 한 대목, 한 대목 노래를 부른다. 단원이 노래를 합창하자 박수 치며 칭찬을 아끼지 않는다.

"좋아. 지금까지 배운 것을 제대로 파악했는지 한 명씩 나와서 해보도록 하자. 자, 누가 먼저 노래를 할까?"

단원이 서로 눈치만 보자 한 청년을 지목한다. 그는 음대에서 베트남 전통 민요인 까이릉을 전공했다. 학보이는 노래뿐 아니라 연기도 함께 할 수 있어서 매력적인 예술이라고 생각한다.

"탄, 내가 먼저 부를 테니 잘 듣고 따라 해봐."

선생이 노래를 한 소절 들려주자 탄이 따라 부른다.

"반 박자 빨리!"

탄이 노래를 다시 하자 선생이 손뼉으로 박자를 맞춘다.

“그렇지, 그렇게. 북소리에 맞추어 들어가야 해. 어떤 경우에는 북소리가 작아 잘 안 들릴 때가 있어. 기다리지 말고 노래를 곧바로 시작해야 해. 알았지!”

부단장은 스무 살에 연기 공부를 시작했다. 그 무렵에 남북전쟁으로 많은 사람이 죽었다. 학보이 연기자도 많은 사람이 목숨을 잃었다. 그래서 학보이를 배우는 데 어려움이 많았다. 특히 학보이 연기는 대를 이어 가족 중심으로 전수하다 보니 그녀처럼 무작정 배움의 길로 들어선 사람은 어깨 너머로 학보이를 배워야 했다. 남보다 더 많은 연습을 하는 수밖에 없었다.

스물아홉 살에 처음으로 장군 역할을 맡았다. 그날의 무대를 그녀는 아직도 잊지 못한다. 밥도 먹지 못하고, 잠도 제대로 잘 수 없었다. 너무 긴장한 탓일까? 적의 성을 공격하는 전투에서 손을 높이 올리며 말에 오르다가 그녀는 그만 손에서 지휘봉을 떨어뜨리고 말았다. 수백 명의 관중 앞에서 식은땀을 흘려야 했다. 그날의 실수는 연기를 할 때마다 지속적으로 자극을 주었고, 그녀의 연기가 발전하는 계기가 되었다.

“무대에서 가장 무서운 적은, 자신감 없는 연기다.”

그녀는 무대에서 대범함을 배웠고 연기에 대한 열정을 태웠다. 임신 8개월인 상태에서도 무대에 섰다. 칼을 맞고 쓰러지는 장면에서는 연기에 몰두한 나머지 몸을 바닥에 내던졌다. 넘어지고 나서야 한 생명을 품고 있는 엄마라는 사실을 인지했다.

그녀는 연기를 배우는 젊은이들이 시키는 대로 할 뿐 열정이 부족한 점을 아쉬워한다. 무대에 오르는 제자에게 진짜 주인공처럼 생각하고 지금 처한 심정을 담아서 노래하도록 끊임없이 주문한다.

총감독인 휜 후화 씨가 지도하는 작품은, 충신이 반란을 도모한 무리를 물리치고 왕을 구한다는 내용의 쌍 허우이다. 그는 학생의 발동작에서부터 장군의 위용과 얼굴 표정까지 꼼꼼하게 지도한다.

"먼저 시선을 멀리 바라보고, 예비 동작이 있어야지, 그래. 앞쪽으로 나가면서 소리치고 난 다음, 뒤로 돌아서서 수염을 한 번 쳐주고, 수염을 밖으로 던지듯 쳐 올려. 세게 수염을 쳐 올리란 말이야."

수염 올리는 동작을 보여 주면서 학생의 손동작을 교정한다.

베트남은 외세의 침략이 빈번했고, 오랜 기간 지배를 받았다. 학보이는 적을 물리치는 민족 영웅의 이야기를 중심으로 하고, 나라를 지키기 위해 민족 단결과 애국심에 호소하는 극본이 대다수다. 그리고 나라가 평화로운 안정기에는 연인의 사랑 이야기와 열심히 사는 농민의 삶이 유행하곤 했다.

"13세기 쩐 왕조 시대였습니다. 중국의 이원각 장군을 포로로 잡으면서 베트남은 경극을 알게 되었어요. 그 후, 궁에서 경극을 공연했습니다. 시간이 지나면서 우리는 점차 학보이를 경극과 차별화시켰습니다. 민족적인 전통 오페라로 바꾸었지요. 인물 분장과 노래 부르는 방식이 경극과 다른, 베트남의 문화를 만들었지요."

"학보이의 인기가 대단했다고 들었어요."

"맞아요. 1980년부터 90년 사이가 학보이 황금기예요. 관람객이 구름처럼 모이고, 암표상도 생겼어요. 시내뿐 아니라 시골을 찾아다니면서 공연했을 정도입니다. 전기가 들어오지 않는 시골에서는 전기 발전기를 돌려 공연했고, 자리가 부족하면 농민들은 집에서 매트를 가져와 가족들이 함께 앉아 구경했지요. 모기가 많았는데도 공연이 끝날 때까지 아무도 불평하지 않았어요. 공연이 끝나면 관람객이 횃불을 들고 논길을 줄지어 돌아가는 모습이 장관이었어요.”

외세 침략에 시달리고 중국에 지배당하기를 천 년. 그리고 18세기 프랑스의 식민 지배까지 시련이 많았던 그들이다. 베트남 민중들은 불의에 맞서고 나라를 구하는 영웅들의 활동을 소재로 한 서사극을 통해 선이 악을 이긴다는 믿음을 갖고 하나로 뭉치면서 민족적 자존심을 고취시켰던 것이다.

학보이 공연이 있는 날, 공연장을 다시 찾았다. 휜 후화 씨가 분장을 하고 있다. 아직 연습생인 아들이 곁에서 아버지의 분장을 돕고 있다. 연기자는 분장사가 따로 있는 것이 아니어서 본인이 직접 얼굴에 밑바탕을 칠하고 선을 그어 역할에 맞는 분상을 한다. 붉은색 분장은 충신을 뜻하고 흰색 분장은 반역자, 악인을 뜻한다. 노란색 분장은 스승이나 신을 상징하고 검은색 얼굴 분장은 일반 서민을 표시한다.

11세기부터 베트남에도 통속 가극이 있었다. 중국과의 전쟁에서 포로로 잡은 사람을 통해 중국의 가극을 받아들여 베트남식으로 재창조한 것이 학보이의 시작이다. 그렇다 보니 극의 전체 분위기가 중국의 경극과 흡사하다. 차별점은 스토리가 다르다는 것과, 분장을 하면서 경극은 검은색으로 눈 주위선을 그릴 때 가늘게 그리는 반면 학보이는 굵게 그린다는 점이다.

“무슨 역할인가요?”

휜 후화 씨가 잠시 분장을 멈춘다.

“판 띤 꽁 대장군입니다.”

함께 연기할 연기자도 분장을 하고 있다. 오늘 공연에 등장하는 주요 인물은 장군과 장군의 아들, 그리고 성을 찾는 사신이다. 나머지는 병졸인데 대부분 여자 단원이 그 역을 맡았다. 사신 역할로 등장하는 하 쌍 씨의 분장은 거의 마무리되었다. 이미 분장을 마친 단원은 의상실에서 옷을 갈아입는다. 옷매무새를 가다듬고 서로의 복장을 점검한다. 주인공인 대장군도 분장을 마무리하고 의상실로 발길을 옮긴다.

학보이 공연 시간은 보통 100분인데 쉬지 않고 진행한다. 그래서 연기자는 공연 중에 의상을 갈아입지 않고 연기를 하면서 겹겹이 껴입은 옷을 벗는다. 장군은 전투할 때 입는 갑옷을 먼저 입고, 그 위에 평상시에 입는 관복을 걸친다. 관복에는 힘차게 하늘로 비상하는 용이 금색 실로 수놓여 있다. 의상이 복잡하다 보니 의상 담당자의 도움이 절대적이다. 머리에 붉은 꽃과 황금색 가지를 꽂은 화려한 관을 쓰고 수염까지 붙이자 흰 후화 씨는 어느새 위풍당당한 대장군 판 띤 꽁이 되어 있다.

오늘 공연의 제목은 '판 띤 꽁 대장군, 나라를 되찾기 위해 깃발을 들다'이다. 음악과 함께 대장군이 큰 동작을 하며 무대에 등장한다. 그리고 커다란 목소리로 자신의 위엄과 위용을 표현한다. 분장 때 눈 주위로 굵게 그은 선들이 선명하다. 눈을 부라리고 눈동자를 이리저리 굴리는 장군의 위용이 더욱 부각된다.

왕을 가두고 반란을 일으킨 새로운 황제가 판 띤 꽁 장군에게 충성을 맹세하라고 사신을 보낸다. 대장군은 사신의 목을 베고, 그 피로 나라를 구하겠다는 글귀를 깃발에 쓴다. 진군을 준비한다. 그러나 폐위된 왕비였던 딸이 옥에 갇혔다는 소식을 듣고 가슴을 친다. 병사를 이끌고 황궁으로 쳐들어가 역신을 물리치려 하지만, 대장군은 병을 얻는

다. 장군은 아들과 병사들에게 반드시 나라를 구하라는 유언을 남기며
죽는다. 아들과 군사들이 힘을 모아 역신을 물리치고 황제를 구해 다
시 나라를 되찾는다.

07 이주민들의 낙원,
메콩 델타

차는 안장성에서 한 시간 정도 수로를 끼고 달려 선착장에 도착했다. 4km 가까이 되는 넓은 강폭임에도 아직 다리가 놓여 있지 않다. 허우 강에는 커다란 이동선Pha이 강의 양안을 오가며 사람과 물자를 실어 나른다. 차량을 통제하는 사람의 신호가 떨어지자 수십 대의 오토바이와 버스, 트럭, 봉고차가 한꺼번에 움직인다. 보따리를 든 사람들도 배에 오른다. 강에는 크고 작은 배들이 수없이 오르내린다.

맞은편 선착장에 도착하기도 전에 갑판에서는 오토바이에 시동을 거는 엔진 소리가 요동친다. 허우 강 선착장에서 다시 두 시간을 더 달려 도착한 곳은 띤엔장성의 성도인 미토Mytho 시다. 베트남을 찾은 외국 관광객이 메콩 델타의 참 모습을 보기 위해 많이 찾는 도시다. 한때 캄보디아의 미사르라는 도시였으나, 17세기 말 베트남에 합병되었다. 그리고 1862년 다이남의 투 두크 황제가 미토와 그 주변 지역을 프랑스에 양도했는데, 프랑스는 습지대의 물을 빼내서 농토로 개간했다.

미토 시 앞을 흐르는 허우 강은 캄보디아에서 170km를 흘러와 이곳에서 50km를 흐르고 남중국해로 빠져나간다. 바다와 그리 멀지 않다 보니 여섯 시간마다 일어나는 조수 간만의 차로 강물의 수심은 2m씩 오르내린다.

허우 강에는 크고 작은 섬이 네 개 있다. 이 섬에서 가장 큰 유니콘은 길이가 11km이고, 6천 명이 상주한다. 이들은 롱안, 코코넛, 자몽,

바나나, 파파야와 같은 열매를 얻기 위해 과수를 재배한다. 좋은 토양과 적절한 기후로 과일이 풍성하고, 과일나무에 꽃이 피면 벌을 친다. 강변에 사는 사람은 물고기를 잡거나, 가두리 양식장을 한다. 사료 값 때문에 관리비용이 많이 들어가지만 그래도 안정적인 수익이 보장되므로 최근에는 가두리 양식장이 늘고 있다.

갑자기 구름이 모이더니 소나기가 쏟아진다. 우기에는 이렇게 한차례씩 비가 온다. 대부분 한 시간 정도 내리고 언제 그랬느냐는 듯 다시 하늘은 맑아진다. 이 지역의 기후는 사계절이 비교적 뚜렷한 북부와 달리 우기와 건기로 나뉜다. 그리고 1년 내내 날씨가 무덥다. 그래서 하루 한차례 쏟아지는 스콜은 뜨겁게 달구어진 대지와 건물을 식히고, 더위에 지친 사람의 심신을 달래 주는 반가운 빗줄기이다.

야자나무로 지붕을 이은 초막 아래서 바라보는 비 오는 풍경은 맑은 날 바라보는 강과는 또 다르다. 초막에 비가 내리고 지붕에서 떨어지는 낙수 소리가 빗소리에 묻힌다. 비를 피하는 여행자에게 몇 사람의 현지인이 다가가 작은 악기를 연주한다. 메콩 델타 지역의 토속적인 연주 '떤 까 따이 뜨'다. 이 같은 연주 형태를 봉꼬라고 부르는데, 엄격히 말해 봉꼬에는 지금처럼 소규모로 공연하면서 연주가 중심인 '떤 까따이 뜨'와 에피소드 극 중심의 규모가 큰 '까이릉'이 포함된다.

연주하는 작은 악기는 우리나라 아쟁과 비슷한 데, 밑에 둥근 달 모양의 통이 달린 두 줄 현의 '당 윅'이다. 또 다른 악기는 '당 보우'로, 마치 가야금처럼 무릎 위에 얹어 놓고 연주한다. 긴 통 위에 하나 있는 현을 나무 막대로 튕겨서 소리를 낸다. 악기의 연주소리에 맞추어 아가씨가 베트남 전통 모자인 논라를 양손으로 모아 들고 노래한다.

초막의 지붕에서 여전히 빗물이 흘러내리고 있다. 빗소리와 노랫소리가 정감 있게 어우러진다.

베트남은 남북으로 길이가 약 1,650km이고, 동서 최대 너비는 북부가 550km, 남부가 340km이다. 베트남 음악은 문화권에 따라 북부, 중부, 남부로 그 특색이 구분된다. 북부에는 까주, 째오, 꽌허 지역의 음악이 있고 중부에는 냐냑, 뚜옹 끄앙남과 빈띤 지역의 음악이 다르다. 그리고 남부에는 까이릉, 던까 따이 뜨의 음악이 지역을 대표한다. 봉꼬는 주로 혼자 노래를 부르는 것이고, 까이릉은 무대에서 연주하는 악기 반주에 맞추어 여러 사람이 함께 부르는 것이 특징이다.

베트남 음악은 내용과 형식, 이론, 악기 구성 등이 모두 중국의 영향을 받았다. 중국의 선율을 그대로 답습한 음악이 대부분이고, 음계도 중국처럼 5음계를 사용한다. 이는 천 년 이상 중국 문화에서 자유로울 수 없었던 베트남의 아픈 역사와 무관하지 않다. 그러나 베트남은 베트남만의 독특한 정서로 새로운 음악을 창조했다.

음악 연구와 국제 교류, 음악 교육, 시민을 위한 공연 등을 목적으로 설립된 호치민 음악원의 원장 반 티 머 흐엉 씨는 전통음악이 젊은 이들로부터 홀대받는 현실을 걱정한다. 음악원에서 신입생을 모집하면 현대음악 지원자는 점차 늘어나는 반면 전통음악 지원자는 해가 갈수록 줄어들고 있다. 전통음악을 하던 이들이 나이가 많고, 또 돌아가시는 분이 늘어나면서 선생님을 모시기도 어렵다. 전통음악 전공자에 한해서 학비를 면제하는 프로그램이 있으나 학생이 취업할 자리가 부족하다.

"한 나라의 문화 예술 보존 상태는 그 나라의 문화 예술을 평가하는 척도이자 기준입니다. 사람들은 배가 부르면 아름다운 옷을 차려입습니다. 그러나 진정으로 중요한 아름다움은 차려입은 겉치레 의상이 아니라 정신이 얼마나 아름다운가 하는 것이지요. 음악은 그것을 평가하는 것 중의 하나이고요. 전통음악을 잘 보존하고 잘 가르쳐야 합니다. 아울러 베트남인에게 문화민족으로서의 자긍심을 고양시키고, 더 나아가 나라의 전통 가치를 사랑하게 하는 것이 대단히 중요합니다."

이것은 반 티 머 흐엉 원장만 갖고 있는 고민은 아닐 것이다. 각국의 전통음악 관계자들이 모두 안고 있는 깊은 고민이다.

세차게 쏟아지던 비가 그쳐 이동을 준비하는데, 건너편 테이블 주위에서 연주와 노래를 했던 팀이 또 노래를 한다.

구름이 두둥실 떠 있는 하늘은 푸른 강을 비추고,
제비들은 푸른 밭 위를 자유롭게 날아다니네.
봄 햇빛에 벼가 누렇게 익어 가네.

마을에선 다가온 봄을 즐겁게 맞네.

노란 매화가 색깔을 자랑하고,

불어오는 바람에 난초와 국화 향기가 흩날리네.

사람들이 흥겨워하는 모습이 눈에 보이네.

사람들의 목소리와 웃음소리가 마을 안길에 가득하네.

배가 그리운 임을 고향집으로 데려오네.

임이 봄을 맞으려 고향집을 찾아오네.

배가 그리운 임을 고향집으로 데려오네.

임이 봄을 맞으려 고향집을 찾아오네.

비 그친 하늘에 두둥실 떠 있는 구름, 햇살을 받아 반짝이는 나뭇잎들과 잘 어울리는 노래 가사다. 베트남인들의 심미적 감수성을 듬뿍 느낄 수 있는 노래였다.

섬 안쪽, 길옆으로 갖가지 과일이 주렁주렁 열려 있다. 모녀가 과일 나무에 올라 과일을 딴다. 잘 익은 자몽을 따서 할머니에게 던지면 할머니는 그것을 받아 바구니에 담는다. 나뭇가지에서 이동하기엔 금방 부러질 것처럼 위험해 보이는데도 아주머니는 아무렇지도 않게 나무를 탄다. 가지째 꺾은 리치를 곧바로 묶어서 밑으로 내린다. 바구니의 크기로 보아 대량 판매를 위한 수확이라기보다 섬 주변의 식당에 내다 팔려는 모양이다.

더 깊이 들어가자 강변 숲속 마을은 열대나무들과 이름 모를 새소리만 있을 뿐 적막하다. 조그마한 나룻배가 작은 수로에 덩그러니 떠 있다. 시간마저 잠시 멈춘 듯하다. 섬에 자전거나 오토바이가 다닐 만한 길이 나 있지만 오랜 세월 이들에게 익숙한 길은 작은 수로다.

델타 지역에는 작은 수로가 거미줄처럼 얽혀 있다. 물 야자나무와 이름 모를 열대 과일나무가 가득한 수로는 폭이 10여m가 넘는 것부터 나룻배 한 척이 겨우 지나갈 정도의 좁은 것까지 그 크기가 다양하다. 이런 수로들이 델타 숲속 여기저기에 길을 내고, 크고 작은 마을들을 연결한다.

메콩 델타는 1750년대 참파 왕국의 베트남인들이 점령하기 전까지는 캄보디아 영토였다. 베트남의 영토임에도 홍 강을 중심으로 발현한 베트남 왕조와 중부의 달랏 지방에 비하면 정치적으로나 문화적으로 그 중요성이 떨어지는 곳이었다. 북베트남이 중국의 영향을 강하게 받았던 것과는 달리 남베트남에서는 더 오랫동안 선사시대가 지속되었다. 그 후 남베트남은 인도 문화의 영향을 받아서 문명세계에 동참하기 시작한다.

기원전부터 메콩 델타에 사람이 거주했다. 고고학적 자료에 따르면 이 시기에 여러 소국이 있었고, 농경 생활을 했다. 인도와 상업적 교류를 하면서 크고 작은 도시들이 델타 지역에 생겨났는데, 이를 배경으로 후난 왕국이 수립되었다.

후난 왕국의 첫 수도는 '야타푸라 city of the hunters'였으며, 주요 항구도시는 타이 만 쪽 콩 강 포구에 있는 옥 에오Oc Eo였다. 이 도시는 타이 만을 가로질러 베트남 연안을 항해하는 무역을 관장했다. 건립 이래 후난 왕국은 약 500년 가까이 주변국을 영향권 하에 두고 조세와 조공을 받았다. 후난 왕국은 현재의 캄보디아는 물론 남베트남, 태국의 짜오프라야 하류지역, 남부 라오스, 그리고 남쪽으로는 빳따니에 이르는 방대한 지역을 석권하였다. 비옥한 콩 강의 장악은 왕국을 농경 국가로 성장시켰고, 콩 강의 크고 작은 지류는 수상 교통의 중심이 되었다. 후난 왕국의 발전과 번영은 농업과 무역에 그 뿌리를 두고 있었다. 왕은 매년 일어나는 홍수에 대비하여 관개시설을 정비하고 삼모작을 장려하였다. 시바Shiva 신을 숭배하는 힌두교(브라만교)가 공식 종교로서 국가를 통제하는 체제였다. 그러나 불교가 일반 피지배 계층 사이에 광범위하게 확산되어 있었다. 후난 왕국의 성립 이전부터 이곳에 살던 선주민은 정령과 귀신 숭배를 신봉하고 있었다.

7~8세기는 후난 왕국의 쇠퇴기다. 후난 왕국은 6세기 중엽에 왕위 계승 문제로 인하여 국력이 약해진 상태에서 말레이시아와 전쟁을 했고, 종속국의 하나이자 차남의 왕국인 첸라Chenla 왕국에게 무력으로 합병되었다. 첸라 왕국은 현재 남부 라오스와 북부 캄보디아 지역에 있던 왕국이다. 왕국이 망하고, 몇 년간 계속된 대홍수로 사람들은 델타 지역을 떠났다. 수세기 동안 동물들이 숲을 지키는 버려진 땅이 된 것이다. 그러다가 15세기 캄보디아가 태국과의 전쟁으로 쇠퇴할 무렵, 전쟁의 고통과 가난을 벗어나기 위해 당시 캄보디아 백성들이 메콩 강을 타고 이곳으로 들어왔다. 메콩 델타의 북쪽 지방이면서 캄보디아와 국경을 이루고 있는 안장 지역에 정착을 했다.

델타의 중부 이남은 여전히 버려진 땅이었다. 15~18세기 베트남에서 대월국과 참파국의 전쟁이 중부에서 일어났다. 이 당시 응웬 왕조의 정책에 따라 관리자가 서민들을 데리고 메콩 델타 지역으로 내려와 개간을 시작했다. 그리고 명나라가 망하자 명나라 관리였던 사람들이 주민을 이끌고 베트남으로 귀화했는데, 이들을 메콩 델타 지역으로 보내 개간을 하도록 했다.

이곳의 공식적인 통치는 1789년 응웬 왕조가 행정기관을 설립하면서부터이다. 18~19세기에는 이 지역에 킨족, 크메르족, 화교, 참족이 관계를 형성하고 정착해서 살았다. 이후 이 지역은 프랑스 식민지 시대를 거치면서 항불 저항지로, 독립 이후에는 또 남북전쟁의 격전지로 의미를 갖고 있다.

— 응웬 반 디엡 호치민시립대 문화인류학과장

끝없이 펼쳐진 델타의 농경지와 숲에 아픔의 역사가 스며 있다. 몇 세기 동안 사람들에게 버려진 땅. 이곳을 찾은 사람들은 그야말로 생존을 위해 이 땅을 개척해야만 했다. 온통 습지였을 델타에 수로를 파면서 나온 흙으로 늪을 메워 논을 만들고 과수원을 만들었다. 그렇게 만들어진 수많은 수로는 우기에는 수량을 분산시키고, 강물의 수위를 낮추는 역할을 했다. 아직도 메콩 델타에서는 이 같은 이유로 계속해서 인공 수로를 만들고 있다.

작은 수로를 따라가다가 잠시 들른 농가에서는 부 스어를 딴다. "맛있어요?" 하고 묻자 "그럼요. 달콤해서 아주 맛있어요."라면서 권한다. 껍질이 좀 말랑말랑해질 때까지 양손으로 비비다가 과일을 가르자, 안에 우유 빛깔의 과즙이 고여 있다. 매우 달콤하다. 다른 농가에서는 부부가 힘을 합쳐 코코넛을 따고 있다. 남편은 나무에 올라가 밧줄로 코코넛 더미를 묶고, 부인은 나무 밑에서 그 줄을 당겨 코코넛을 아래로 떨어뜨린다. 운반하는 곳을 따라가 보니 상당히 많은 양의 코코넛을 따 모았다. 집 앞 수로를 통해 오후에 큰 강가에 날라다 놓으면, 과일을 수집하러 오는 상인이 사 갈 것이다.

섬 사이를 거미줄처럼 이어 주는 수로를 따라 이웃과 왕래하고 크고 작은 일을 보아 왔던 메콩 델타의 사람들은 아직도 그 오래된 개간의 역사를 이어 가고 있다.

08 짜오 쯔언의 자부심,
     뗀다 축제

추수를 끝낸 논바닥에서 농부가 흰 소 두 마리를 둥글게 원을 그리며 돌게 한다. 논 한쪽에서는 열 살 정도 되는 사내아이가 아빠가 하는 일을 지켜본다. 피부색이 유난히 검다. 킨족이 아니라 크메르족이다. 메콩 델타가 원래는 캄보디아 영토였으니까 오랜 세월 이곳에 터를 잡고 살아온 토박이다.

짜오 쯔언이 뗀다 축제에 참가하기 위해 소를 훈련시키는 중이다.

뗀다 축제는 안장성을 대표하는 축제로 베트남 전역에서도 유명하다. 이 축제는 음력 8월 30일, 벼 수확을 끝내고 모내기를 시작하기 전에 농민들이 한 자리에 모여 소 달리기 경기를 펼치는 날이다. 두 명의 선수가 출전해서 8m 정도의 폭과 120m 길이의 타원형 트랙을 세 바퀴 달려 결승점에 먼저 들어오는 소와 사람이 승리하는 경기이다.

두 마리의 소 등을 연결한 막대기 사이로 긴 장대를 뒤로 내려뜨리고, 거기에 사각형의 통나무를 연결하여 선수가 발을 딛고 설 수 있게 발판을 만든다. 발판의 길이는 1.2m이다. 출발 신호와 함께 그 발판 위에 선 사람이 소를 몰아서 결승점에 먼저 도착한 팀이 우승한다.

경기에 출전한 소는 무척 빠르다. 120m의 트랙 세 바퀴를 2~3분에 주파한다. 바닥에 물을 부어 진흙바닥으로 만들어서 경기장은 미끄럽다. 코너를 돌 때는 소가 넘어지기도 하고, 선수가 발판에서 떨어져 다른 소에 밟히기도 한다.

예전에는 추수가 끝난 넓은 들판에서 경기를 진행했지만 지금은 상설 경기장이 따로 있다. 축제가 시작되면 안장성 전역에서 농민들이 구경하러 모여드는데, 적게는 5~6천 명에서 많을 때는 만 명까지 모인다. 이때가 되면 숙박시설이 있을 리 없는 마을 곳곳에 사람들이 천막을 치고 장사진을 이룬다. 지금이야 대부분 트럭으로 소를 옮기지만 차가 없던 시절에는 수로를 따라 배로 이동하거나 며칠씩 걸어왔다. 개인 경기임에도 마을에서 참가한 소가 이기면 마을 잔치를 벌인다.

쯔언 씨는 구경꾼으로 축제를 즐겼으나 올해부터는 경기에 직접 참가하기로 했다. 두 달 전에 큰마음 먹고 2500만 동을 들여 힘세고 혈통 있는 2년생 경기용 소를 두 마리 샀다.

문화를 공유한다는 것은 어쩌면 집단의 정체성을 확인하는 일이기도 하다. 특히나 여러 부족이 어울려 사는 사회에서 조상이 입었던 옷을 입는 것이나, 대대로 내려오는 각종 제의를 전수받아 행하는 것, 집의 형태를 유지하는 것은 자신의 뿌리와 정체성을 잊지 않으려는 노력일 것이다.

소 경기는 원래 캄보디아인들이 추수를 끝내고 즐겼던 전통 축제였다. 다문화 공존의 중요성을 역설하면서도 도시화, 산업화, 획일화되는 현대사회에 농업 사회에서 기능했던 다양한 부족의 문화가 본래의 형태로 유지되기는 어렵다. 설령 보존되고 있다 해도 박제된 관광 상품이 대부분이다. 자연과 그 자연 속에서 삶이 어우러지는 과정에서 자연 발생적으로 만들어지는 것들이니, 환경에 따라 점차 사라지는 것은 어쩌면 당연한 결과인지도 모른다. 그래도 이 마을처럼 도시로부터 멀리 떨어져 있거나, 도로가 포장되지 않아 도시화의 속도가 다소 느

소를 훈련시키는 짜오 쯔언과 그의 아들

린 곳은 전통의 소멸이 덜하고 생활 그 자체로 아직 남아 있다.

짜오 쯔언 씨가 힘들게 모은 돈을 들여 이 경기에 참가하고자 하는 것은 자연스런 모습이다. 지금까지 구경만 했던 그는 소가 빨리 달리게 하는 기술을 배우기 위해 우승한 경력이 있는 이웃 마을 사람을 찾아가 방법을 물어보았다. 이론과 실제는 다른 법. 소를 몰기는 하지만 마음대로 되지 않는다. 소들은 달리는 방향을 자꾸 잃어버리고, 호흡이 맞지 않아 애를 먹는다. 특히 트랙을 빨리 돌기 위해서는 코너를 도는 기술이 중요한데, 아직 그런 기술은 미흡하기만 하다. 뾰족한 송곳이 박혀 있는 싸룬으로 소의 엉덩이를 찔러도 보지만 소는 앞으로 빠르게 달리는 것이 아니라 엉뚱한 방향으로 달려가곤 한다.

축제가 열리기 한 달 전부터 경기에 참가하는 농민들은 매일 오전과 오후에 두 시간씩 이렇게 소를 훈련시킨다. 그리고 소 먹이를 특식으로 바꾼다. 쌀죽에다 계란을 풀어 먹이기도 하고, 일반 물 대신 코코넛 물을 먹이기도 한다.

　달리기와 휴식을 번갈아 가며 한참이나 훈련을 반복하더니 이번에는 자신의 아이를 나무판에 올라서게 한 다음 다시 연습한다. 아마도 성인의 무게를 소들이 힘겨워하는 듯해 조금씩 무게를 늘려 가려는 모양이다. 계속된 연습에도 불구하고 짜오 쯔언 씨의 말대로 올해 좋은 성적을 거두기는 어려울 것 같다. 그러나 그는 조상들이 해왔던 일을 자신이 실천하고 있다는 사실이 자랑스럽다.

09 사람을 모으는 떼우 아저씨,
　　워터 퍼핏 쇼

　　메콩 델타에는 어디를 가나 물이 흐른다. 크고 작은 수로들이 있고, 그 수로로 풍부한 물을 끌어들여 농사를 짓는다. 이곳 사람들에게 물은 생활 깊숙이 스며들어 있다.

　　수상인형극 '워터 퍼핏 쇼'는 그들의 삶을 대변하는 대표적인 공연이다. 그러나 이 수상인형극은 베트남 남부 메콩 델타를 배경으로 탄생한 것은 아니었다. 베트남 북쪽 홍 강을 배경으로, 그곳에서 사는 사람들의 생활 풍속과 논에서 소를 이용해 농사짓는 모습을 인형극의 형태로 담아낸 것이다. 그럼에도 작품 내용에서 다루는 주제나 연기하는 방법은 메콩 델타의 공연과 다르지 않다.

　　수상인형극을 공연하는 곳으로는 국가에서 운영하는 '국립 워터 퍼핏 쇼 공연단'과 '탕롱 워터 퍼핏 쇼 공연단'이 있고 지방자치단체에서 운영하는 '호치민 워터 퍼핏 쇼 공연단'이 있다. 그리고 개인이 운영하는 크고 작은 공연단이 각 도시와 지역에서 활동하고 있다. 그러나 어떤 공연단이나 열여덟 가지 공통된 내용으로 연기한다.

　　공연이 시작되면 인형 '쭈 떼우'가 나와서 일하는 사람을 부르고, 문답식으로 안부를 묻는다. 그리고 자신의 고향이 얼마나 자랑스럽고 축복받은 곳인지 이야기한다. 성스러운 용이 등장해서 용춤을 춘다. 소를 끄는 농민들이 등장해 논을 갈고, 모내기하는 모습을 흥겹게 보여 준다. 강에 사는 물고기들이 힘차게 헤엄치는 모습을 통해 강의 풍부한 어족 자원과 그 강에서 어부가 물고기 잡는 풍속을 보여 준다. 그런가 하면 강에서 오리를 키우는 농부와 농부의 오리를 잡아먹으려는 야생동물이 펼치는 숨바꼭질을 해학적으로 풀어낸다. 또 어린아이들에게 문(文)을 중시하고 학업 정진의 중요성을 강조하는 일화도 있어서 보는 이들로 하여금 폭소를 자아내게 한다.

이 밖에도 신화적, 역사적 사건을 이야기로 풀어내기도 한다. 하노이에 있는 '호 그음'이라고 하는 큰 호수에서 침략군을 맞아 전쟁을 벌이는데, 호수에 살던 거북이의 도움을 받아 침략군을 물리친다는 내용이 있는가 하면, 남녀 간의 사랑을 주제로 한 것도 있고, 삶에서 지켜야 할 선하고 아름다운 이야기를 담아낸 것도 있다.

무대는 사람의 허리 정도로 물을 채우고, 사람이 발 뒤에서 긴 막대와 줄로 인형의 섬세한 동작을 조종한다. 워터 퍼핏 쇼를 공연하기 위해서는 인형을 조종하는 열두 명의 사람과 여섯 명의 악기 연주자 있어야 한다. 그리고 두 명의 가수가 노래를 부르거나 대사를 한다.

음악은 베트남 전통 악기를 연주한다. 피리 종류의 '싸우'는, 두 줄 현악기이다. 아쟁과 비슷한 '딴 니' 역시 두 줄로 되어 있고, '딴웻 딴 따이'라는 현악기도 마찬가지다. 한 줄로 된 현악기 '딴 바우'와 36줄의 현악기 '딴 땀 팁록' 그리고 '쫑'이란 북을 활용한다. 북은 큰 것과 중간 크기, 작은 것으로 구성한다. 음악은 지역에 따라 북부 하노이에서는 '째오'를, 중부지방에서는 '회'를, 메콩 델타를 중심으로 한 남부에서는 '까이릉'을 연주한다.

북쪽 지방에서는 인형의 옷을 여러 겹 입히는 반면 남쪽 지방에서는 간단하게 입힌다. 인형 옷의 색상은 원래는 자연스런 무채색 계열

인데 요즘은 시각적인 효과를 높이기 위해 화려하게 입힌다.

호치민 시는 호치민 민속역사박물관에서 수상인형극장을 운영한다. 호치민 수상인형극단원 기술 총감독을 맡고 있는 응 웬 똔 선생은 조언을 해주느라 바쁘다. 단원들이 인형과 인형을 연결하는 기구를 모두 꺼내서 간만에 인형을 보수한다. 나무로 만든 사람, 용, 소, 물고기 등 무대에 등장하는 모든 인형을 햇살 아래 꺼내놓는다. 연기를 하면서 오랫동안 물에 담겨 있던 인형들은 물때가 끼었다. 더러는 서로 부딪치면서 칠이 벗겨졌다.

떼우(주떼우) 아저씨도 오늘은 물 밖으로 나와서 얼굴 화장을 단정하게 고친다. 떼우 아저씨를 조종하는 사람이 가까이 보고 멀리 보기를 반복하면서 섬세하게 칠을 고쳐 나간다. 그 옆에서 틈이 벌어져 조종대가 헐거워진 소는, 조종대의 헐거워진 부분을 나무로 깎아 조종 틀에 꽉 맞도록 끼운다. 어떤 단원은 살아 있는 듯 움직이는 인형의 유연성을 보완하기 위해 손목과 어깨 부분을 연결하는 줄을 늘이고 줄이기를 반복하면서 길이를 맞춘다.

이들은 휴무인 월요일을 제외하고 매일 오전 9시부터 오후 4시까지 총 6회를 공연한다. 열여덟 가지 일화 중에서 분기 단위로 여섯에서 일곱 개 정도를 연기하는데, 1회에 30분씩 공연한다. 허리까지 차는 물속에서 막대를 휘젓거나 줄을 당기고 밀면서 인형을 조종하는 것은 심력과 체력 소모가 많다.

인형은 감정도 표정도 없는 단순한 나무에 불과하지만 조종자의 섬세한 손놀림으로 새로운 생명을 부여한다. 인형의 움직임에 음악과 노래와 대사가 곁들여지면서 관객은 인형이 전하는 이야기를 받아들이고 화를 내거나 웃는다. 그래서 오늘처럼 공연이 없는 날이면 단원은 쉬지 않고, 오늘보다 훌륭한 공연을 위해 내일을 준비한다.

오늘은 수도 하노이뿐 아니라 베트남 전역에서 유명한 무형문화재 수상인형극 연기자를 초청했다. 매년 한 차례씩 단원의 미흡한 기술을 보완하기 위해 교육하는 날이다. 아침 일찍 시작한 인형 조종기구 수리도 보다 완벽한 교육을 받기 위한 것이다.

레 빤 응오 선생님은 71년부터 수상인형극 연기자로 활동했으며 2005년까지 하노이 퍼핏 공연단에서 활동했다. 2005년에 정년퇴직한 후부터는 강의 요청이 들어오는 극단을 찾아가서 기술 지도를 하고 있다. 함께 온 도티 무이 선생님은 하노이에 있는 예술대학에서 퍼핏과를 졸업하고, 72년에 하노이 퍼핏 공연단에 입단했다. 두 분의 초빙 선생님은 같은 공연단에서 30년 이상 함께 공연한 동료 연기자인 셈이다. 베트남에서 가장 큰 규모와 기술을 인정받는 하노이 퍼핏 공연단은 이름을 탕롱 퍼핏 공연단으로 바꾸었다. 초빙 선생님은 차를 마시며 잠시 극단에 대한 여담을 나누더니 바로 교육을 시작한다.

처음 교육받는 팀은 용춤을 추는 연기자들이다. 단원이 물속에서 긴 막대에 연결된 용을 들고 평상시의 자세로 서 있자 선생님이 좀 더 앞으로 나오라고 지시한다. 용춤을 추는 단원이 너무 가까이 붙어 있으면 공연할 때 용의 힘찬 움직임이 작게 보인다는 설명을 덧붙인다. 위치가 잡히자 선생님의 지시로 음악이 흘러나오고, 단원은 음악에 맞추어 물속에서 용이 유영하는 모습을 연기한다.

"용머리를 물 아래로 밀어서 둘이 같이 움직여. 빨리 돌고. 됐다, 됐어. 계속 움직여. 다른 용이 기다리는 느낌이 없도록 해야 해. 용이 돌 때, 그렇지, 그렇게. 머리 내리고, 됐다. 됐어. 오른쪽 용 머리 더 내려, 그렇지.”

느리게 움직이던 용의 몸놀림은 음악에 따라 점점 빨라지고 용의 머리도 수면으로 들어갔다 나오기를 반복한다. 두 연기자의 호흡이 맞지 않는가 보다. 선생님은 용의 몸놀림이 너무 느리다면서 단원의 동작을 중단시킨다.

“용이 한 바퀴 도는 데 3박자여야 해. 자, 다시 연습하자. 하나~, 둘~, 셋! 이 박자에 맞추어 따라 해. 그렇지. 자, 여기서 물을 뿜어야지.”

물에서 힘차게 용트림하던 용은 연기자의 조종으로 입에서 물을 뿜어낸다. 선생님은 용의 머리가 물에서 올라올 때와 내려갈 때의 타이밍을 놓치지 말라고 강조한다. 두 마리의 용이 유영을 하다가 네 마리 용이 등장하자 수상인형극장 풀 안은 마치 폭풍우가 치는 바다처럼 물결이 요동친다. 물속에서 인형을 조종하는 연기자의 이마에도 땀방울이 흥건하다. 그냥 젓기도 만만치 않은 용의 크기에다 물살을 헤쳐야 하는 수압 때문에 더욱 힘든가 보다.

“음악을 잘 듣고 리듬에 맞추란 말이야.”

“더 밖으로 나와, 됐어, 잘 됐어. 그리고 용 머리를 낮춰, 용 머리를 내려. 서로 보고 같이 움직여, 같이 앞으로 밀어 올려. 들어가는 동작이 안 좋아. 왜 일찍 들어가! 뭐가 걸리나? 용 머리 내려, 용 머리 내려! 물 뿜는 동작 다시 해라. 틀렸다, 틀렸어. 피곤하냐? 피곤하면 잠시 쉬었다가 다시 하자!”

E
ASTY

　용춤을 추는 팀의 연습은 40여 분이 지나서 끝났다. 단원들은 힘들지만 모처럼 훌륭한 선생님으로부터 받는 소중한 교육인지라 한 사람도 요령 피우는 사람이 없다.

　용춤이 나오는 다음 장면은 '떼우' 아저씨가 등장한다. 떼우 아저씨가 논에서 일하는 농부를 부른다. 대사는 문답식인데, 하노이는 천년고도이며 우리 고장이 얼마나 살기 좋은 곳인가 하는 이야기이다.

　"계속 움직이지 말고, 상대방이 이야기할 때는 잠시 동작을 멈추었다가 상대방 소리에 맞추어 시작하란 말이야. 그리고 몸을 흔들 때는 조심해, 너무 한쪽으로 기우는 것 같아. 움직이더라도 좌우 균형을 잃지 말아야지."

　문답에 따라 인형은 마치 살아 있는 사람처럼 움직인다.

　"여보게, 서둘러 일을 마치고 모여서 노세나. 천년고도는 누가 지키지? 우리가 지켜야지."

　째오에 맞추어 몇 번이고 떼우 아저씨의 연기를 반복한다. 처음보다 훨씬 자연스러워졌다는 선생님의 칭찬에 연기자는 인형을 내려놓고 두 손으로 합장 하면서 연신 고개를 꾸벅인다. 곧이어 농부가 논에서 일하는 장면을 지도한다. 머리와 팔 관절을 이용해 다양한 동작을 선보인다. 줄 조종 실력에 따라 연기자와 인형의 동작은 유연함이 달라진다. 고도의 섬세함이 요구되는 기술이다.

　"인형을 보고 조종을 해야지. 왜, 물을 보고 조종하지? 물을 보고 하니까, 인형의 균형이 안 맞는 거야. 그렇지, 인형은 항상 좌우 균형을 이룬 상태에서 허리를 굽히고 손을 움직여 벼를 심도록 조종해."

　선생님의 언성이 높아진다. 이 장면에서는 피리 부는 소년이 물소를 타고 등장하고, 모를 심는 농부와 논을 가는 물소 등 여러 인형이 등장한다. 한 공간에서 다양한 동작을 선보여야 하기 때문에 집중과 전체적인 조화가 필요하다. 연기에 집중하지 않으면 다른 인형들과 부딪치고 다른 인형의 공간까지 점유해 전체 구도가 흐트러진다. 선생님은 피리 부는 소년의 연기가 조금 빠르다고 지적하면서, 다른 농민들이 바쁘게 일하지만 극 전체의 분위기는 한가롭고 여유 있는 서정적 분위기를 표현해야 한다.

"피리 부는 소년이 탄 물소는 아주 천천히, 부드럽게 움직이면서 이동해야 해. 피리소리를 잘 듣고, 거기에 맞추어 조종하란 말이야."

도티 무이 선생은 단원들이 조종하는 모습이 답답했는지 가슴까지 올라가는 긴 장화를 신고 풀로 들어간다.

"모 심는 사람은 두 발 양손을 이렇게, 이렇게 조종해야지. 두 사람이 같이 일하는데 동작이 같으면 보기가 좋잖아. 음악을 들으며 두 사람이 함께 굽혔다 펼 수 있도록 해. 이건 줄을 잘못 감았네."

인형 조종 기술은 물과 익숙해야 한다. 2m 되는 막대의 끝에 놓인 인형과 인형의 관절 부위와 연결된 줄을 당기는 기술은 보통 5년 정도 연습해야 정식으로 무대에 설 수 있다. 등장하는 인형의 수가 많다 보니 풀 안은 연기자들로 가득하다. 선생은 단원의 신체적인 특성에 맞도록 개인별로 줄 조종법을 교정한다. 물소가 물을 먹으며 이동하는 장면에서는 소 머리가 물에 잠길 듯 말 듯하도록 조종 막대를 전체적으로 조금 내린 상태에서 수평을 유지하는 것이 요령이라고 일러 준다. 등장 인형의 순서대로 다시 한 번 연습한다. 이번에는 개인 인형 조종보단 등장하는 타이밍을 중심으로 지도한다.

과거에는 여성이 인형 조종을 할 수 없었다. 인형 조종은 공개된 기술이 아니라 인형 조종 연기자의 가문에서 대물림하는 것이 보통이었다. 여성 인형 조종자로는 도티 무이 선생이 1세대인 셈이다. 그래서 더욱 단원들은 선생을 존경한다.

점심 식사를 마친 선생님들이 박물관 옆으로 산책을 나섰다. 단원들이 인형 조종 기술자로서 자부심도 높고, 자연스럽게 내용을 표현하는 듯해서 마음이 흡족하다. 그러나 공연단의 운영 상태가 안타깝다. 시에서 공연장 시설 보완을 조금만 더 한다면 연기자들의 연기가 더 돋보일 텐데, 그것이 못내 아쉽다.

"지방마다 선호하는 음악이 다르기 때문에 관중 취향에 맞춰야 대중화될 것 같아."

"수상인형극은 악기를 연주하면서 연기해야 되는데 CD로 하다 보니 생동감이 떨어져."

"맞아. CD로 음악을 트니까 가수가 무대에서 립싱크하는 것 같아."

"남부 관중이 좋아할 것을 찾아야지."

아직 대다수의 국민이 농사를 짓고는 있으나 그들이 향유했던 농경 사회 문화는 사라진 지 오래다. 수상인형극은 이제, 언제 어디서나 전원만 켜면 화려하고 역동적인 동영상이 쏟아져 나오는 현대의 미디어와 경쟁이 안 된다. 그들도 이 사실을 잘 알고 있다. 그럼에도 이들은 오래된 전통은 비능률적이고 무가치하다는 통념이 젊은이들 사이에 자리 잡을까 봐 두려워한다. 선조의 혼이 묻어 있는 무형 자산을 버릴 수는 없다. 그래서 그들의 고민은 깊다. 워터 퍼핏 쇼를 대중화시키기 위한 그들의 고민 나눔은 한참이나 계속 되었다.

　다음 날 공연장을 다시 찾았다. 공연 시간이 다가오면서 단원들은 공연 준비로 분주하다. 연기자들이 가슴까지 올라오는 장화를 신는다. 인형이 제대로 움직이는지 자신의 장비를 꼼꼼히 살핀다. 드디어 공연 시작을 알리는 음악이 울려 퍼지고 인형극이 시작된다. 인형을 자유자재로 움직이면서 아주 오래된 이야기를 표현한다.

　물속에서 긴 막대와 인형을 조종하는 그들의 손놀림은 극의 이야기에 맞추어 빨라졌다 느려졌다를 반복하면서 전통음악과 어우러진다. 재치와 해학이 넘치는 인형의 연기와 이야기에 베트남 언어를 모르는 외국인들도 연신 폭소를 터트리고 박수를 보낸다. 그렇게 30여 분의 시간이 단 한 번의 끊김도 없이 이어진다. 온몸으로 공연을 마친 단원들은 방금 전까지 인형이 연기를 펼쳤던 물에서 나와 관객들에게 정중히 인사한다.

　물소를 조종한 팜 휘 쭛에게 물빛이 왜 탁한지 물었다.

　"맑은 물에서는 공연 도구들이 다 보이잖아요. 그러면 보는 사람이 재미가 없겠지요."

　30℃를 웃도는 높은 기온에도 불구하고 물에서 공연해야 하는 이들은 공연을 마치고 나면 늘 한기를 느낀다. 공연을 마친 단원들이 모두 한 자리에 모여 따뜻한 차 한 잔으로 서로의 노고를 위로하며 몸을 녹인다.

4장

강에 흐르는 삶과 기도

'강에 흐르는 삶과 기도'의 인터뷰에
응해 주신 분들에게 감사드립니다.

매리설산으로 순례길 나선 장족 농부, 라종 뺀주(36) / 중국 민간문화
유산 보존 프로젝트 전문위원, 리쯔쉔(63) / 얼하이 호수 어민, 나취
엔(64) / 샹그릴라 숭찬림사 스님, 나운 짱뻬에(87)와 루장 기일리
(38). 로쏭 츄천 스님 입적 1주기 행사 집전 스님, 라송 존 듀이(43) /
옹뜨 승가대학 학장, 분 쑤완 께오 필롬(52) / 쑤란 의식에서 만난 마
을 이장, 타윗 싹(52) / 루앙프라방 왓 푸쿠와이 주지스님, 짠탈린
(58). 예비승려, 요 옹(15) / 루앙프라방 주민, 하오오 탐(70) / 라오스
현지 관광 가이드, 생 찬(31) / 루앙프라방 보트 경기 참가 선수, 댕
남 쑥시(33) / 베트남 남부 개발원 수석 연구위원, 판 안 / 뜨언 효의
교 지역 교구장, 응웬 후 옹이(62). 신자 레 반 루어(56) / 떠이닌성
까오다이교 총무국장, 흐홍 끼에(58).

01 장족의 기도 성지
매리설산

샹그릴라(香格里拉)의 '香'과 '格'은 옛 장족의 언어로는 '마음속의 해와 달'이다. 1933년 영국의 소설가 제임스 힐턴의 《잃어버린 지평선》에서 소개된 후, 샹그릴라는 이상향으로 자리매김 되었다. 1996년 중국 정부는 힐턴의 소설에 나오는 이상향을 찾기 위해 50명의 국내외 민속학자, 지리학자, 종교학자, 역사학자로 탐사대를 구성하여 운남성과 사천성, 티베트 자치구 일대를 면밀히 조사했다. 이들은 설산과 대초원, 강, 협곡, 원시삼림, 티베트 불교 존재 유무를 기준으로 삼아 탐사를 마치고, 디칭 장족 자치주의 중디엔 지역이 소설의 무대와 유사하다는 결론을 내렸다. 그 후 2001년 12월 중국 정부는 중디엔을 샹그릴라 현으로 개칭했다.

장족 특유의 건축 양식으로 지어진 집이 초지에 드문드문 두세 채씩 모여 있다. 집 주위로는 누렇게 익어 가는 보리가 바람에 일렁인다. 보릿단이나 채소를 말리기 위한 나무 방책 구조물이 높게 세워져 있다. 보리밭에서 전통 복장을 입은 사람들이 보리를 벤다. 한 줄로 서서 보리를 베는 것이 아니라 제각각이다. 그러다 보니 보리밭 깊숙이 들어가서 보리를 베는 사람이 있는가 하면 아직 보리밭 언저리에서 보리를 베는 사람도 있다.

보리밭 건너 초원에서는 야크와 말이 풀을 뜯는다. 샹그릴라를 지나 고개를 넘자 계곡은 깊고도 깊다. 샹그릴라를 둘러싸고 있던 원시

림은 보이지 않고, 사암으로 이루어진 고산에는 온통 키 작은 잡목뿐
이다.

협곡 중간으로 도로가 거미줄처럼 이어진다. 매리설산을 마주하고
있는 더친은 방호벽도 없는 길옆의 낭떠러지를 보면서 일곱 시간 정도
차를 달려야 도착한다. 도로는 포장 공사 중이거나, 산에서 흘러내리
는 돌과 토사를 막기 위해 산을 깎고 간혹 콘크리트로 안전장치를 만
드는 작업이 곳곳에서 벌어진다.

샹그릴라에서 더친으로 가는 중간에 비교적 큰 도시인 번즈란을 지
나자 길은 더욱 험해진다. 아득하게 내려다보이는 협곡 아래 황토색의
금사강이 꿈틀거리고, 협곡을 이루는 높은 산의 정상은 구름에 가려
보이지 않는다. 실 같은 길들이 밋밋한 경사를 이루며 산 중턱, 구름으
로 이어진다. 그 길을 따라가다 보면 간혹 백탑이 서 있고, 백탑 주위
에서 타르초가 바람에 펄럭인다.

순례자들이 길에서 오체투지를 한다. 머리와 가슴, 팔, 다리, 배를
최대한 땅에 접촉시킨다. 순례자는 영혼이 머물고, 신이 머문다는 매
리설산을 향해 가며 끊임없이 절을 한다. 고행을 통해 그들이 갈구하
는 것은 이 세상에 지은 업을 하나씩 지우거나 자신의 마음에 이는 욕
망을 비우는 것일까.

금사강을 멀리하고 길을 재촉하자 시야가 탁 트이면서 흰 눈이 쌓
인 백망설산이 우뚝 솟아 있다. 그 백망설산에서 비롯된 산줄기를 타
고 푸른 초원이 언덕을 이루었다. 어느새 울창한 삼림이 온 산을 덮었
다. 백망설산의 빙하가 구름 사이로 언뜻 비친다. 초지가 있고 삼림이
우거진 것을 보니, 해발 4천m가 넘는 이 지역은 늘 이렇게 구름이 많

고, 비가 자주 내려 식물 생장을 돕는 모양이다. 초원 위에는 온통 이름 모를 야생화가 만발했다. 강한 햇살 사이로 야크 무리가 풀을 뜯으며 느릿느릿 이동한다.

해발 탓인지 초원을 걷는데 숨이 차다. 4천m 넘는 산을 넘어오면서 자주 마주쳤던 자전거 여행자들도 이곳 풀밭에서 지친 몸을 쉬게 하며 숨을 고른다. 이들은 여행하는 동안 내일은 누구를 만날 것인지, 관계를 어떻게 맺어야 하는지 고민하지 않을 것이다. 자전거 페달을 밟으며 귓전을 스치는 바람 소리를 듣고, 눈에 보이는 대자연의 흐름에 순응했을 것이다. 그리하여 자신의 의지를 시험하려던 목적도 잊어버리고 수행자처럼 자연에 동화되어 이곳에 이르렀을 것이다.

해발 4,292m 푯돌을 지나자 거친 오르막길은 끝나고 계속해서 내리막길이다. 한 시간 반, 급경사와 이리저리 굽어 꺾여 있는 내리막길을 내려간다. 더친이다. 해발 3,300m로 샹그릴라보다 100m 정도 높다. 그러나 샹그릴라가 고원 분지에 자리 잡고 있는 것에 반해 더친은 까마득한 협곡 아래 형성되어 있다.

우리는 더친을 지나 30여 분 더 이동해서 페이라이스에 짐을 풀었다. 이 마을에는 비례사라는 오래된 작은 절이 있는데, 이 비례사가 장족어로 페이라이스라 불려서 마을 역시 그렇게 부른다. 60여 가구가 모여 사는 작은 마을로, 협곡의 8부 능선에 자리 잡고 있다. 마을 뒷산을 조금 오르면 협곡에서 구불거리며 흐르는 란창 강이 내려다보이고, 시선을 들면 매리설산이 전망대에 일렬로 세워진 백탑과 그 주변으로 바람에 펄럭이는 오색의 타르초와 어우러지며 신성함을 더한다.

열세 개의 고봉 때문에 태자 13봉이라 부르기도 하는 매리설산은 티베트어로 '신성한 하얀 산'이다. 가장 높은 주봉은 설산의 신, '카와 카르포'는 구름에 가려 있다. 어쩌다 잠시 구름을 흘려보내어 길고 장엄한 설산의 모습을 보여 주지만 이내 구름 속에 숨어 버린다. 이 산을 보기 위하여 많은 사람이 찾지만 설산의 위용을 온전하게 보여 주는 경우는 거의 없다고 한다.

약간 언덕진 곳에 있는 객잔의 방에 촛불을 켰다. 창밖은 어둡고 구름 낀 하늘에 보름달이 떠 있다. 흰 외벽에 달빛이 반사되어 집의 윤곽이 또렷하다. 흰색의 백탑도 달빛을 받아 더욱 신성하다.

매리설산은 중국의 국립공원으로 국가에서 관리한다.

국립공원 매표소를 지나자 협곡 아래로 거센 물소리를 내며 란창 강이 흘러간다. 협곡을 타고 올라오는 물소리가 마치 천둥소리와도 같다. 협곡에서 굴러 떨어진 바위가 서로 부딪치며 더욱 크게 들린다. 깊은 골짜기에서 흘러온 맑은 물도 란창 강에 스며든다. 그러나 수많은 협곡을 휘감아 돌면서 협곡의 살을 훑고, 황토를 실어 나르는 란창 강의 물색을 변화시키기에는 턱없이 부족하다.

모든 것을 집어 삼킬 듯 흐르는 강물도 결코 사람들의 삶을 고립시키지는 못했다. 그 강을 건너 새로운 사람이 들어오고, 강줄기를 따라 차와 말이 거래되고, 사람들은 오랜 문화를 만들고, 이야기를 지어 왔다.

협곡을 가로지르는 다리가 놓였다. 다리 길이가 대략 300m 정도인 것으로 보아 란창 강 강폭은 이보다 좁은 100m 안팎일 듯하다. 운남성 상류 지역의 란창 강은 강폭을 대략 이 정도로 유지한다. 하류로 내려가면서 강폭이 넓어지고 유속이 약해지면 황토를 강바닥에 가라앉히고 맑은 물로 변한다.

다리를 건너 다시 협곡을 따라 산을 오르니 씨당촌이다. 이곳에서 매리설산까지 가는 길은 험한 산길을 걷거나 말이나 노새를 빌려 타고 넘어야 한다. 순례자들 외에는 찾는 이가 없던 길이다. 그러나 씨당촌까지 차가 왕래할 수 있는 길이 뚫리면서 매리설산의 빙하와 빙하가 녹은 물을 담수하는 호수와 훼손되지 않은 자연을 찾는 여행자가 늘고 있다.

씨당촌에서 매리설산을 가기 위해선 3,700m의 산을 넘어야 한다. 비탈진 산길을 다섯 시간 오르고 정상에서 다시 두 시간 내려가야 작은 마을 하위뺑촌에 도착할 수 있다.

씨당촌에서는 수십 마리의 말과 마부들이 산을 넘어갈 여행자를 기다리고 있다. 그들에게 가이드를 받기 위해서는 종이를 뽑아야 한다. 종이에 적힌 숫자의 마부가 여행자를 가이드해서 산을 넘는다. 마부는 여행자를 태우느냐 못 태우느냐, 여행자가 무거운 사람이냐 가벼운 사람이냐는 오로지 그날의 뽑기 운에 맡기고 따른다.

그러나 대다수의 사람은 걸어서 오른다. 팔순이 넘은 할머니, 예닐곱 살 난 아이, 갓난아기를 업은 남자 누구나 할 것 없이 산길을 조용히 걷는다. 무엇인가 간절한 마음으로 이곳을 찾는 순례자에게 말을 타고 편하게 산을 넘는다는 것은 그 자체가 마음의 흐트러짐이다. 보따리를 등에 지고 혼자 걷는 사람도 있었지만 대부분 가족 단위로 산을 오른다. 장족은 아이가 태어나면 아이의 무병장수와 행복을 빌기 위해 온 가족이 매리설산에 올라 기도하는 풍습이 있다. 그 때문일까, 그들의 걸음은 편안하게 보인다. 순례자는 가파르고 미끄러운 길을 가

뿐하게 오른다. 어쩌면 산정까지 오르려면, 불편함을 감내해야 한다고 마음을 비웠기 때문일 수도 있다. 그들처럼 마음을 비우면 몸도 가볍고 발걸음도 가벼운 것일까.

얼마나 걸었는지, 울창한 숲속에 길이 이어진다. 아름드리나무 사이로 안개가 자욱하다. 하늘을 가린 나뭇가지에서 초록 이끼가 길게 늘어졌다. 바닥의 돌무더기에도 이끼가 가득하다. 늘 구름 속에 있는 숲이다 보니 이끼가 온 산을 뒤덮었다. '산과 산 사이는 멀지만, 운해가 있어 우리를 하나로 만드네.'라는 장족의 민요처럼 산과 산을 머금은 운해는 수시로 보슬비가 되어 산의 이곳저곳을 적신다.

산을 내려가는 길은 편안했다. 호흡이 편안해졌으며 몸이 상큼했다. 가야 할 목적지를 눈에 담지 않았으며 발에 힘을 주지 않아도 되었다. 수시로 맞바람이 들며 피로를 날려 주었다.

산을 내려오다가 작은 마을에 있는 객잔에 들렀다. 이곳 주민들은 순례자와 여행객을 대상으로 숙박업을 한다. 객잔 주인은 모자를 약간 비껴 쓰고, 왼쪽 귀에 귀걸이를 한 젊은이다. 그는 몇 해 전 이곳에 들어와 게스트 하우스를 운영하는 중이라고 한다. 여장을 풀자 설산으로부터 구름이 몰려오더니 금세 빗방울이 떨어진다. 온 천지가 비와 구름에 갇힌다. 한 무리의 사람들이 게스트 하우스의 마당에 들어선다. 순례길에 나선 가족이다. 골이 깊은 산에 밤도 빨리 찾아온다더니 비까지 내리는 밤은 금세 어두워진다. 주인은 자가 발전기를 돌려 60 W 백열등 두 개를 식당에 밝힌다.

순례자 가족은 화면이 선명치 않은 TV를 시청한다. 이들은 더친에서 약 두 시간 떨어진 마을에서 왔다. 옥수수 농사와 야크를 키워 수유를 만드는 라종 뻰주 씨는 열두 살 딸과 장인어른에게 가사를 맡기고 순례를 나선 길이다. 부인과 장모 그리고 처조모는 TV를 보던 와중에도 아빠와 놀고 있는 아기를 들여다보며 미소 짓는다. 아기로 인해 주변의 모든 사람들이 행복해지기를 바라는 바람이, 이들을 순례길에 나서게 했을 것이다.

"걸어서 산을 넘어오기 힘들지 않았어요?"

그들은 대답을 하지 않는다. 평생 협곡을 오르내리면서 살아온 이들에게 내 질문이 이상하게 들렸는지도 모르겠다. 얼마 전에 만난 중국 운남대 리쯔쉔 교수의 '평생 협곡을 오르내리며 살아서 그런지, 평지에서 오래 걸으니 너무 힘들어요.'라는 말이 이제야 실감된다.

사람은 주어진 환경을 극복하기도 하지만 자연이라는 환경에서 오랜 세월 살다 보면 적응하기도 한다. 자신이 경험하지 않은 환경에 적응된 사람이 다소 힘들어 보이고 낯설게 보이기도 하지만 오히려 그것이 그들에게는 자연스러울 수도 있다.

"내일 몇 시에 산을 탈 예정인가요?"

말이 없던 라종 뻰주 씨가 이번 질문에는 선뜻 대답한다.

"아침 6시 30분이요."

나는 길이 어두울 텐데, 아이를 데리고 노모와 산행을 어떻게 하려는 것일까 하고 생각한다.

"내일 아침부터는 우리에게 말을 걸지 않았으면 좋겠어요."

성스러운 곳을 향해 일심으로 걷는 길에 마음이 흐트러지는 일을 사전에 방지하고자 하는 가장의 마음이 느껴져서 나는 고개를 끄덕였다.

매리설산 빙하에서 녹아내린 물이 얼음 호수를 지나 위뺑촌 옆 계곡에서 흘러가며 거센 물소리를 낸다. 어둠 속 저편에서 야크가 움직이는지 워낭소리가 나지막하게 들려온다.

아침 6시. 여전히 세상은 깜깜하다. 순례자 가족이 조그만 손전등을 비추며 마당을 오간다. 그들은 세수를 하더니 가방을 챙겨 곧장 객잔을 나선다. 다행히 비는 내리지 않는다. 어떤 순례자는 기도하는 곳에서 아침 해를 맞이하기 위해 더 이른 새벽에 출발하거나 아예 전날 올라가 기도처 근처에서 밤을 새운다. 아마도 이들은 오늘 동행한 아기와 노모 때문에 조금 늦게 출발한 모양이다.

매리설산을 가는 길은 그리 험하지 않다. 오솔길 좌우로 하늘을 향해 나무들이 곧게 뻗어 있다. 앞서 가는 순례자 가족의 발자국 소리와 숨소리가 계곡물 소리에 묻힌다. 순례자들은 이 길을 걸으며 몸과 마음을 정화한다. 순례의 길은 어쩌면 복을 구하기 위해 떠나는 길이 아니라 주기적으로 세속의 욕심과 고민으로부터 자신을 격리시키고, 털어 버리려는 의미가 더 많은지도 모른다. 한 걸음, 한 걸음 발을 옮기면서 자신을 내려놓고 자신을 들여다보는 시간이다.

한 시간쯤 산길을 오르자 숲이 밝아진다. 성스러운 산으로 가는 길가에는 순례자들이 쌓아 놓은 작은 돌탑이 바람을 맞고 있다. 순례자는 이곳에서 발걸음을 잠시 멈추고, 돌 하나를 탑에 올려 놓으며 작지만 간절한 바람을 축원했을 것이다.

얼마나 산을 올랐을까, 산중에 연기가 피어오른다. 순례자에게 요깃거리와 잠자리를 제공하는 오두막이다. 먼저 떠난 순례자 가족이 장작불에 몸을 녹이면서 빵과 수유차로 식사를 하고 있다. 어느덧 햇살을 받

은 설산이 눈앞에 펼쳐진다. 빙벽과 빙하가 손에 바로 잡힐 듯 가깝다.

순례자 가족이 다시 길을 나선다. 길은 가팔라지고 사람들의 호흡이 가빠진다. 길을 나선 지 두 시간여 지나서 도착한 기도처에 바위벽을 중심으로 수많은 타르초 깃발이 늘어뜨려져 있다. 그들도 서둘러 타르초를 꺼내 줄에 건다. 그리고 땅에 엎드려 절을 하고, 작은 소리로 불경을 읊조리며 돌탑을 돈다. 오색의 정사각형 깃발에 가득 적힌 부처님의 가르침. 그 가르침이 바람을 타고 세상 곳곳에 퍼져 모든 사람들이 행복해지길, 우주에 자유와 평화가 충만하길 기원한다.

이들은 자신을 위한 행복과 강녕을 빌지 않는다. 이 세상에 살아 있는 모든 사물의 안위와 행복을 빈다. 자신은 그 모든 것에 포함된 지극히 작은 하나의 존재임을 다시 한 번 돌아본다. 공존의 의미와 그 중요성을 오래전부터 일상생활 속에서 실천하는 이들이다.

마음으로 섬기며 나지막한 목소리로 기도하는 모습이 간절하다. 욕심을 갖는 순간, 그 욕심이 얼마나 부질없는 것인지를 아는 그들이다. 자연에 기대어 사는 그들이기에 자연에 감사하고 그 자연의 품속에서 안주할 수 있기를 바랄 뿐이다. 자연에 감사할 줄 아는 것이 일상인 사람들이다.

02 얼하이 호수의
바이족과 바이족의 수호신

얼하이 호수는 남북으로 약 42km에 동서 폭은 좁은 곳은 3km, 넓은 곳은 9km에 달하는 큰 호수이다. 호수 둘레는 116km이며 면적은 25만 m², 담수량 25억 m³인 이 호수는 양비 강 지류를 통해 끊임없이 란창 강으로 물을 흘려보낸다. 장강의 수계로 흘러들어 가는 뎬츠 호수에 이어 운남성에서 두 번째로 큰 호수이고, 중국에서는 일곱 번째로 큰 호수이다. 생긴 모양새가 귀 같고 고원지대에서는 신기할 정도로 큰 호수였기에 오히려 바다로 여겨 얼하이(耳海)라고 불렀다. 호수 남쪽 끝자락에 위치한 하관의 바람(風)과 북쪽 마을인 상관의 아름다운 꽃(化) 그리고 서쪽으로 길게 뻗은 창산준령의 눈(雪)과 맑은 얼하이 호수에 비친 달(月)이 너무나 아름다워 풍화설월(風化雪月)로 유명하다.

얼하이 호수는 깨끗한 창산(蒼山)의 계곡물이 곧바로 호수로 흘러들어서 물이 차고 바닥이 보일 정도로 투명하다. 이 물은 란창 강으로 흘러간다. 수온이 낮기 때문에 서식하는 물고기 종류가 다양하지는 않지만, 이곳 얼하이 호수 주변에 사는 사람들은 물고기를 잡거나 호수 주변에서 논이나 밭을 일구며 산다. 산에서 쓸려 오는 부엽토는 별다른 퇴비를 만들어 주지 않아도 곡물이 잘 자라게 한다.

운남성 대리백족 자치주인 이곳은 바이족(白族)이 80%이고 160만 명이 거주한다. 중국 내 56개 소수부족 가운데 열다섯 번째로 큰 소수민족이다. 바이족은 10세기에 다리국(大理國)을 세웠었고, 신석기시대부터 선진 농법으로 작물을 재배했었다. 아직도 이 지역의 농로에서 호박돌을 깔아서 물을 다스린 유물이나 유적이 발굴되곤 한다.

호수 주변에서 어업에 종사하는 사람들을 제외하면 90% 이상이 농업에 종사한다. 땅을 일구고 씨앗을 뿌리되 결실은 자연이 내려 주는 것이라 여기며 농사를 짓는다.

물고기를 잡는 사람은 크고 작은 일곱 개의 어촌을 형성하고 있다. 고어촌(古漁村)은 그 중 한 곳으로, 70여 가구가 모여 사는 마을이다. 호수에서 긴 통발을 걸어 올려 작은 민물 새우를 잡는다. 호수에는 붕어나 잉어, 장어를 비롯해 60여 종의 물고기가 서식한다. 그러나 산란기에는 물고기 잡는 것을 금지한다. 그래서 어부들은 새우를 잡으며 금어기가 풀리길 기다린다. 이들은 주로 아침에 통발을 놓고 오후에 통발을 걷으면서 새우를 잡는다.

나취엔 할아버지는 고어촌에서 살아온 바이족이다. 집 뒤의 작은 채소밭에서 필요한 채소를 가꾸어 먹고, 더러는 내다 판다. 말이 텃밭이지 갖가지 과일나무와 무와 고추, 상추 등 온갖 야채를 심어 놓았다. 할머니가 몇 개 남지 않은 옥수수를 따고 옥수숫대를 베어 낸다.

바이족은 집안일과 농사일을 여자가 도맡아 한다. 이른 아침에 얼하이 호수에 통발을 놓고 돌아오면 채소밭을 가꾼다. 점심을 준비하기 위해 채소를 뽑아 우물가에서 씻는다. 딸과 아들은 모두 출가하고 두 부부만 살다 보니 가사를 혼자서 돌본다. 물담배를 연신 피우던 할아버지가 통발을 걷으러 나가려고 채비한다. 바쁘게 집안일을 하던 할머니도 함께 나갈 준비를 서두른다.

얼하이 호수는 가마우지를 이용한 고기잡이로 유명했던 곳이다. 이들 부부도 물고기를 가마우지로 잡았었다. 날지 못하는 가마우지는, 끝이 구부러진 긴 주둥이와 긴 목으로 물고기를 잡는 새다. 사람들은 가마우지의 목 아랫부분을 끈으로 묶어 물고기를 삼키지 못하게 하고 다시 토하게 하여 고기를 잡았다. 몇 년 전부터 당국은 호수에서 가마우지로 고기 잡는 것을 금지했다. 다만 관광객을 대상으로 여행상품으로만 고기 잡는 가마우지를 보여 주고 있다.

노부부가 나무에 스티로폼을 얹은 초라한 전마선을 띄운다. 철선이 없는 것은 아니다. 철선은 하루 종일 호수 가운데로 나가 고기를 잡을 때 사용하고, 호숫가에서 새우를 잡을 때는 이처럼 작은 전마선을 이용한다. 새우는 호수 한가운데 깊은 물에 사는 것이 아니라 호수가의 수초 사이에 많기 때문이다.

부부는 아침에 놓은 10여 개의 통발을 작은 나뭇가지로 털며 걷어 올린다. 이렇게 털어 내면서 올리다 보면 통발 밑바닥에 민물 새우가 모이고 그것을 퍼서 담아 내면 새우 잡이가 끝난다. 금어기가 풀릴 때까지 부부는 이렇게 새우를 잡아 팔면서 하루하루 보낸다.

바이족은 본주(本主)를 숭배한다. 바이족에게 있어 본주는 수호신이다. 이는 평화와 안녕, 행복, 길상을 가져오는 신으로 바이족이 사는 곳에는 어디서나 본주를 모신다. 얼하이 호수가 내려다보이는 곳에 있는 사당은 이밀 장군을 모신 곳이다.

이밀은 당나라의 장군이었다. 20만 대군을 거느리고 남조 왕국을 공격했지만, 그들은 상관을 넘지 못하고 모두 몰살당했다. 그러나 지금 남조 왕국의 후손들은 이밀 장군을 수호신으로 모신다. 이들이 적국의 장군을 수호신으로 모신 까닭은 이밀의 용맹스러움이 자신의 가정을 지켜 줄 것이라 믿기 때문이다. 이처럼 본주는 전설이나 신화 그리고 역사상 중요한 인물을 대상으로 한다.

본주 숭배는 바이족 특유의 종교 문화 현상이다. 각 마을에는 본주 신위를 모신 사당이나 신당을 지어 모시면서 일상생활에서 본주의 보호를 받는다고 믿는다. 그들이 믿는 본주의 대상은 자연신, 부락신, 영웅신이 있다. 자연신은 대부분 농업과 어업에 연관된 용왕이나 용왕의 어머니이고, 부락신은 바이족 역사에 등장하는 군주나 대신, 장군으로 구성되어 있다. 영웅신은 역사나 전설에 등장하는 인물들 중 백성을 위하여 재난을 물리쳤거나 악의 세력과 투쟁했던 영웅적 인물들이다.

본주는 사람들과 마찬가지로 감각과 감정을 갖고 있고, 자신들이 일상에서 행하는 모든 일에 관여한다고 믿는다. 그래서 좋지 않은 일이 생기면 사당이나 신당에 와서 기도를 올리고 폭죽을 터뜨려 액운을 쫓는다. 또 자신의 소원을 담은 내용물을 태워 그 뜻이 하늘에 닿도록 염원한다.

창산으로 해가 넘어가고, 얼하이 호수에도 어둠이 내려앉는다. 마을 주민이 집을 나와 삼삼오오 호숫가 주변에 모여 앉는다. 더러는 노인들끼리 앉아서 어둠이 내리는 호수를 물끄러미 바라보는가 하면, 어떤 아이는 호수에 들어가 물장구를 친다. 얼하이 호수는 사람들에게 생계의 원천을 제공하면서도 이렇듯 해가 질 무렵이면 사람들을 불러 모은다. 그리고 바쁠 것 없는 일상에 이야기 공간을 내어 주면서 하루의 피로를 풀고 사색의 시간을 갖도록 한다.

03 루장 기일리 스님과
스님의 어머니

티베트인은 자기들이 생활하는 곳을 눈 덮인 땅 이라는 뜻의 뵈^{Bo} 혹은 카와잔 뵈^{Khawajen Bo}라고 한다. 고원지대에서 완만한 산들이 숭찬림사를 감싸고 있다. 웅장한 위용을 자랑하는 숭찬림사의 본당과 좌우 법당의 지붕은 황금색이다. 크고 작은 사찰이 본당 주변으로 다닥다닥 붙어 있다. 이곳에서 700여 명의 스님이 기거하며 수행하고 동티베트에 있는 모든 사찰을 관리한다.

몽고군의 힘을 빌려 라이벌인 깔마파를 물리친 롭쌍 갸초(1617~1682)는 티베트를 통일하고, 라싸의 포탈라궁을 재건했다. 강력한 정치적, 종교적 영향력이 필요했던 그는 자신을 5대 달라이라마라고 칭하고, 겔룩파의 시조 총카파의 제자인 겐덴둡빠를 1대 달라이라마로 정했다. 그리고 원래 달라이라마는 관음보살의 화신이라고 선포했다. '바다'를 뜻하는 그의 이름 '갸초'는 몽고어로 '달라이'이고 '라마'는 티베트어로 '스승'을 뜻한다.

롭쌍 갸초 사후, 환생자로 선출된 아이가 달라이라마로 계속 계승되었다. 그러나 현재는 인도에 망명 중인 14대 텐진 갸쵸(1935~)와 중국 정부가 옹립한 기알첸 노르부가 달라이라마로 옹립되어 있는 상태이다. 살아 있는 달라이라마의 사진은 정부에 의해 금지되어 볼 수가 없었다. 그렇다고 현재의 11대 판첸라마 사진도 볼 수 없었다. 대신 그들은 역대 판첸라마 사진을 모셔 놓았다.

600년 전에 중건된 숭찬림사는 이곳에서 공부했던 5대 달라이라마인 아모르종 자추를 모셔 놓았다. 왼쪽에는 석가모니 부처님, 오른쪽에는 이 절을 중건한 송칸 파를 모셔 놓았다. 아침 8시면 숭찬림사의 모든 스님이 본당에 모여 예불을 드린다.

미로처럼 얽힌 골목을 따라 옹기종기 붙어 있는 집에는 스님이 기거한다. 적게는 한 명에서 많게는 수십 명이 기거하는데, 숭찬림사에는 크고 작은 500여 채의 집이 있다. 대부분 법당과 선방이다. 모든 스님이 참석하는 예불 시간을 제외하곤 돌로 만든 골목길에 늘 정적이 흐른다. 참선과 기도를 바탕으로 한 수행이기 때문에 스님은 외출을 하지 않는다. 작은 집 하나하나가 숭찬림사 안에 있는 또 다른 사찰인 셈이다. 일반인은 본당 참배 이외에는 출입을 금한다. 물론 스님도 원칙적으로는 다른 수행자의 공간으로 들고나는 것을 제한한다. 간간이 경을 외는 소리만 들릴 뿐 사방이 고요하다.

루장 기일리 스님이 나운 짱뻬에 스님을 찾아왔다. 허리도 굽고 몸도 마른 나운 스님은 오늘도 다른 때처럼 소파에 앉아 불경을 암송하고 있다. 루장 스님은 조심스럽게 다가가서 가방을 내려놓고 스승의 옆에 앉아서 합장한 채 경을 외운다. 암송이 끝나자 루장 스님이 스승에게 건강을 여쭙는다. 나운 스님은 숭찬림사에서 몇 분 안 되는 큰스님인데, 연세가 드시면서 건강이 좋지 않다.

큰 스님은 법당으로 이동해서 온 세상을 환하게 밝힌다는 의미로 불을 밝히고 세상을 향기롭게 정화한다는 뜻으로 향을 사른다. 정화수를 정성스럽게 올리고 앉아서 불경을 암송한다.

법당 한쪽에는 나운 스님의 스승님 사진을 모셔놓았다. 100년 전, 인도에서 공부하고 돌아와서 숭찬림사에 기거하실 때 인연을 맺어 큰 가르침을 받고 깨달음을 얻게 해준 스승이다. 이렇듯 불가에 들어와 연을 맺으면서 가르침을 받은 스승과 제자의 관계는 남다르다. 법당 중앙에는 부처님을 모셔 놓았다. 그리고 오른쪽에 티베트 불교를 크게 일으킨 송칸 파, 왼쪽에는 이 절의 주지였던 분을 모셨다. 세 분 위로 보살님을 모셨고 중앙 아래에 부처님의 제자인 아난존자와 마하가섭을 나란히 모셔 놓았다. 중앙을 중심으로 오른쪽에는 불경을 모셔 놓고, 반대편은 닫힌 문의 모양과 더불어 빈 공간이다. 경전을 공부해서 깨달음을 얻는 세계가 있음을 말하는가 하면, 반대로 참선을 통해 단번에 깨달음의 경지에 이르는 세계가 있음을 상징적으로 알리고 있다.

라마 불교는 한국의 대승불교와 수행 방법이나 교리가 비슷하다. 이들의 궁극적인 목적은 본인이 해탈하여 성열의 반열에 오르는 것이지만, 부처님의 가르침을 통해 세속 사람들의 마음을 정화하고 아름답고 다툼 없는 평화로운 세상을 열어 가려 한다.

"모든 것을 일념으로 대해야 하고, 나쁜 것을 생각하지 말아야 합니다. 나쁜 짓을 하는 것은 아무것에도 쓸모가 없어요. 마음속에 나쁜 것을 품지 말고 좋은 것만 생각하세요. 헛된 것에 현혹되어 자신을 속이고 남을 속이지 마세요."

나운 스님은 한 마음 한 뜻으로 기도를 하면서 자신을 돌아보고 자기 검열의 끈을 놓지 않으면 세상을 선하게 사는 것이라 한다.

"어떤 생각을 가지고 있느냐에 따라 그만큼 무엇인가를 얻게 됩니다. 각자 마음속에 좋은 것을 생각하고 염원해야 합니다."

류시화 선생이 번역한 《달라이라마의 행복론》이 연상되었다.

행복을 찾기 위해선 긍정적인 감정들이 얼마나 이로운가, 부정적인 감정들이 얼마나 해로운가를 배워야 한다. 살면서 싫어할 일이 일어나지 않게 하는 확실한 방법은 그런 일을 일으키는 상황을 만들지 않는 것이다. 진정 행복을 원한다면 행복을 가져오는 원인을 찾아가야 하고 고통을 원치 않는다면 고통을 가져오는 원인을 찾아 그런 조건이 더 이상 생기지 않도록 해야 한다.

소승불교에서는 스님이 수행에 정진하기 위해 음식을 탁발해서 식사한다. 그러나 라마승은 채소밭을 일구거나 벼를 심는 등 생산활동에 참여하지 않지만 음식은 직접 요리한다. 큰 스님은 루장 스님의 만류에도 늘 해왔던 것처럼 음식을 한다. 선물 받은 차를 꺼내 수유차를 만들고, 제자와 작은 반상에 마주 앉는다.

열두 살에 출가한 루장 스님은 열아홉 살에 큰 스님을 만났다. 올해 서른아홉이니 20년을 모신 스승님이다. 처음 만났을 때도 예순을 훌쩍 넘긴 스승님이었지만 총기가 밝고, 모든 스님에게 큰 가르침을 주어 존경을 받던 분이었다. 그러나 이젠 기억력이 떨어지고 나날이 건강이 쇠하고 있다. 그래서 찾아뵐 때 더 많은 것을 여쭈어 보곤 한다.

루장 스님이 어린 스님을 대동하고 절을 나선다. 그들이 도착한 곳은 10여 호가 사는 작은 마을이다. 스님은 옥상에서 연기가 피어오르는 집으로 발걸음을 재촉한다. 그곳에는 이미 20여 분의 스님이 불경을 암송하면서 기도하고 있다.

오늘은 루장 스님의 또 다른 큰 스승님이었던 로쌍 츄첸 스님이 돌아가신 지 1년 되는 날이다. 열다섯에 출가하여 73년 동안 수행하다가 작년, 오늘 입적했다. 일반 가정에서도 돌아가신 분의 1주기가 되면 스님을 모신다. 대부분 한 분을 모시고 제를 지내지만 큰스님이 돌아가신 날이라 이렇듯 많은 분을 모셨다.

티베트인은 사람이 죽고 나면 높은 산에 올라가 시신을 해체하여 새가 먹도록 한다. 이를 조장이라고 하는데, 이 조장을 라마승들이 행한다. 죽은 사람의 물건은 49일째 되는 날 모두 태운다. 이 세상에 아무런 흔적을 남기지 않는 것이다. 그리고 1년이 되는 날 스님을 모시고 일가친척이 참석한 가운데 좋은 곳에서 좋은 존재로 태어나길 다시 한 번 기도한다. 죽음을 끝으로 보는 것이 아니라 평소의 믿음을 통해 이 세상 어디에선가 또 다른 존재로 환생한다고 믿기 때문에 죽음을 그리 슬퍼하지 않는다. 이 세상에서 돌아가신 분의 유품을 간직하거나 돌아가신 기일을 계속해서 챙기는 일은 의미가 없다고 믿는다. 대신 고인이 생각나거나 꿈에 보이면 절을 찾는다.

보통 가정에서는 백 개의 수유등을 밝혀 놓지만, 큰스님은 천 개의 수유등을 밝혔다. 죽은 자를 위해서 별도로 제수 음식은 준비하지 않는다. 그러나 스님에 대한 존경의 표시이자, 고인을 위해 축원을 해주러 온 수고스러움에 감사의 예로 음식을 장만한다. 밖에서는 오늘 오신 스님과 모처럼 모인 일가친척에게 대접할 음식 장만에 여념이 없다.

남자들은 모두 일상복이지만 여자들은 전통 티베트 복식을 갖추었다. 도시를 조금만 벗어나도 모든 여자들은 전통 모자에 전통 복장을 입고 집 안팎에서 일을 한다. 뒤늦게 당도한 친척이 집 안 곳곳을 다니면서 일일이 어른들께 아이를 소개하고 인사 시킨다. 어른들은 아이의 머리를 쓰다듬으며 축복의 말을 건넨다. 아이는 아이들대로 모처럼 만난 형제들과 여기저기에서 뛰어논다. 어른은 어른들대로 음식을 나누면서 그동안 있었던 집안의 대소사를 이야기한다.

마당 한편에서는 스님 몇 분이 가로 세로 1m의 정사각형에 30cm 정도의 높이로 모래를 쌓은 다음 실로 된 줄자를 이용해 기하학적 모양을 그린다. 그들이 믿는 우주관을 그림으로 표현하는 것이다. 대각선으로 여러 개의 줄을 긋고 중앙에서부터 둥근 원 열 개를 그린다. 큰 원 안에 작은 원을 수없이 그려 넣어 우주 안에 또 다른 우주를 표시한다. 그리고 그 위에 다시 색색의 가루를 뿌려 연꽃을 그리고 장작을 1m 정도 높이로 쌓는다.

스님들이 작업을 하는 동안 가족은 두 개의 긴 널빤지를 준비하고, 그 위에 갖가지 곡물을 그릇에 담아 진열한다. 가장 연세가 많은 스님을 모셔 놓고, 장작에 불을 붙인다. 불길이 피어오르자 노스님이 불경을 암송한다.

"오늘의 기도는 돌아가신 스님 한 분을 위한 기도만은 아니에요. 마음이 아프거나 고통받는, 어려움에 처해 있는 사람들과 이미 돌아가신 모든 분을 위해 기도하는 자리입니다."

노스님은 여러 가지 곡물을 불에 조금씩 넣어 태운다. 불길에 타는 갖가지 곡물이 이 세상에서 굶주리는 모든 사람에게 넉넉하게 전달되기를 바라는 의미이다. 어떤 특정한 대상을 위한 기도가 아니라 온 세상 사람을 위한 염려와 평화를 위한 이 기도는 여섯 시간 동안 계속되었다. 라마 불교는 그렇게 세속과의 인연을 이어 가고 있었다.

700명이 기거한다는 숭찬림사에 인적이 완전히 끊겼다. 모든 스님이 며칠 전, 자신이 출가했던 집으로 돌아갔기 때문이다. 1년에 석 달은 이처럼 모든 스님이 재가 수행을 한다. 루장 스님도 자신이 어릴 적 뛰어놀았던 길을 따라 집으로 간다.

바로 수확을 앞둔 보리가 길 양옆에서 바람에 일렁인다. 37년 전에 출가한 집이지만 집으로 가는 발걸음은 언제나 가볍다. 마당에 들어서자 어린 조카들과 제수씨 그리고 칠순의 노모가 반긴다. 관광 가이드 겸 운전사인 매형과 농사를 짓는 남동생은 돌아오지 않았다.

출가한 스님이지만 그래도 가족은 가족이다. 지난해 다리를 다쳤다는 어머니 소식을 절에서 들은 스님은 마음이 아팠다. 그러나 분별심을 없애는 것이 수행의 큰 길임을 아는 스님은 어머니 한 분을 위해 기도하지 않았다. 세상 모든 사람의 건강을 위해 더 많은 기도를 했다.

집에는 스님이 머물 작은 법당이 마련되어 있다. 매년 석 달은 집에서 수행하기 때문에 출가한 자녀를 둔 집에서는 모두 이 같은 법당을 마련한다. 스님은 가족이 해주는 밥을 먹고, 가족들과 대화를 나누지만 사찰에서 수행하던 생활을 그대로 유지한다. 가족은 스님의 수행을 방해하지 않기 위해 언행을 삼간다.

저녁 식사 자리에서야 온 가족이 모였다. 초등학교에 다니는 조카가 그림을 잘 그려서 상을 받았다는 자랑에서부터 먼 친척의 안부에 이르기까지 단란한 이야기가 이어진다. 그래도 스님에게 가장 반가운 이는 어머니다. 아들을 보기 위해 한 달에 한 번 절을 찾는 어머니를 이제 매일 볼 수 있을 것이다.

새벽마다 노모는 아궁이에 불을 지피고 향을 피운다. 우물에서 정

화수를 정성들여 길어 와서 제단의 잔에 올린다. 이렇듯 티베트인들은 집집마다 부엌에 차캉(제단)을 마련하고 신을 모신다. 차캉에서 제를 올리는 것으로 하루를 시작한다.

같은 시간, 딸과 사위는 소젖을 짠다. 이른 새벽과 저녁, 이렇게 하루 두 차례 소의 젖을 짜서 매 끼니마다 신선한 수유차를 만든다. 아침 식사를 준비해야 하고, 집에서 하루에 사용할 물을 우물에서 길어다

놓아야 한다. 그들의 아침은 이렇듯 늘 바쁘다. 농사를 짓는 이들은 이렇게 서둘러야 밭으로 나갈 수 있기 때문이다.

서서히 동이 트면서 집과 들판이 윤곽을 드러낸다. 노모는 한 움큼의 나뭇가지를 들고 옥상에 마련된 탑의 아궁이에 불을 지피고 불경을 암송한다. 젖은 소나무 가지에서 나는 연기와 향나무가 타면서 나는 향기가 섞이며 하늘로 날아간다. 암송을 하면서 탑 아궁이에 곡물 가

루를 조금 뿌린다. 그리고 물을 조금 뿌린다. 이 세상에서 굶주리는 사람을 위해 곡물 가루를 태우고, 이 세상 모든 생명을 키우는 물을 태워 새 생명들을 축복한다.

소수민족의 믿음은 자연신앙에 가까워서 원시 종교에 그 근원을 두고 있다. 사는 곳에 따라, 생업에 따라, 부족에 따라 그 대상과 제를 지내는 의식은 차이가 있지만 공통적으로 나타나는 것은 모든 물건에 영혼이 깃들어 있다고 믿는 것이다. 오랫동안 이들은 숭배하는 영혼이 자신의 안위를 보호해 줄 것이라 믿어 왔다. 라마 불교의 세계관과 우주관 속에서 나름대로의 믿음을 일상에서 실천한다.

옥상에서 내려온 어머니가 곡물 가루가 든 작은 가방과 물병을 들고 대문을 나선다. 비가 오나 바람이 부나 매일같이 나서는 길이다. 들판을 가로질러 마련된 돌탑(차투파)으로 간다. 마을마다 있는 이 돌탑에는 다섯 가지 색으로 된 정사각형의 타르초가 수십 개 달려 있다. 이 타르초에 적힌 산스크리트어로 된 경전은 바람을 타고 멀리 날아가 온 세상을 평화롭게 해달라는 기원을 담았다.

아침이면 마을 사람들은 곡식과 향나무 가지를 이곳에서 태우며 늘 기도를 한다. 나뭇가지가 타면서 피어오르는 연기가 새벽 들판에 퍼진다. 간절한 기도가 연기와 바람을 타고 날아 이 세상 모든 사람에게 행복과 평화가 깃들기를 염원한다. 알지 못하는 누군가를 위해 하루의 일과를 기도로 시작하는 사람들. 그들은 그 같은 믿음을 통해 스스로 행복해지는지도 모른다.

0 4 루앙프라방의
   딱 밧과 위빠사나

유네스코는 1995년, 역사와 문화의 도시 루앙프라방(Luang은 큰, Prabang은 황금 불상)을 세계문화유산으로 선정했다. 프랑스 지배하에 있던 1893년에서 1949년에 지어진 유럽식 건축 양식과 금빛의 고대 사원이 조화를 이루며 도시를 형성하고 있다. 4월이면 짬빠꽃 향기가 왓 시엥통Wat Xiengtong 사원에 은은하게 배어든다. 단아하고 향기로운 라오스 국화인 흰색과 붉은색의 짬빠꽃이 황금색 긴 처마 지붕의 사찰을 더욱 화려하게 한다.

14세기에 건립된 왓 시엥통 사원은 1560년 세타티랏 왕에 의해 재건되었다. 루앙프라방을 대표하는 이 사원은 메콩 강과 칸 강이 만나는 지점에 있다. 붉은색 기와지붕이 경사면을 이루면 땅에 맞닿을 듯 내려오고, 세 겹 혹은 다섯 겹으로 지붕을 이어 놓았다. 본당 건물의 지붕에는 '초 파'라고 불리는 유리 모자이크를 붙인 뾰족한 삼각 탑을 올려놓았다. 마치 지붕이 하늘로 치솟는 느낌을 주어 지붕 경사면을 더욱 유려하게 한다. 용마루에는 마치 왕관처럼 뾰족한 황금색의 탑을 올렸는데, 이 탑의 개수가 많을수록 사찰의 권위가 높았다고 한다.

검은 칠을 한 사찰의 본당에는 추상적인 문양과 갖가지 동물과 신들이 바닥에서 천장까지 화려한 황금 스텐실로 수놓아져 있다. 본당의 뒤쪽 벽면에는 붉은 바탕에 보라와 초록, 파랑과 연두색의 모자이크 벽화가 은은하면서 화려하다. 절제된 듯하면서도 과감한 터치로 그려진 문양과 그림은 몽환적 분위기를 자아낸다.

소승불교가 퍼져 있는 동남아 어디에서나 들을 수 있는 이 '생명의 나무' 이야기는 지하와 지상, 천상의 세계를 이어 준다는 우주론적 상징이다. 공작새와 다른 새들이 가지 위에 횃대 삼아 앉아 있다.

공작새는 힌두교에서 비가 오는 것을 축복하는 능력을 가졌다고 하여 신성시되는 동물이다. 이런 생각은 전쟁과 비와 천둥의 신, 인드라의 말이 공작의 깃털 같은 갈기를 가졌다는 신화에서 비롯되었다. 벽면 여러 곳에는 이 같은 신화와 갖가지 전설 그리고 부처의 이야기들이 표현되어 있다.

본당 안에는 네 개의 사각 기둥과 여덟 개의 원기둥이 좌우로 서서 천장을 받치고 있다. 본당 안은 부처의 일대기와 연꽃 문양, 그리고 이름 모를 꽃과 식물 줄기가 기하학적인 패턴으로 장식되어 있다. 본당의 왼쪽으로 난 곁문으로 메콩 강이 유유히 흐른다. 왕이 사찰을 찾을 때면 강변에 배를 대고 계단을 걸어 올라왔다고 한다.

붉은색 지붕이 하늘을 향해 날렵하게 세워져 있고 벽면은 온통 황금색이다. 본당에서 마당을 사이에 두고 조금 비켜서 있는 건물은 장례 법당으로 불리는 '호 락살 롯'이다. 라오스의 마지막 왕이었던 싸왕 왓타나의 부친인 씨싸왕의 장례식에 사용한 운구차를 전시하고 있다. 운구차 뒤로는 크고 작은 부처님 입상들이 모셔져 있다. 대부분의 부처상은 두 팔을 곧게 내려뜨린 채 서 있다. 이 부처님은 비를 부른다. 메콩 강 주변에서 늘 물과 가까이하며 강과 더불어 사는 사람들이지만, 주식이 쌀인 이들은 농사를 짓기 위해 대지를 적셔 주고 싹을 틔우게 하는 비를 간절히 기다렸다. 그런 바람이 비를 부르는 부처를 모시게 하는 이유가 되었는지도 모르겠다.

왕의 장례식용 수레에는 라마야나 신화에 나오는 이야기가 조각되어 있다. 황금색으로 화려하게 장식된 정면 벽과 창문에 그려진 조각역시 라마야나 이야기다. 라마 왕자와 시타 왕비의 행복한 시절부터악마에게 시타 왕비를 빼앗기고 하누만의 도움으로 다시 찾는 과정까지 묘사되어 있다. 특히 다시 찾은 왕비의 정조를 의심한 라마 왕자에게 자신의 결백을 증명하기 위해 왕비가 불속에 몸을 던지는 장면도있다. 다른 사원의 경우 대부분 부처의 일대기를 그려 놓은 것과는 대조적이다.

왕국박물관 옆 숙소에서 체크인을 하고 나오는데, 마당 한가운데많은 사람이 모여 있다. '쑤퐌'이라고 부르는 의식을 위해 모였다고 한다. 4월에 '삐마이' 축제가 끝나고 난 다음 날 저녁에 마을에서 제일연장자가 주관하는 의식이다. 깨끗한 옷을 입은 사람들이 제단을 중심으로 둥글게 둘러앉았다. 제단은 단출하다. 흰 실을 잘라 꽂은 대나무를 주황색 금잔화로 만든 화환에 몇 개 꽂아 놓았다. 촛불을 밝혀 놓고, 제수로 과일과 쌀 튀김을 올려놓았다. 쑤퐌은 아주 오래된 샤머니즘 성격의 제의로, 이를 통해 자연재해나 질병으로부터 마을의 안녕을빌고 자연으로부터 더 많은 것을 수확하게 해달라는 간절한 바람을 담는다.

마을의 어른이 주문이자 경에 해당되는 '캄섬 퐌'을 읊는다. 제주의 경이 끝나면 연장자 순으로 마을의 액운을 멀리하고 무탈함을 축원한다. 돌아가면서 몇 사람의 축원이 이어지고 대나무 가지에 꽂힌

실을 풀어 팔목에 묶어 준다. 먼저 윗사람이 아랫사람에게 축원을 빌어 주면 아랫사람이 윗사람에게 정성스럽게 실을 묶어 준다. 그런 다음 비슷한 연배의 사람들끼리 덕담과 함께 서로의 팔목에 실을 묶는다. 이렇게 묶은 실은 자연적으로 풀릴 때까지 몸에 지니고 다니는데, 풀리더라도 그냥 버리는 것이 아니라 깨끗한 장소에서 태운다.

의식이 끝나면 모두들 자리에 둘러앉아 제수 음식을 나눈다. 그들이 나누는 음식은 단순한 음식이 아니라 마음을 나누는 것이다. 그들이 소중하게 생각하는 가치를 나누는 일이다. 현생의 곤궁함을 토착신앙에 기대어 위안받고, 후생의 불안함은 불교관으로 극복한다. 이원적인 신앙생활이지만 이들의 눈빛과 마음은 평온하다.

해발 100m의 푸시^{PhouSi} 산은 382개의 계단을 오르면 '신성한 언덕'이라는 루앙프라방을 한눈에 볼 수 있는 장소가 나온다. 어디에서나 보이는 산이다. 산 정상에는 1804년에 세운 탓좀시^{That Chomsi}라는 황금색 탑이 서 있다.

푸시 산의 유래는 라마야나 신화에 등장하는 하누만 장군에서 시작한다. 왕이 사경을 헤매는 공주를 구하기 위해 하누만 장군에게 약초를 찾아오라고 명령하자, 장군은 약초가 많은 산 하나를 통째로 들어 이곳으로 옮겨 놓았다. 그 산이 푸시 산이다. 지금도 많은 사람들이 이곳을 찾아 향을 바친다.

그러나 루앙프라방을 찾는 관광객들에게 푸시 산은 사색의 장소로 유명하다. 해가 지기 전 계단을 오르면 소박한 루앙프라방의 삶이 한눈에 들어오고, 노을에 붉게 물드는 라오스의 젖줄 메콩 강과 마주하게 된다. 서서히 떨어지는 해를 바라보면서 시간을 잊고 생각할 여유를 갖는다.

 란상 왕국은 불교를 포교하기 위해 많은 노력을 기울였다. 사찰 건립에 들어가는 재정 지원을 아끼지 않았고, 노동력이 필요하면 필요한 만큼 지원했다. 백성을 순치하고 사회 도덕률을 세우기 위해, 그리고 왕조의 번영과 왕의 극락왕생을 기원하기 위해 불교를 깊숙이 받아들였다.

 옹뜨 승가대학 학장인 분 쑤완 꼐오 필롬 스님은 여전히 불교가 라오스의 사회 질서를 유지하고 통합하는 데 기여한다고 믿는다.

 "승려가 되는 것은 기본 과정을 마친 20세 이상의 예비 승려라면 누구나 가능하지만, 승려로 살겠다는 본인의 의지가 가장 중요합니다. 큰스님이 기본을 테스트한 후, 승려가 될 자격이 있다고 판단한 쭈아는 종단에 알려 정식 승려증을 발급합니다. 매년 40~50명이 정식 승려로 임명되고 있지요."

 루앙프라방 시내에는 사찰이 서른아홉 군데 있는데, 인근 사찰까지 합치면 300여 개에 이른다. 이 중 명상 수행으로 유명한 왓 푸쿠와이는 다른 사찰의 스님들도 많이 찾는 절이다.

 사찰은 새벽 4시의 타종으로 하루를 시작한다. 숙소가 부족해 간이 텐트에서 잠을 잔 스님들도 서둘러 침구를 정리하고 의복을 갖춘 후 법당으로 향한다. 아직 불경을 암송하지 못하는 동자승은 불경을 손에 들고 간다.

 왓 푸쿠와이에는 정식 승려 세 분과 정식 승려가 되기 위해 수련 과정에 있는 예비 승려인 54명의 쭈아가 머물고 있다. 열 살에서 스무 살 미만이면 누구나 본인의 의사에 따라 사찰에서 생활할 수 있다. 열일곱 살 미만은 부모의 동의가 있어야 하고 열여덟 살 이상이면 병역 문제가 있어 마을의 라이반(이장)에게 동의를 받아야 한다. 그러나 정식 승려가 되려면 스무 살이 넘어야 하고, 수행 과정을 통해 얻은 불교 지식을 지역 큰스님으로부터 문답을 통해 엄격하게 검증받아야 한다. 라오스 전역에는 4천여 개의 크고 작은 사찰에서 스님들이 정진하고 있는데, 정식 승려 9천 명과 1만 4천 명의 쭈아가 부처님의 가르침을 배우고 있다.

쭈아가 가장 중요하게 배워야 할 것은 자아를 깨닫는 일이다. 스스로를 돌아보고, 욕심을 비우며 자신의 의지로 자신을 바꿀 수 있는 힘을 기르는 것이다. 그래서 매일의 일과에 성심을 다해야 한다. 이들 중 60% 정도는 승려 생활을 지속하지 못하고 1년 안에 속세로 환속한다. 승려로서 삶을 이루지 못하고 학교나 옛 일터로 돌아간다 해도 수행 과정을 통해 자신의 마음을 다스리는 법을 배우고 힘을 키워 새로운 인간으로 거듭날 수 있게 한다.

남아 있는 쭈아는 수도정진을 하다가 그 중 20% 정도는 정식 승려가 되기 위해 승가학교에 진학한다. 이들은 일반인들이 학교에서 배우는 교과목을 공부하면서 불교 교리를 배운다.

왓 푸쿠와이의 짠탈린 스님에게 인터뷰를 청했다.

"사찰에 머문 경험이 있는 사람과 그렇지 않은 사람의 차이는 무엇입니까?"

"잠시라도 수도승 생활을 하면 자기 성찰의 시간을 갖기 때문에 살아가는 데 큰 힘을 얻습니다."

"불교가 사람들에게 미치는 영향은 무엇입니까?"

"사찰이 교육기관 역할을 함으로써 가난한 사람에게 교육받을 기회를 줍니다. 또 사회에 적응하지 못하는 사람이 사찰에 머물면서 새 사람으로 거듭나게 돕지요."

"주로 무엇을 가르치나요?"

"선행할 것, 나쁜 것을 좋은 것으로 바꿀 것, 스스로를 끊임없이 돌아볼 것."

"루앙프라방에 특히 사찰이 많은 이유가 무엇입니까?"

"왕도였고 사찰이 교육기관 역할을 담당했기 때문입니다."

"사찰에 라마야나 신화가 함께 있는 까닭은 무엇인가요?"

"불교 유입 이전에 이곳 라오스에는 오랜 기간 샤머니즘, 애니미즘이 성행했습니다. 불교에 앞서 힌두교가 들어왔고 사람들은 이 모든 것을 함께 믿었습니다. 그런 과거의 전통 때문에 라마야나 신화가 함께 있죠. 이것은 음악이나 문화에 영향을 미쳐 모티브를 제공했는데, 그 때문에 사찰의 조각이나 장식에 자연스럽게 스며들어 있지요."

"사찰에 샤머니즘이나 나가상 같은 애니미즘적 요소가 있는데, 어떻게 생각하십니까?"

"사찰에서 귀신을 숭배하지는 않습니다. 그런 점이 남아 있다면 과거의 믿음이 불교 문화와 자연스럽게 접목된 결과이겠지요."

"사찰에 부도탑이 많은 이유는 무엇입니까?"

"사찰에 망자를 모시는 가장 큰 이유는 자손들이 망자를 모신 사찰을 쉽게 찾아와서 망자가 좋은 곳에서 평안을 갖도록 바라는 마음 때문이지요."

히오오 탐 할머니는 매일 아침 불을 피워 공양할 음식을 만든다. 화덕에 지핀 불에 물통을 얹고 물이 끓는 동안 찹쌀을 정성스레 씻는다. 9남매를 둔 할머니는 증손자까지 포함하면 51명의 직계 가족이 있음에도 자손들의 무탈함을 비는 마음을 하루도 거른 날이 없다. 고혈압을 앓던 남편이 중풍에 걸려 거동이 불편하다 보니 요즘에는 공양할 음식 준비에 더욱 정성을 쏟는다.

잘 쪄진 찹쌀밥을 덜어서 김을 뺀 다음 그릇에 담고, 거울 앞에서 몸단장을 한다. 사찰에 갈 때나 공양을 나갈 때 어깨에 걸치는 파비엥을 고쳐 메곤 거리로 나가서 스님을 기다린다. 아직 거리는 어둡다. 히오오 탐 할머니만 믿음이 돈독해서 스님을 위해 공양을 준비하는 것이 아니다. 라오스 대부분의 가정에서는 이렇게 스님에게 공양하는 것이 일상이다.

같은 시각, 예불 의식이 끝나자 스님들이 각자 개인 발우를 어깨에 메고 줄지어 사찰을 나선다. 아침과 점심 두 끼만 먹는 스님은 이처럼 이른 새벽 '딱 밧'이라는 의식을 통해 자신의 수행에 필요한 최소한의 끼니를 구한다. 맨발에 가사를 걸치고 매일 거리를 걷는 일도 이들에겐 수행의 한 방편이다. 출가한 스님은 생산 활동 과정에서 혹시 생길지 모르는 욕심을 자르기 위해서 일체 생산 활동에 참여하지 않는다. 스님은 딱 밧을 통해 욕심을 비우고 가진 것을 나누는 수양을 쌓으며 오로지 수행에만 전념한다.

신자들은 길가에 꿇어앉은 채 스님을 맞이한다. 스님이 지나가면 정성스레 준비한 밥을 스님의 발우에 조금씩 떼어 넣는다. 스님은 보시에 감사하는 마음으로 음식을 발우에 받는다. 거리 중심으로 향할수록 여러 사찰에서 나온 스님의 행렬이 많아진다. 매일 아침 세속 사람들과의 만남을 통해 스님은 주민들에게 부처의 가르침을 일깨우며 생활 깊숙이 스며든다.

한 달에 한 번, 스님들은 딱 밧을 나오지 않는다. 길일인 보름에는 신자가 사찰을 찾아가서 음식이나 과일, 과자 등 갖가지 공양물을 스님께 바친다. 그들은 이날 드린 음식이나 공양물이 돌아가신 조상에게까지 전해진다는 믿음을 갖고 있다.

수행하는 스님은 들어오는 시기와 나이가 다르고 수행 기간이 다름에도 다들 허물없이 친구나 형제처럼 지낸다. 집이 가난하여 공부를 시킬 여력이 없는 부모는 교육적인 차원에서 자식을 출가시키기도 하고, 비뚤어진 자식의 성정을 바로잡기 위해 사찰에 보내기도 한다. 낯선 환경과 엄한 규율 때문에 처음 들어오는 사람은 힘들어한다.

예비 승려 생활을 하고 있는 요 옹 스님은 공부를 계속하고 싶었지만 집이 가난해 사찰에 들어왔다.

"시골에서 와서 처음에는 먹는 것부터 잠자리까지 모든 것이 낯설어 많이 힘들었어요."

예나 지금이나 사찰이 가난한 이들에게 교육기관 역할을 수행하는 것은 변함이 없다.

소승불교는 동남아시아의 나라들 중 라오스, 캄보디아, 태국, 미얀마, 스리랑카에서 믿는 사람이 많은 탓인지 남방불교라고 한다. 반면 중국이나 한국 등에 신자가 많은 대승불교는 북방불교라고 한다. 소승불교를 믿는 사람은 스스로의 깨달음을 추구할 뿐 타인을 위해 설법하거나 교화하는 것을 목적으로 하지 않는다.

그들은 대승불교와 경계를 지으며 스스로를 원시불교의 정통성을 이어 오고 있는 테라바딘theravadin이라 한다. 이들은 석존의 교설을 기술한 문장 모두를 믿는다. 새벽 4시부터 잠자리에 드는 저녁 9시까지 하루 세 차례 법당에 모여 예불과 수행 정진을 한다. 큰스님의 가르침과 더불어 명상을 하면서 자신을 돌아보고 마음을 가다듬는 수행을 한다. 일명 위빠사나Vipassana 수행법이다. 2,600년 전 부처가 진리를 깨달은 수행 방법으로 지금 이 순간 몸과 마음에서 일어나는 일을 있는 그대로 알아차리고 무상·고·무아의 지혜를 스스로 깨달아 영원한 해탈에 이르고자 한다.

이는 법당에 앉아서만 하는 것이 아니다. 사찰 주위를 조용히 돌면서 숨을 고르고 마음의 평정심을 유지하는 수행도 아울러 한다. 편안하고 이완된 마음과 바른 자세로 아주 천천히 걸으면서 모든 마음을 발걸음에 집중한다. 한순간도 놓치지 않고 걷는 동작에서 일어나는 모든 감각과 현상, 마음들을 낱낱이 관찰하고 알아차리려 정신을 집중한다. 집중하기 위해 시야는 최대한 좁히고, 편안하게 이완된 상태로 적당한 거리를 천천히 걷는다. 본래의 자기를 찾아 한 걸음 한 걸음 옮기는 이들에게 새소리는 속세의 번잡함으로 들릴지도 모른다. 더 깊은 성찰의 순간이 오면 아마 새소리조차 들려오지 않을 것이다.

메콩 강은 긴 여정 동안 크고 작은 강들을 수없이 만난다. 탁하게 흘러내린 메콩 강은 라오스 산간 중앙부에서 S자로 허리를 틀면서 푸른색의 우강을 만나 다시 유량을 늘린다. 메콩 강에서 수직으로 곧게 뻗은 검붉은 석회암 절벽이 강을 따라 솟아 있다. 절벽에는 여러 군데 동굴이 뚫려 있다. 그 중 아래쪽의 탐띵 동굴과 위쪽에 있는 탐품 동굴을 합쳐서 빡우 동굴이라고 한다.

탐띵 동굴에 2,500여 개의 불상이 있기 때문에 '불상 동굴' 혹은 '동굴 사원'이라고 한

탐띵 동굴에 새겨진 껍께 문양

다. 동물 뼈로 조각된 부처님도 있으나, 대부분 나무나 동으로 주조된 것에 금박을 입힌 것이다. 크기가 각양각색이다. 최근에 모셔진 일부 부처상을 제외하면 동굴 안쪽에 모셔진 부처상은 대부분 색이 바래 까맣다.

현생에서의 복과 이승에서의 극락왕생을 비는 신자들이 동굴에 불상을 하나둘 만들다 보니 규모가 커졌다. 지금도 사람들은 이곳을 찾아 꽃과 향을 올린다. 동굴에서 믿음을 얻고 삶의 시름을 내려놓는다. 위안을 받으며 힘을 얻어 일상으로 돌아가곤 한다.

동굴 앞을 휘돌아 흐르는 강물처럼 시간도 흐르지만, 소원이 이루어지길 바라는 간절한 마음은 그대로다. 란상 왕국이 불교를 국교로

받아들이기 전에는, 중국 운남성에서 강을 따라 내려온 사람들이 메콩 강변에 터를 잡으면서 강의 신령한 영혼을 숭배하는 장소로 이용했었다. 그 흔적이 아직도 동굴 벽에 조각되어 있는데, 가이드 생 찬 씨가 동물 조각을 가리키며 친절하게 설명한다.

"껍께입니다. 도마뱀과 비슷하게 생겼는데 이곳에선 껍께라고 부릅니다. 이 껍께의 울음 횟수에 따라 사람들은 날씨를 예측했다고 합니다. 강에서 고기 잡는 어부와 농사짓는 사람들에게 날씨는 대단히 중요한 정보였지요."

동굴 벽에는 부처님 외에 인도 신화에 나오는 여러 신들이 새겨져 있다. 이처럼 라오스 사람들의 믿음은 토속적인 신앙과 불교가 함께 어우러져 있다. 오늘도 절벽을 끼고 메콩 강은 흘러가고, 그렇게 흐르는 강에 의지해서 라오스인들은 살고 있다.

05 베풀고 나누며
함께하는 축제

한 해의 시작으로 여기는 4월에는 동남아시아 사람들은 각기 다른 이름으로 물과 더불어 새해를 맞이하는 축제를 치른다. 짧게는 3일에서 길게는 일주일씩 연휴를 갖고, 불길함을 정화하고 길함을 채운다는 토속 신앙에 근거하여 서로에게 물을 뿌린다. 미얀마에서는 띤잔, 캄보디아에서는 촐츠남 트메이, 라오스에서는 삐마이라는 축제를 연다. 또한 태국에서도 산스크리트어로 '새해'라는 뜻의 쏭크란 축제를 연다.

태국의 수코타이 왕조에서 쏭크란 축제는 종교의례였다. 아침 일찍 신도들은 절을 찾아 스님에게 시주를 하고 법문을 들으며 오후에는 불상에 정화수를 뿌렸다. 각 가정에서는 아랫사람이 웃어른의 손에 정화수를 뿌리고 웃어른은 아랫사람에게 건강과 행복 그리고 번영을 기원해 주는 소박하면서도 성스런 의식이었다. 그리고 물이 마르는 건기에 살아남기 어려운 물고기를 보살피다가 축제 기간에 큰 호수나 강에 풀어 주었다. 쏭크란 축제는 새해의 시작을 서로 축하하고 조상을 숭배하며 가족에 대한 헌신과 사랑, 생명 존중을 실천하는 기간이었다. 이렇게 손에 정화수를 뿌려 주는 전통에서 비롯된, 서로에게 물을 뿌리는 놀이였다.

미얀마에서는 신년 축제를 띤잔^{Thingyan}이라고 한다. 이는 산스크리트어 디따우에서 유래된 것으로 'change over' 즉, 묵은해의 잔재를 일소하고 새해의 새로움을 맞이한다는 뜻이다.

이 새해맞이 축제는 더자밍 낫(Thagyamin Nat 인드라신)이라고 하는 낫의 왕이 이 땅에 축복을 내림과 동시에 인간의 선악을 평가하기 위해 지상에 머물러 있는 기간이다. 낫의 왕, 더자밍은 물병을 들고 날개 달린 황마(黃馬)를 타고 지상에 내려온다. 그리고 한 손에는 지난해에 선행을 쌓은 아이들의 이름을 기록하기 위해 금으로 엮은 명부를, 다른 한 손에는 도리에 어긋난 행위를 한 어린이의 이름을 기록하기 위해 견피(犬皮)로 만든 명부를 갖고 지상에 머문다.

라오스인은 더자밍을 환영하기 위해 꽃과 나뭇잎으로 대문을 장식한다. 집에 띤잔꽃 개나리꽃 badauq-pang을 장식해서 향기를 머금게 하고, 여자는 머리에 꽃을 꽂아서 꾸민다. 아랫사람은 인간의 신체 가운데 가장 고결하고 숭고한 웃어른의 머리를 물로 깨끗이 감겨 준다. 전통을 따르고 중시하는 가정에서는 물 항아리를 정중하게 연장자에게 바치는 물의 제례의식을 잊지 않는다. 그리고 이 시기를 전후해서 사람들은 순결과 청정을 상징하는 물로 불탑과 불상을 깨끗이 씻는다. 사원이나 명상소에 들어가 참선을 하거나 자선행위를 펼침으로써 더자밍에게 잘보이려고 공덕을 쌓는다.

분 삐마이 라오는 매년 4월 14일부터 16일까지 펼쳐지는 라오스의 최대 명절이다. 삐마이 축제가 다가오면 한 달 전부터 사람들은 조금씩 들떠서 지낸다. 연휴 첫째 날은 '낡은 송칸이 떠나는 날'이라 여겨 집 안을 말끔하게 청소한다. 둘째 날은 온 가족이 편안히 쉬는 '휴식의 날'이다. 그리고 마지막 셋째 날은 '새로운 송칸이 오는 날'이라 하여 가족이 모두 모여 대문 옆에 모신 제단의 불상을 꺼내 놓고 물을 붓는

다. 그리고 아홉 군데의 절을 순례하며 불상에 물을 붓는 의식을 치른
다. 신도는 불상에 물을 붓고 그 부은 물이 나무로 만든 좁은 통로인
'나가'를 따라 흐르게 한다. 나가에 흐른 물을 자신의 머리에 부으며
행운을 기원한다. 그리고 아이를 키우는 부모는 나가를 따라 흐른 물
을 집으로 가지고 돌아와서 아이의 머리에 부으며 행운과 건강을 기원
하기도 한다.

축제 기간에 물을 담은 사발에는, 항상 물 위에 라오스 국화인 똑짬
빠를 띄운다. 그리고 짝수보다 불완전한 홀수가 좋다고 생각하는 이들
은 자연수 중에 가장 큰 홀수인 아홉에 맞추어 사찰을 순례한다. 이렇
게 사찰을 순례 하면서 아는 사람이건 모르는 사람이건 거리에서 만나
는 누구에게나 마구 물을 쏟아 부으며 축복을 나눈다. 물을 뿌리는 사
람은 뿌리는 대로 행복하고, 물을 맞는 사람은 맞는 사람대로 행복한
축제 기간이다. 그리고 미스 삐마이 라오 선발대회를 개최하는데, 전
통의상을 입은 수많은 소수민족이 참여한다. 다른 언어와 풍습, 문화
를 간직하고 있는 사람이 어울림으로써 하나가 되는 축제, 라오스의
분 삐마이 라오이다.

10월이면 옥판사Okpansa와 보트 축제인 분쑤앙흐아가 열린다. 농부
들은 1년 동안의 수확을 축복하며 내년에도 풍작이 들기를 기원한다.
그리고 사찰에서는 석 달 동안 바깥출입을 자제하고 불법 연구와 좌선
을 하면서 오로지 부처의 가르침을 정진했던 스님들이 카오탄사를 마
치는 날이다.

이 기간에 신자들은 살생, 도둑질, 음행, 음주, 거짓말을 하지 말라

는 다섯 가지의 계율을 지키려고 노력한다. 긴 안거가 끝나는 이날은 스님들이 딱 밧을 나가지 않고 신자들이 사원을 찾아와서 공양을 한다. 부처님에게 꽃과 양초를 바치고 사찰 운영에 필요한 약간의 돈과 과일, 스님이 사찰에서 기거하면서 생활에 필요한 물품을 공양한다. 신자들이 바친 음식과 물품은 스님들이 사용할 만큼만 덜고 형편이 어려운 이웃에 고르게 나누어 준다. 적게 가진 것을 부끄러워하지 않고 나누는 것에 인색하지 않은 라오스 사람들. 평안과 행복은, 욕심을 버리고 모든 걸 비우고 내려놓을 때 찾아온다는 것을 이들은 안다.

한편 강에서는 다른 축제를 준비한다. 바로 보트 경기이다. 남녀노소 할 것 없이 행사 준비에 참여한다.

여자들은 바나나 잎과 주황색 금잔화 꽃으로 화려하게 장식한 막벵을 만든다. 막벵은 낮은 것은 2~3단에서 높은 것은 10여 단에 이르기까지 크기가 다양하다. 금잔화는 별처럼 빛나는 광채를 품고 작고 하얀 꽃은 사랑을 의미한다. 이 막벵은 마을을 대표하여 출전하는 선수들의 안녕을 기원하는 바시 의식에 사용하고, 축제가 끝나는 날 밤 마을 전체의 안녕을 비는 마음을 담아 배에 실어 메콩 강에 흘려보낸다.

남자들은 강가에 만들어진 천막 밑에서 배를 만든다. 40명의 선수가 타는 나무배는 길고 날렵하다. 3개월에 걸쳐 만들어지는 이 배는 성인 남성이 3년 동안 저축해야 하는 제작비가 들어간다. 마을에서 십시일반 비용을 모으기도 하지만 대부분 지역의 재력이 있는 사람이나 기업의 후원을 받는다. 배가 완성되면 스님을 모시고 바시를 치른다. 선수들의 무사고와 경기에서 승리할 것을 염원한다. 그리고 배는 이름을 얻는다.

　마을 앞, 메콩 강에는 마을을 대표해 출전할 선수들이 모여 연습에 한창이다. 이들이 타고 있는 배는 지난해 경기에 참가했던 배인데 사찰에 보관했다가 연습용으로 이곳으로 가져왔다. 이기고 지는 것에 크게 관심이 없지만 그래도 마을을 대표하는 만큼 마을의 자부심을 높이기 위해 혼신의 힘을 다한다. 각자 생업에 종사하다가 늦은 오후에 모여 두세 시간씩 연습한다. 배 양쪽으로 20명씩 40명의 선수가 노를 젓고, 뱃머리에 선 사람이 노를 바닥에 내리치는 신호에 따라 호흡을 맞추고 속도를 조절한다. 보트 경기는 전신의 근육을 사용해야 하고 선수들 간에 호흡이 잘 맞아야 빠른 속도를 낼 수 있다. 2km를 전속력으로 헤쳐 나가기가 결코 쉽지 않다. 노를 저을 때마다 도도한 메콩 강의 물살이 하얗게 부서진다.

　이 같은 보트 경기는 이웃 나라 캄보디아에서도 크게 열린다. 메콩 강과 똔레삽 강은 수도 프놈펜 앞에서 합류한다. 우기 때는 메콩 강의 물이 똔레삽 강으로 역류하는데 건기가 되면 똔레삽의 강물이 정상적으로 메콩 강으로 흘러 바다로 간다. 이때 '번 엄뚝'이라는 물 축제를 연다. 번 엄뚝 물 축제가 시작되고 거의 천 년의 세월이 흘렀다.

　1177년부터 4년 동안 참족이 캄보디아를 지배했었다. 1181년, 자야바르만 7세가 참족과의 해상 전투에서 승리하고 보트 경기를 개최 한 후, 매년 물 축제를 열고 있다. 왕궁 앞 메콩 강에서 개최하는데 전국에서 400여 대 이상의 목선이 대회에 참가하여 자웅을 겨룬다. 이 시기는 또한 우기가 끝나고 건기가 시작되는 기간으로, 비를 내려 풍요로운 농사를 이끌게 한 신과 풍성한 어류를 제공하는 메콩 강에 감사하는 의미를 지니고 있다.

어느덧 강둑에는 관람객이 가득하다. 해가 지도록 강가를 떠나지 않고 강에서 노를 젓는 선수들을 응원한다. 붉은 노을이 내려앉으며 긴 황금색 기둥을 만든다. 그간 선수들의 노력과 응원하는 모든 이들의 마음이 어떤 성과를 낼지 아무도 모른다. 경기라기보다는 한 사회가 오랜 세월을 거쳐 오며 만들어 내고 전승시킨 생활양식의 한 부분으로, 이들은 참가하고 즐길 뿐이다.

그래서 옥판사가 끝나는 날 밤, 사람들은 경기가 있었던 이 강에 모여 러이까통에 불을 밝히고 강에 띄운다. 이는 바나나 나무 몸통 아랫부분을 잘라 바나나 잎과 금잔화 꽃송이로 장식한 것인데, 가운데 향과 초를 꽂으면 연꽃처럼 생겼다. 이 러이까통을 보내며 사람들은 안 좋았던 기억을 메콩 강물에 흘려보내고 새로운 소망을 빈다.

강들의 어머니라고 불리는 메콩 강은 이처럼 모든 사람의 시름과 삶의 팍팍함을 덜어 주고 소원을 들어 준다. 비우고 버리면서 새롭게 채워진다는 것을 메콩 강 사람들은 믿고 있다.

06 메콩 강에
흐르는 라마야나

라오스의 왓 푸 WatPho 사원은 힌두교 사원이자 유네스코가 지정한 세계문화유산이다. 이 사원은 메콩 강의 잦은 범람으로 대부분 허물어졌다. 이곳에서 발견된 금석문에서는 성곽으로 사방을 두른 이 사원을 '세타 푸라 Settha Pura'라 불렀다고 한다.

왓 푸 사원은 5세기 크메르 왕조 때 목조건물로 건립된 사원이다. 9세기 화재가 일어난 후, 사암을 이용하여 가파른 층계 모양으로 재건축하였다. 회랑을 중심으로 외벽은 비교적 온전히 남아 있지만 사원 주변은 무성하게 자란 풀과 곳곳에 동강난 채 누워 있는 석조물들이 흩어져 있다. 17세기 발생한 큰 지진으로 많은 건물이 파괴되었기 때문이다. 2001년 유네스코에서 세계문화유산으로 지정하고, 인도와 프랑스에게 기술과 재정 지원을 받아 보수 공사를 벌이고 있다.

사원 안에는 불상이 모셔져 있고 사람들은 초와 향을 사른다. 그러나 이 사원은 애초에 불교 사원이 아니라 힌두교 사원으로 지어졌다. 15세기 시암족이 불교를 전파하면서 지금의 힌두교 사원에 불상을 모셨다. 사원이 자리 잡은 이곳은 인근에서 물살이 가장 센 곳이라 배들이 자주 좌초하고 인명 피해가 많은 곳이다. 사람들은 이곳을 찾아 수시로 안전 운항을 기원했었다.

사찰의 법당에 주로 부처의 일대기를 그려 놓았다면 왓 시엥통 사원에 있는 '호 락살 롯' 법당에는 인도에서 유입된 라마야나 이야기를 황금색으로 펼쳐 놓았다. 《라마야나》는 대중에게 인기 있는 이야기 가운데 하나이다. 이 이야기는 기원전 6세기부터 편집되기 시작하여 지역에 따라 다양한 판본으로 기록되어 전해진다.

　《라마야나》는 유년시절 편, 아요디야 왕국 편, 숲으로의 유배 기간 편, 끼슈낀다의 용사들 편, 랑까 섬 대장정 편, 전쟁 편, 나중 이야기 편으로 구성되어 있다. 발미끼의 《라마야나》가 완성된 것은 인도 대륙에 비슈누 숭배가 정착한 3세기경으로 추정한다. 그 후 인도의 각 지역에 전승된 라마야나의 다양성을 포괄하는 발미끼 라마야나를 원본으로 인식하고 있다. 그렇다 보니 '라마야나'라는 이름으로 알려진 이이야기는 인도 내에서 여러 가지 이름으로 불리며 전해진다. 《발미끼 라마야나》, 《깜빠 라마야나》, 《자이나 라마야나》, 《깐나다 라마야나》란 판본이 인도에 있으며, 인도 밖에서는 언어와 문화, 종교에 따라 각 지역에 따라 내용이 더해지고 빠지면서 오랜 세월 끊임없이 재생되고 있다. 어찌 보면 사람이 세상에 살고 있는 한, 라마야나는 완성되지 않은 이야기일 수도 있다.

　　아요디야 왕국의 다샤라타 왕에게는 자식이 없었다. 왕은 제사를 올린 끝에 세 명의 왕비로부터 각각 라마, 락슈마나, 바라따, 샤뜨루간을 얻었다. 첫째 아들 라마는 왕뿐 아니라 모든 백성으로부터 신뢰와 지지를 받았고, 황태자로 내정되었다. 그러나 셋째 왕비 께께이는 자신이 낳은 아들인 바라따가 황태자가 되기를 원했다. 께께이는 왕이 소원을 들어주겠다고 한 약속을 이용해서 두 가지 소원을 요청했다. 첫 번째는 바라따를 황태자로 봉해 달라는 것이었고, 두 번째는 라마를 십사년 간 유배를 보내라는 것이었다. 바라따는 나중에 이러한 사실을 알고 어머니를 원망한다.

한편 왕은 어쩔 수 없이 라마를 유배 보내고, 능력 없는 자신을 자책하며 세상을 떠난다.

라마의 부인인 시타와 라마의 동생 락슈마나는 라마 왕자의 유배지를 함께 떠돈다. 그러던 중, 셋째 왕자인 바라따가 다샤라타 왕의 임종을 알리면서 라마에게 돌아와 달라고 설득한다. 라마는 아버지의 명령을 그대로 따를 것을 고집한다. 바라따는 라마를 대신하여 그가 돌아올 때까지만 아요디야 왕국을 통치하겠다고 한다.

라마, 시타, 락슈마나는 숲속 은둔처를 마련하고 지내는데, 라와나의 여동생인 슈르빵카가 라마를 유혹하러 온다. 라마가 거절하자 슈르빵카가 시타를 공격하는데, 이것을 막기 위해 락슈마나가 칼을 휘둘러 슈르빵카의 코와 귀를 베어 버린다. 이에 분노한 라와나는 신통력으로 라마와 락슈마나를 속이고 시타를 자신의 왕국인 랑까로 납치한다.

랑까에는 시타뿐 아니라 많은 사람들이 납치되어 있었다. 라마는 라와나를 처단하기 위해 독수리 왕 자따유와 원숭이 장군 하누만의 도움을 받아 랑까로 들어간다. 라마는 라와나를 물리치고 시타와 사람들을 구한다. 유배를 마친 후, 아요디야로 돌아와 가장 이상적인 통치를 했다.

시타에 대해서 사람들이 의심의 눈초리를 보내자 라마 스스로 시타를 받아들이지 않을 것을 선언하지만, 시타는 자신의 순결함을 불의 신을 통해 증명하고 홀로 쌍둥이 아들을 낳아 키운다. 후에 시타는 땅속으로, 라마는 비슈누의 자리로 돌아간다.

사람들은 후손들에게 삶을 살면서 가져야 할 의무와 바른 행동거지 그리고 도덕을 가르치기 위해 라마의 이야기를 즐겨 애용했다. 라마의 강인함과 변함없는 의리를 남성상의 이상형으로 여겼으며, 시타의 남편에 대한 충실함과 순종, 순결은 가장 이상적인 여성의 전형으로 삼았다. 또한 라마 왕이 통치하는 왕조는 이상적이고 정의로운 나라였기 때문에 인도차이나 반도에서는 왕국을 건립하고 통치하는 데 중요한 정치 이상으로 활용되었다. 즉 신과 현실의 왕을 하나로 묶어 왕이 존재하고 있는 곳이 바로 우주의 중심이며 왕이 지배하는 나라가 우주 전체라는 통치 이념을 만들어 낼 수 있었다. 뿐만 아니라 '라마야나' 이야기는 인도를 포함한 인도차이나 반도 각국의 중요한 문화 예술의 원천으로서도 많은 영감을 불어넣었다. 그 영감은 벽화, 조각, 부조 같은 미술과 가면극, 그림자극, 인형극 같은 연극 등 다양한 장르에 걸쳐 오늘까지 이어지고 있다.

라마야나가 이렇듯 시간과 공간을 초월하여 예술 작품의 소재와 주제에 원천을 제공하는 이유는 이야기에 등장하는 인물들이 현생에서의 다양한 인물상을 제시하고 사람들이 염두에 두어야 할 인간의 행위를 상징하고 있기 때문이다.

미얀마에서 라마야나는 '야마야나' 혹은 '야마자토'로 불리는데, 여기서 자토 Zatdaw 는 상좌불교의 본생담●의 일부를 가리키는 말이다.

바강 왕조의 키얀지타 왕 재위(1084~1113) 시절에 세운 한 비석에서 몽족의 언어로 자신이 아요디야의 라마와 아주 가까운 친척이라고 밝히고 있다. 이를 근거로 본다면 바강 왕조 이후에 라마야나 이야기가

● 본생에 관한 이야기를 그림이나 조각으로 표현한 것을 본생도(本生圖)라고 한다. 불타는 전생에 500번이나 생을 반복하면서 인간이나 동물로 태어났는데 그때마다 좋은 업을 많이 쌓았기 때문에 마지막 생에서 성불할 수 있었다고 한다.

미얀마 전역에 널리 퍼져 회자된 듯하다. 라마야나가 미얀마에서 공연으로 선보인 것은 18세기 후반부터였다.

라오스의 라마야나는 ‘프라 락 프라 람’이라 불리는데 작품 안에서 힌두교적 요소인 인드라, 시바, 브라흐마 같은 주요 신들이 살아서 원전의 역할을 그대로 수행한다. 원전과 다른 점은 주인공 프라 람이 고타마 싯다르타의 전생과 연결되고, 악마 라바나는 부처의 정진과 깨달음을 방해하는 마귀의 역할을 수행한다는 것이다.

태국에서 라마야나는 ‘라마키얀’ 혹은 ‘라마키엔’이라고 한다. 18세기 쿠데타로 정권을 잡은 텅두언(라마 1세)이 자신의 정통성을 확보하고 국민들에게 새로운 통치 이념을 설득시키기 위한 고도의 전략으로 라마키얀을 연극과 미술로 대중에게 확산시켰다. 에메랄드 사원에는 부처의 일생을 다룬 벽화가 주류를 이루고 있지만 왕은 그곳에 라마 왕자의 영광을 찬양하는 다수의 벽화를 추가했다. 글을 모르는 국민들에게 벽화의 상징적 이미지와 그 이미지를 바탕으로 라마키얀은 수세기에 걸쳐 궁중극 콘^{khon}이나 서민극 리께^{likay}, 그림자인형극 낭^{nang}을 통해 전승되고 있다.

캄보디아에서 라마야나는 ‘레암케르’로 불렸다. 승려들의 필사본으로 전승되는 과정에서 개작되거나 내용이 첨가되었다. 그럼에도 인도의 원작과 크게 다르지 않은 레암케르는, 불빛에 소가죽을 스크린에 비추어 공연하는 그림자 연극 스벡 톰^{sbaek thom}과 가면을 쓰고 공연하는 라콘 콜^{lakhaon khaol}에 반영되어 대중적인 사랑을 받아 왔다. 라콘 콜 공연에서 사용하는 각종 가면은 라마야나에 등장하는 인물을 상징한다.

고대 크메르인들은 6세기에서 16세기에 걸쳐 수많은 힌두 사원과 불교 사원을 건축하면서 인도에서 받아들인 건축이나 석조 기술을 독창적인 크메르 예술로 승화시켰다. 그들은 사원의 벽화에 시바와 비슈누, 브라흐마를 비롯한 힌두교의 수많은 신을 그렸다.

인도의 대서사시 라마야나는 인도차이나 반도뿐 아니라 동남아시아의 각국에도 영향을 끼쳤다. 8~9세기 인도네시아에 유입된 라마야나는 옛 자바어로 전승되었는데, 그것을 '끄까윈 라마야나'라고 한다. 중부 쟈바 라라 종그랑 사원에는 하누만의 원숭이 군대가 랑까를 향해 바다를 건너는 모습이 새겨져 있고, 동부 쟈바의 빠나따란 사원에도 비슷한 이야기가 그려져 있다. 라마야나 이야기는 뿌르와 와양이라는 그림자 인형극으로 만들어져 인도네시아 사람들의 삶에 많은 영향을 미쳤다. 이 공연에서 전쟁은 선과 악 사이에서 벌어지는 삶의 투쟁이고, 삶에 희망과 용기를 심어 주는 역할을 함으로 지금도 각종 축제에서 큰 사랑을 받고 있다. 인도네시아 국장(國章)에 등장하는 독수리 형상의 '가루다' 역시 원래 라마야나에 등장하는 자따유에서 유래된 것이라 한다.

라마야나가 인도차이나 반도와 동남아시아에 널리 퍼지게 된 이유는 무엇일까?

인도에서 동남아로 계절풍이 분다. 인도의 무역상은 이 바람을 타고 중국과 무역을 하던 중에 동남아시아의 국가들과도 자연스럽게 교류를 했다. 바이샤(상인)뿐 아니라 브라만(인도 성직자), 크샤트리아(왕족)는 인도인들의 사고방식과 행동 양식, 정치, 종교, 건축 등 다양한 문화를 동남아시아에 전했다. 이 무렵, 동남아시아 통치자에게 종교와 신화적 이야기는 강력한 왕권을 확립하기 위해 꼭 필요한 도구이자 수단이 되었다. 또한 동남아시아에 사는 사람들은 위대한 자연에 순응하고 있었다. 주변에서 일어나는 경이로운 현상과 사물을 신격화했으며 조상을 숭배하고 있었다. 힌두교의 동식물을 숭배하고, 정령의 존재를 믿으며 그들과 소통하는 주술을 따르기에 거부감이 없었다. 자신들의 삶과 새로운 종교가 서로 조화롭게 공존하는 계기가 되었다.

07 소박한 일상과
또 다른 여행, 죽음

스님이 행하는 모든 일은 캄보디아인의 일상에 스며 있다. 신생아의 작명과 결혼이나 장례 그리고 마을의 크고 작은 행사에서 스님은 늘 함께한다. 도심 어디를 가든 사찰은 있고, 사찰에서 신도들은 기도한다. 왕궁 별장 앞 공원의 기도처에도 신자들에게 축복을 빌어 주기 위해 스님이 상주한다. 신도는 꽃과 향을 바치고 간절하게 기도한다. 어떤 사람은 갓 태어난 아기를 안고 와서 스님에게 축원을 받고 기도한다. 무엇이 되도록 해달라는 소원이 아니다. 그저 아이가 건강하게 잘 자랄 수 있게 해달라는 소박한 바람을 담는다. 소망의 크기와 상관없이 향 몇 개를 올리는 것으로, 연꽃이나 과일 몇 가지를 올리면서 불자로서 일상을 가꾼다.

운구차가 대문 밖에 서 있다. 마당에는 작은 제단이 마련된 평상에서 마이크를 잡은 스님이 불경을 암송한다. 흰옷을 입은 문상객이 고인에게 차례로 작별인사를 하고 고인의 가는 길에 명복을 빈다. 이별은 늘 슬프고 애석하다. 그러나 이들은 고인 앞에서 슬퍼하거나 눈물 흘리지 않는다.

누구나 생로병사를 거친다고 믿는 이들이다. 윤회를 통해 그 생을 이어 간다고 믿는 이들에게 죽음은 또 다른 여행의 시작일 뿐이다. 이 세상에서 맺어진 인연을 접고 또 다른 세상으로 가는 삶의 한 주기가 정리된 것일 뿐이다.

장례를 치르는 동안 자손은 눈썹을 밀고, 머리를 삭발한다. 승복을 입고 장사를 지낸다. 12시 이후에는 음식을 입에 대지 않는다. 행동을 가려 하며 일반인보다 높은 자리에 앉는다. 장례식장을 찾은 이웃이나 친지도 이들을 일반 스님과 똑같이 공경하며 대한다. 자손이 스님이 되어야 돌아가신 분이 좋은 세상으로 갈 수 있다고 믿는 탓이다.

장례식은 7일장을 지냈지만 요즘은 3일장을 치른다. 스님들은 장례 기간 내내 망자의 곁에 머문다. 육체에서 빠져나온 망자의 영혼을 달래고, 생전의 업보를 소멸시키며 망자가 다음 생을 준비할 수 있도록 인도한다. 하얀 면실을 꼬아 만든 줄을 합장한 손에 쥐고 불경을 암송하면 망자의 영혼이 줄을 따라 좋은 곳으로 간다고 믿는다. 그리고 다음 생에 좋은 모습으로 다시 태어난다고 여긴다.

망자는 저승으로 가면서 7일마다 일곱 번 심판을 받는다.

고인은 죽은 지 7일째 되는 날, 큰 거울 앞에서 첫 심판을 받는다. 거울 앞에 서면 이승에서 있었던 고인의 잘잘못이 파노라마처럼 나타난다. 비로소 자신이 죽었다는 것을 자각한다. 가족은 스님과 고인의 지인들을 초대한다. 스님을 위해 음식을 마련하고 스님은 봉헌된 음식과 생전의 공로가 고인의 영혼에게 돌아갈 것을 축원한다.

두 번째 심판은, 망자가 저승길에서 7일째 걷는 날이다. 큰 강을 건너고 난 후, 물에 젖은 옷을 저울에 단다. 이 옷의 무게가 많이 나갈수록 고인은 이승에서 죄를 많이 지은 것이다. 이렇게 고인은 죽은 후, 7일마다 심판을 받아야 한다. 마지막으로 심판을 받는 날 즉, 사후 49일 되는 날 망자는 황천을 지키는 염라대왕에게 최종 심판을 받는다.

대문 밖에는 흰 천으로 만든 악어 문양의 깃발을 긴 장대에 걸어 놓

앗다. 이 악어가 악한 것으로부터 고인을 지켜 준다고 생각하는 모양
이다.

아주 먼 옛날 한 왕자가 있었다. 그는 가진 것이 많았지만 가난한 백성들을 생
각하며 늘 마음이 아팠다. 그는 갖고 있는 모든 것을 포기하고 깨달음을 얻기 위
해 궁을 떠난다.

깨달음을 얻기 위해 왕자는 보리수나무 그늘 아래에 자리 잡고 수도했다. 이
를 본 악마는, 깨달음을 얻은 왕자에게 자신의 자리를 빼앗기는 것이 두려워서 왕
자의 수행을 방해한다. 세 딸로 하여금 왕자 앞에서 춤을 추며 왕자를 현혹시키려
하고, 왕자 주변에 비와 바람을 휘몰아치게 하지만 왕자의 수도를 멈추게 하지는
못했다.

이에 분노한 악마는 빨강, 파랑, 노랑으로 이루어진 악마 부대를 동원해 왕자
를 공격하면서 많은 화살을 날려 보냈으나 왕자의 몸에서 뿜어져 나온 빛에 의해
꽃으로 변해 떨어졌다. 이 와중에 대지의 어머니인 여신이 나타나 머리를 쓰다듬
어 올리자 머리카락 끝에서 물이 흘러내렸다. 그 물은 점점 더 거대해져 커다란
물줄기를 일으키더니 악마 부대를 휩쓸었다. 잠시 후, 이 거대한 물줄기에서 악어
가 나타났다. 악마를 휘감은 물이 검게 변했는데 악어는 그 물줄기를 타고 헤엄치
며 악마들을 처치했다.

악어가 남아 있는 악마 부대를 처치해 준 덕분에 왕자는 도를 깨달을 수 있
었다.

이런 이야기 때문일까? 캄보디아인은 부처의 해탈을 도운 악어가
망자에게 해코지를 하는 나쁜 귀신을 물리쳐 줄 것이라고 믿는다. 어

악어가 이승에서 저승으로 인도한다고 믿는 장례 문화

쩌면 악어가 물과 뭍을 자유롭게 오가기 때문에 고인을 이승에서 저승까지 안전하게 인도해 주길 바라면서 장례식장에 악어 깃발을 세우는 것인지도 모르겠다.

3일째 되는 날 가족이나 장례식에 초대받은 사람들은 고인의 주검을 운반한다. 운구 수레의 좌우와 뒤에 행렬을 지어 사찰에 있는 화장터로 향한다. 망자의 자손들은 흰 실을 꼬아 만든 밧줄로 운구차를 끌고, 관이 실린 운구차에는 좌우로 스님들이 탄다. 화장터에 가는 동안 스님은 죽은 사람의 영혼을 수발하기 위해 프렝크랑켓 Pleng Klang Khet 이라는 장례음악을 연주한다. 또 가족 중 한 명의 여아가 화장터로 가는 동안 죽은 사람의 뼈를 상징하는 구운 쌀을 길에 뿌린다.

화장이 끝나면 가족들은 남은 재를 모아 코코넛 주스에 씻은 후 카옷 Kaot 이라는 용기에 뼈를 넣어 집에 보관하거나 사원에 보관한다. 더러는 가족에게 평안과 행복을 가져다 달라고, 뼛가루를 강에 뿌리기도 한다. 그러나 대부분의 자손은 고인이 하루 빨리 좋은 곳에서 환

296

생하기를 바라며 부처님이나 스님들 가까이에 있는 스투파(탑)에 모
신다. 재력이 있는 자손은 크게 스투파를 지어 조상을 모시지만, 그
러지 못하는 후손들은 이미 만들어진 탑에 다른 사람의 것과 함께 봉
안한다.

　장례 후 7일째, 100일째, 그리고 1년째 되는 날 모든 후손이 모여
추도 의식을 갖는다. 그리고 1년에 한 번 고인의 유골이 묻힌 사리탑
을 찾는다.

08 개방과 수용에 능한
　　메콩 델타의 종교

　천 년간 중국에 지배받은 베트남은 대승불교가 전국에 스며 있다. 그리고 200년간 프랑스에 지배를 당하면서 천주교와 기독교가 베트남 인들의 마음에 자리 잡기도 했다. 이러한 영향인지 신자 분포를 살펴보면 불교가 75% 정도이고 천주교가 10%, 개신교와 이슬람교도가 그 뒤를 잇고 있다. 이 밖에 유교, 도교, 토속 신앙이 국민들의 일상에 녹아 있다.

　메콩 델타에서 자연과 더불어 평화로운 삶을 살던 베트남 국민들에게 프랑스의 식민 개척 정책은 자자손손 유지되던 국가 제도를 식민 제도의 사회 구조로 바꾸어 놓았다. 베트남의 자연은 수탈의 대상이었고, 베트남 민족은 노예 상태에 빠졌다.

　1860년대부터 1870년대에 독립 운동가는 메콩 델타 지역을 중심으로 쯔엉 띤, 응웬 쭝 쪽, 보 주이 쯔응에서 농민들을 규합해 항불 운동을 시작했다. 당시 농민 봉기를 주도했던 사람은 프랑스 식민 행정부에서 일했던 지식인들이었다. 그러나 대부분의 농민 봉기는 실패했다. 대나무와 낫, 괭이로 무장한 농민이 총포로 무장한 프랑스 정규군을 이길 수는 없었다. 독립 운동가는 외세를 물리치고 자신의 나라를 자신의 힘으로 되찾기 위해서 행동강령이 필요했다. 프랑스에 항전하고 생활의 안녕을 위한 종교적인 교리를 만듦으로써 국민을 통합하고자 했다. 나라를 잃은 국민이 자유로운 종교 생활로 구국의 전선에 동참하게 한 것이다.

뜨언 효의교와 하오 하교가 1870년대에 활동을 시작했고, 까오다이교가 1920년부터 활동을 시작했다.

뜨언 효의교는 농민들에게 익숙한 불교와 도교를 차용해서 신자들이 교리를 쉽게 이해하도록 하고, 의식을 단순화시켰다. 의례 절차를 간소하게 해서 어디에서나 쉽게 얻을 수 있는 꽃이나 과일, 물, 그리고 향을 제단에 올리도록 했다. 또한 프랑스에 대항하기 위한 조직이다 보니 무리 지어 움직이는 것을 피했다. 제가수행을 원칙으로 하면서 점조직으로 운영했다. 마을 단위로 사찰을 두고 종교 생활을 하면서 전투력을 응집시켰다.

뜨언 효의교의 창시자인 응오 러이는 안장성 지돈현에 본거지를 두고 항전했다. 안장성은 대부분 평야인 데 반해 지돈현은 프랑스 군대의 눈을 피하기 좋은 산악지대였다. 이들은 게릴라 전술을 펼치면서 응웬 쯩 쪽 전투에서 프랑스 함선을 침몰시키는 승전을 거두었다. 이에 격분한 프랑스는 대대적인 토벌 작전을 벌여 항전 본거지인 바이 트어를 급습해서 지도자를 체포했다. 이후 농민의 조직적인 항전은 점차 줄어들었으나 기존에 형성된 점조직을 통해 대불 항전을 이어 갔다.

뜨언 효의교 본당을 찾아가는 길에 악단의 흥겨운 음악과 요란한 자동차 경적 소리에 차를 멈추었다. 장례식 행렬이다. 슬프고 애잔한 음악이 아니라 경쾌한 음악이다. 지금은 악단이 음악을 연주하지만, 옛날에는 '토정껜'이라는 장례식 음악을 연주하는 사람들이 따로 있었다고 한다.

장례식은 화려하다. 상주와 직계 가족은 흰 천으로 된 긴 상복과 흰

두건을 쓰고 있다. 일가친척은 흰 머리띠만 두르고 있다. 이동하는 운구 행렬은 꽃과 종이돈을 거리 곳곳에 뿌리면서 장지를 향해 간다. 망자의 마지막 가는 길을 위로하고 노잣돈을 바치는 의미를 담고 있다. 가족뿐만 아니라 친지와 이웃도 오토바이를 타고 운구차 뒤를 따른다.

장례식은 보통 3일장으로 치른다. 베트남 중부 이북 지방에서는 강가에 무덤을 쓰기도 한다. 무더운 날씨가 계속되기 때문에 돌아가신 분이 시원한 곳에서 영생을 할 수 있도록 물가에 묘를 쓰는 것이다. 그러나 메콩 델타 지역에선 마을 근처 들판이나 논 한가운데에 모신다.

베트남은 워낙 다양한 종교가 있어서 종교에 따라 장례 풍습이 조금씩 다르지만 전반적으로 불교 신자가 많은 베트남에서는 장례의 모든 절차를 스님이 주도한다. 고인의 마지막 가는 길에 스님이 물을 뿌리며 정화 의식을 거행하고 하관을 한다. 미리 벽돌로 쌓아 만든 틀 안에 관을 안치하고 위를 시멘트로 봉하는데, 이 지역은 워낙 물이 많기 때문에 물이 차지 않도록 많은 신경을 쓴다.

장지까지 동행한 다음 우리가 찾아간 곳은 안장성 지돈현이다. 산과 구름이 어우러진 높은 산이 멀리 보이기 시작한다. 캄보디아 국경과는 그리 멀지 않은 곳이다. 시내로 들어가는 초입에 점심을 먹기 위해 차를 멈추고 음식점을 찾았다. 대부분 쌀국수가 주 메뉴인 것을 알기에 주저 없이 한 집을 들어갔다.

주문한 국수를 기다리는 사이 지역 행정 공무원과 사복 경찰이 찾아왔다. 가는 곳곳마다 지역 공무원이 찾아와 취재 현장을 동행했다. 말은 우리 취재진의 안전을 보장하고 취재의 편리를 도모하기 위함이라지만, 실상은 우리의 취재 내용을 상부에 보고하기 위함이다. 지난

번 까오다이교 취재 시에도 느낀 점이지만 종교와 관련한 부분에서는 특히 예민하게 반응한다. 이들 신흥 종교의 탄생 배경이 저항성을 갖고 있는 데다가 외국에 자칫 잘못 소개될까 봐 노심초사하는 모습이다.

점심을 마치고 효의교 본당으로 향하는데, 검은 옷을 입은 마을 사람들이 마당에 모여 의식을 치르고 있었다. 차를 세우고 오토바이로 따라오는 현지 공무원에게 물었더니 조상 제사를 지내는 중이라고 한다. 의식이 끝나기를 기다려 제주를 찾았다.

"모두 모여서 조상 제사를 모시는 것이 이 고장의 풍습인가요?"

"오래된 풍습입니다."

"자기 조상도 아닌데 왜 이웃 사람까지 참가하죠?"

"여기 온 사람은 모두 효의교 신자입니다. 매년 이때쯤 집집마다 조상 제사를 모십니다. 신자은 마을에 있는 다른 신자의 조상 제사에도 함께 참석합니다."

마을 사람은 대부분 효의교 신자이고 1년에 두 번 1~3월, 5~7월 사이에 조상 제사를 모신다고 한다. 각 집의 제사 날짜는 효의교 회당에 모여 순번을 정해 날을 정한다. 그리고 날이 정해지면 제사가 있는 집을 찾아 함께 조상의 명복을 빈다. 제사는 효의교의 의례 담당자가 참석하여 천도 의례와 함께 불경을 암송한다.

사당의 정면에는 유비, 관우, 장비를 모셔 놓고 좌측에는 부인 집안의 조상을, 오른쪽에는 남편 집안의 조상을 모신다. 효의교 신자는 가정마다 규모의 차이는 있으나 대부분 사당을 갖추고 있다. 사당의 배치는 어느 집이나 똑같다. 의식은 40여 분 진행되는데 종이로 만든 가짜 돈과 가짜 금괴, 흰색과 오색의 옷을 마당에서 태우는 것으로 제례

의식을 종료한다.

　제주가 의식에 참석한 사람들에게 감사를 표한다.

　"제사에 찾아와 주신 분께 감사드리고 기쁩니다. 또한 시간을 내 함께 기도해 준 이웃들에게 감사합니다."

　일찍부터 벼농사를 짓기에 적합한 곳에 촌락을 이루고 자연 환경 조건을 활용하면서 협동 생활을 해왔던 사람들이다. 공동 노동으로 농경에 필요한 노동력 문제를 해결하였고, 농경 생활을 통하여 형성된 협동과 상부상조의 정신은 생활 전반에 여러 가지 전통을 형성하는 바탕이었다. 이들은 이러한 의례를 통해 공동체적 결속을 다지고 있었다.

　1698년 남부 개발 정책 추진에 따라 메콩 델타의 개간 과정에 여러 부족들이 참여했는데, 각 부족이 믿는 토속신앙은 다양했다. 이들이 믿고 의지하는 신은 헤아릴 수 없이 많았다. 하늘 신, 대지 신, 물의 신, 조상 신, 어떤 경우에는 동물을 숭상하고 나무를 숭배하기도 했다. 그럼에도 이들의 공통점은 농경 생활이었다.

　베트남 남부에서 가장 규모가 큰 신흥 종교인 까오다이교는 1926년 응온 반 쩨우에 의해 창시된 혼합적 성격의 종교다. 유교, 불교, 도교, 힌두교, 기독교의 장점을 혼합하여 성인과 현인과 부처의 가르침을 전한다. 이로 인해 신도들은 삶과 죽음으로부터 자유롭게 되고, 하늘에 있는 신과 만나기 위해 최소한의 목표를 세우고 채식을 하면서 일상생활에서 기도와 조상 모시기, 비폭력주의와 같은 윤리적 방안을 실천한다. 제3의 구원 종교로 신자가 300만 명이다.

　'까오 따이(높은 곳) 따이(큰) 따오(종교) 땀끼(3시기) 포또(구원)'라는 풀 네임의 이 종교 약어는 까오다이교이다. 3시기라는 뜻의 '땀끼'는 이 종교의 미래를 대변하고 있다. 종교가 생겨나면서 여러 가지 종교가 형성되는 시기가 1시기라면, 다양한 종교가 여러 계파로 나누어지는 시기를 2시기라고 한다. 그리고 나누어진 종교가 까오다이교를 중심으로 통합되는 시기가 3시기라고 믿는다.

까오다이교는 교황청을 두고, 교황을 선출한다. 지역별로 추기경이 교권을 관리하는 카톨릭과 유사한 방식으로 운영한다. 초창기 지도자와 신자는 프랑스 식민 정부에서 일했던 관리자였다. 서양 문물을 어느 정도 습득한 이들은 심리학을 습득했다. 사원의 중앙 출입구 벽면에는 베트남 시인 응웬 반 키엠, 프랑스 시인이자 소설가 빅토르 위고, 중국 정치가이자 혁명 사상가인 쑨원 박사의 얼굴을 그려 놓았다. 까오다이교의 사상이 기존의 종교에서뿐만 아니라 세계적인 문인이자 지식인들에게 영향받았음을 반영하고 있다.

까오다이교나 효의교는 프랑스 식민 통치에 저항하는 과정이나, 저항하는 방법을 찾아가는 과정에서 자연스럽게 조직된 종교 단체이다. 이 종교는 핍박받는 베트남 국민에게 희망을 부여하는 역할을 맡았다. 무력 투쟁을 하는 한편, 세금 감면 운동과 애국 지도자 석방 운동, 베트남 국민의 자유와 권리를 비폭력으로 요구했다.

까오다이교는 설립 이후, 베트남이 프랑스로부터 독립하기까지 떠이닝 성에 사실상 봉건 정부를 세우고 수천 명의 군대를 보유하기도 했었다. 자동차 배기통을 만드는 공장에서 박격포를 만드는 등 군수물자를 자체 생산했다. 이후 메콩 델타 전역으로 교세를 확장해 1950년대 중반에는 남부 베트남인 여덟 명 중 한 명이 까오다이교 신자일 정도로 교세가 확장되었었다. 통일이 되면서 까오다이교 소유의 모든 토지를 몰수당했으나 1985년에 몰수되었던 재산을 돌려받았다. 2011년 7월 베트남 종교위원회는 전체 회의를 열어 까오다이교를 베트남의 국가 공인 종교로 인정했다.

떠이닌성 롱호 마을에 있는 까오다이교 본당이 있는 대사원을 찾았다. 본당을 중심으로 사제관과 교육 시설이 있고, 교리를 어긴 사람을 처벌하는 자체 법원과 자체 교화 시설을 갖추고 있다.

입구에는 두 개의 탑이 솟아 있고, 둥근 탑 꼭대기에는 유니콘이 지구본을 밟고 서 있다. 사원 지붕의 뒷부분 탑에는 힌두교에서 브라흐만 신이 타고 다니는 기러기를 얹은 다음 그 위에 여러 성인을 세워 놓았다. 까오다이교가 모든 종교를 아우르고 있음을 상징한다. 사원 중앙 문에는 두 눈을 부릅뜬 무사상이 좌우에 서 있다.

흰 아오자이를 입은 신도들이 오토바이나 자전거를 타고 예배를 올리기 위해 모여든다. 신도가 들어가는 문은 같으나 사원으로 들어가면서 남성 신도는 오른쪽 공간에, 여성 신도는 왼쪽 공간에 자리를 잡는다. 높은 천장에는 구름과 별이 박힌 하늘이 그려져 있고, 천장을 떠받치는 굵은 기둥을 타고 승천하는 용이 힘차게 돋을새김 되어 있다. 사원 가운데 정면으로는 지구를 상징하는 둥근 볼이 있고, 그 가운데 신성한 눈이 그려져 있다. 이 눈 때문에 까오다이교를 외눈박이교라고 부르기도 한다. 이 눈은 신을 상징하는 동시에 신과 인간을 이어 주는 매개체이자 통로 역할을 한다. 제단 근처에는 성인들이 모셔져 있고, 그 앞에는 일곱 개의 빈 의자가 놓여 있다.

붉은색 옷을 입은 사제와 노란색 옷을 입은 사제가 제단에 초와 향

을 피운다. 의식을 알리는 종소리가 울리자 노란색 옷, 파란색 옷, 붉은 색 옷을 입은 사제들이 제단을 향해 걸어 나간다. 흰 옷을 입은 신자들이 줄을 지어 그 뒤를 따른다. 의식은 매일 새벽 6시와 정오, 오후 6시, 자정에 이루어진다. 좌우로 갈라서서 서로에게 예를 갖추고 다시 제단을 향해 절을 한다. 무릎을 꿇은 채 주문을 외우고 다시 절하기를 수차례 반복하는 의식은 비교적 간단하다. 베트남 전통 악기 연주에 맞추어 부르는 찬송가는 경건함을 더한다.

베트남 남부 지역, 특히 메콩 델타에 주요 터전을 잡고 있는 토속 종교인 효의교, 까오다이교는 모두 19세기 말부터 20세기 초에 만들어진 종교이다. 당시는 프랑스가 베트남을 침략해 식민지 개척을 벌이던 시기였고, 그들은 잃어버린 조국을 되찾고 주권을 자력으로 쟁취하려는 저항 과정에서 새로운 그들만의 믿음을 세우고자 했다. 그러한 시도가 새로운 종교를 탄생시킨 것이다. 사실 이 두 종교는 베트남 남

부인들의 개방적인 생각과 정치 사회적 관점에서 더 큰 의미를 갖고
있는지도 모르겠다.

정보를 주신 분들

중국 코디네이터 정경원님. 최정일님. 라오스 코디네이터 김승현
님. 캄보디아 코디네이터 쩨오 서레이 보타나님, 낙 픽싸이님. 베
트남 코디네이터 도홍 만님. 베트남 외교부 프레스센터 눅웬 휴 꽝
님. 톰 에반스 WCS 캄보디아 지역 총괄 책임자. 베리 멜리건 FFI
캄보디아 지역 총괄 책임자. 에이미 반 나이스 World Life
Alliance . 부이 칸 띠 호치민 시립대 교수. 마운화 운남성 민족예
술 연구원 원장. 콩디안느 네타봉 라오스 국립도서관 자문위원.

참고자료

《메콩 강과 지역협력》, 조홍국외 공저, 부산외국어대학교 출판부,
2002.
《동남아시아 인도문화 인도사회》, 양승윤외 공저, 한국외국어대학
교출판부, 2001.
메콩강위원회 웹사이트. http://www.mrcmekong.org